Memoir

베이 브릿지까지 튕겨 온
나의 라이프

BOUNCING

Memoir

베이 브릿지까지 튕겨 온 나의 라이프

김찬옥 지음

THROUGH

MY DEAR LIFE

-결말은 모든 이야기의 통일성과 일관성을 부여한다.-

- 프랭크 커모드-

“The ending gives the story its unity and consonance”

(paraphrased from “The Sense of Ending”)

-Frank Kermode-

서문

우리 모두는 누구나 삶의 이야기들이 있습니다. 특히 우리 세대처럼 전쟁과 혼란을 겪으며 살아온 사람들에게는 더욱 그렇습니다. 저는 처음부터 이 회고록을 나의 다섯 명의 손주들을 염두에 두고 썼습니다. 그래서 그 아이들이, '나나'가 얼마나 자기들과 다른 삶을 살아왔는지를 직접 읽을 수 있었으면 해서, 부족한 영어이지만 용기를 내어 원본을 썼습니다.

원고를 끝내면서, 잘못 쓴 문장을 다시 고쳐 쓰듯이, 지내 온 인생을 다시 되돌려 살 수 있다면, 얼마나 좋을까 생각도 해 보았습니다. 제 삶을 되돌아보며, 저는 스스로를 통통 튀는 공으로 견주어 보았습니다.

단단하지만 신비스러운 큐션으로 감싸인 공으로요. 그 공은 수많은 모서리들과 험한 절벽을 절묘하게 튕기면서, 부서지거나 깨어지지도 않았고, 나락으로 떨어져 사라지지도 않았습니다. 늘 제 삶을 돌아보며 감사하는 이유입니다.

이 회고록은 2008년, 저희 은퇴 직후의 시점에서 마무리했습니다. 그때부터 완전히 다른 인생이 시작되었기 때문입니다. 벌써 캘리포니아로 이

주한 지 17년이 되어 옵니다. 딸 세연의 근처로 이사하며, 40년 동안 살던 미국 동부 생활을 마무리했습니다. 사랑하는 아들 세진이도 뉴욕 브루클린에서 이곳 캘리포니아로 이주해 왔습니다. 지금은 서로 한 시간 남짓한 거리에서 어울려 살고 있습니다. 게다가 저는 다섯 명의 손주를 둔 축복받은 할머니가 되었습니다.

이 회고록을 쓰며, 제 기억을 가능한 한 정확히 담아내려 애썼습니다. 혹시라도 그 과정에서 누군가의 마음을 상하게 했다면, 진심으로 용서를 구합니다.

모든 것을 돌아보며, 제 인생의 모든 순간과 모퉁이마다 주님께서 함께 걸어 주셨음을 깨닫습니다.

목차

1

"나의 라이프 스토리"

며칠 전 딸 '세연'이가 내게 선물처럼 주었던 책의 타이틀이다. 어느 날 오후 드디어, 그 책을 펼쳐 보았다. 그런데 책 속의 페이지들이 모두 블랭크(Blank)가 아닌가. 앞 몇 장만이 아니고 책 전체가 다 빈 페이지인데, 맨 위 페이지마다 질문이 쓰여 있다. 예를 들면,

1) 당신이 어렸을 때, 남들이 당신을 어떻게 묘사하였습니까?
2) 그리고 당신은 스스로를 어떻게 표현했나요?

등등으로 201개의 질문이 책 위 페이지마다 쓰여 있었다.

오래 전부터, 내 딸은 내게 '자서전'를 써 보라고 권해 왔다. 그러나, '자서전'을 쓰는 일이 너무 엄청난 일로 여겨져서 엄두가 나지 않았다. 딸은 "그냥 엄마의 라이프 스토리를 써 보라는 거예요. 북한에서 태어나 전쟁 중 어린 나이에 남한으로 내려왔고, 지금은 미국에서 살게 된 스토리 말예요. 그래서 애들이 할머니가 어떻게 살아왔는지, 읽어 볼 수 있게요."

세연이가 넌지시 그 책을 내 무릎 위에 올려놓으며 또 다시 독촉을 했었다. 그러나, 나에겐 그 책에 쓰인 질문들이 별로 어필되지도 않았고, 그 질문에 답하며 쓴다는 게 오히려 더 번거롭게 느껴졌다. 나는 며칠 더 그 책을 만지작거리다가, 어느 날 드디어 컴퓨터 앞으로 다가 앉아 '나의 라이프 스토리'를 쓰기 시작했다.

2

아버지

나의 아버지는 내가 아직 2살도 되지 않았을 때 돌아가셨다. 나는 그가 어떻게 생겼는지, 그의 목소리도 들어 본 기억이 없다. 그에 대한 기억의 결핍은 오히려 나에겐 도움이 된 것 같다. 그에 대한 기억의 전무로 그를 그리워하지도 않았을 뿐 아니라 원망한 적도 없었기 때문이다.

오빠는 아버지가 돌아가셨을 때 막 14살이 되었고 그 아래로 큰언니, 찬숙, 찬실, 찬복 그리고 나, 찬옥을 포함해 4명의 여동생이 있었다.

아버지의 죽음 외에, 당시 우리들을 흔들어 놓았던 더 큰 충격은 그때 33세도 안 된 어머니에게 생긴 일이었다. 몇 년 동안 병석에 누워 계시던 아버지가 돌아가신 후, 어머니가 젊은 청년과 사랑에 빠진 일이다. 그 젊은이는 아버지의 병원 보조원 신필 오라비(오빠의 속어)의 친구, 미스터 마라는 청년이었다. 신필 오라비도 혈연관계는 아니었으나, 병원 오피스에서 일하며 수년간 우리 집에 함께 살아온 친척 오빠 같은 존재였다. 미스터 마는 친구인 신필 오라비를 자주 방문하면서, 자연스레 우리 가족과도 가깝게 지내는 사이였던 것 같다. 어머니와 그 청년과의 로맨스가 어떻게 시작되고 발전했는지, 어린아이였던 나에겐 깜깜한 미지의 일이다.

당시 사실을 알게 된 청년의 아버지는 너무 격분해서 아들을 그의 방에 가두기도 했고, 심지어는 밧줄로 아들을 묶어 지하실 천장에 매달기도 했단다. 그러나 이 모든 일들이 다 소용이 없었던 모양이다.

아버지의 장례식 후, 우리 가족은 불미한 어머니의 소문 때문에 쉬쉬하며, 한때 아버지의 병원이 번성했던 지역을 떠나야 했고, 미스터 마의 종적은 그 당시엔 미지수였다.

전해 들은, 아버지와 어머니의 결혼은 옛날 소설에나 있음직한 이야기다. 어머니는 학식이 높으신 지방의 군수였던 할아버지의 장녀로 태어났으나, 할머니가 39살에 중풍을 맞고 4년 후인 43세에 돌아가시면서, 졸지에 18세의 어린 나이에 두 여동생과 두 남동생의 엄마 노릇을 하게 되었다.

할아버지는 종종 일 관계로 평양으로 출장을 가곤 했는데, 그 어느 여행 중 여관에 머물면서, 한 청년을 특별히 주목했단다. 그 청년은 옆방에서 며칠 동안 밤낮을 지새며 머리를 싸매고 공부를 하고 있었고, 할아버지는 그 청년이 의사 시험을 준비하고 있다는 것을 알게 되었다.

간단히 말해서, 할아버지는 첫째 딸인 엄마를 이 젊은 의사와 결혼시키기로 결정했고 할아버지의 뜻대로 두 사람의 결혼이 성사됐다. 신부와 신랑인 엄마와 아빠는 결혼식 날 처음으로 서로의 얼굴을 보았단다.

아버지는 병원 오피스를 시작한 후 좋은 평판을 쌓기 위해 열심히 일했다. 그는 그의 가족 중 둘째 아들이었고, 아버지의 도움으로 약사가 된 한 남동생을 제외하고는 대부분 농부였다고 한다.

결혼 초기에 아버지는 종종, 쌀 항아리의 뚜껑을 열고 쌀이 충분히 있는지 확인하는 버릇으로 어머니를 놀라게 했다. 아버지는 유복한 집안 출신이 아니어서 혹시 쌀이 떨어질까 염려했던 것. 식욕이 왕성한 아들 형제가 많았던 친할머니가 자주 쌀 항아리를 열고 쌀이 충분히 있는지 확인하던 걸 보며 자라 온 탓이다.

아버지는 할아버지를 감동시켰던 그 집요한 열정을 다 쏟아 병원을 일으키려고 밤낮을 가리지 않고 열심으로 일했다. 곧 아버지는 환자 한 사람 한 사람에게 성의를 다해 치료하는 용한 의사로 소문이 나기 시작했다. 그에 대한 좋은 입소문이 퍼지기 시작하면서 병원이 번창하기 시작했고 마침내 쌀 항아리 뚜껑을 열어 보곤 하던 그의 버릇도 사라졌다.

게다가 그는 연로한 아버지에 대한 효자로 소문난 아들이기도 했다. 그는 아무리 바빠도 홀아비인 아버지의 속옷을 누구에게도 빨게 하지 않았다. 혹시라도 자기 아버지의 속옷을 빨면서 아버지를 무시하거나 홀대할 빌미를 주지 않으려는 배려심에서였다. 아버지는 환자를 성실히 돌보는 의사이자 효자라는 평판으로 인근 각지에서 존경을 받게 되었고, 얼마 지나지 않아 그는 "눈길이 가 닿는 땅 끝까지"라는 표현에 맞는 그 지역의 광활한 땅주인이 되었다. 따라서 어머니는 그 지방에서 모든 여인들의 선망의 대상이었다.

아버지의 장례가 끝난 후, 오빠는 아버지의 죽음과 어머니의 믿을 수 없는 불미한 로맨스 사건으로 받은 충격 속에서 헤어나지 못했다. 14살의 오빠는 심각하게 집을 떠날 생각을 하고 있었다.

마침내 온 가족이 다 집을 비운 어느 날, 그는 혼자 마루에 앉아, 툇마루 아래 놓여 있는 그의 운동화를 내려다보았다. 마루 밑에 나란히 놓여 있는 그의 운동화! 그 왼쪽 운동화의 안쪽은 한 번도 신지 않았던 것처럼 하얗고 깨끗했다. 오빠는 어릴 때 아팠던 소아마비로 다리를 절었다. 매일 밤 엄마가, 두 손으로 자기의 두 발목을 움켜잡고, "한번만 더!", "조금만 더 아래로!"라고, 자신의 귀에 대고 아픈 왼쪽 다리의 발바닥이 신발 바닥에 닿기를 안타깝게 호소하던 어머니의 모습이 머리 속을 가득히 채워 왔다.

그러나 밤마다 계속되었던 둘만의 눈물겨운 그 발목 운동도, 몇번의 수술로도 그의 왼쪽발은 종내 운동화의 바닥에 닿지를 못했다. 어머니의 오빠에 대한 병적인 집착과 사랑도 어쩌면 하나뿐인 아들의 그 온전치 못한 '절름 발' 때문이 아니었나 싶다. 집요하게 이어 왔던 모자 간의 끈끈한 사랑 때문에 어머니의 로맨스 사건은 더욱 오빠에게 감당하기 힘든 배신이었고, 그 배신은 예민한 14살 소년의 가슴에 뼈아픈 비수로 꽂혔다.

오빠는 다시 한번 마루 밑의 운동화를 내려다본 후, 유일하게 그에게 위안을 주었던 바이올린을 챙겨 들고 마침내 집을 떠났다. 그리고 한 해 후에 나의 이복 남동생, 찬순이가 태어났고, 나는 아직 두 살이었다.

3

대동강 다리

원래 나는 이 챕터를 유명한 사진, 곧 전쟁 중 어린아이인 내가 걸어서 건넜던, 부서진 대동강 다리의 사진으로 시작했었다. 이 사진은 종종 서울의 한강 다리 사진으로 혼동되기도 했다. 그러나 그 부서진 대동강 사진은 미국의 사진 작가 맥스 데스퍼(Max Desfor)가 1951년에 퓰리처상을 수상했던 역사적 작품이다. 그는 대동강 북쪽 둑에서부터 밀려오는 이 피난민들을 마치 철강 대들보위로 기어오르는 개미 떼와 같다고 묘사했다. 유감스럽게 나는 이 사진을 나의 메모아에서 걷어 내야 했다. 퓰리처 작품에 대한 판권(카피라이트)을 감당할 능력이 없었기 때문이다.

1950년 6월 25일, 한국전쟁이 터진 비운의 날이다. 북한이 남한 땅을 공격한 것이다. 김일성(당시 북한 정권의 최초 권력자)은 북한의 영토를 38선 이하로 넓히기 위한 노력이 성공하지 못하게 되자, 1950년 6월 25일, 평화롭고 화창한 주일 날, 마침내 남한을 침범하게 된다.

이렇게 지금은 '잊혀진 전쟁'으로 알려지기도 한 한국전쟁이 시작되었다.

그 전쟁은 남한 시민들은 물론, 북한 시민들에게도 청천벽력 같은 뜻밖의 전쟁이었다. 평화스러운 봄날, 갑작스레 당한 북한의 침략으로 남한은 상상치 못했던 아비규환의 지옥 속으로 빠졌다. 드디어 남한군과 유엔군까지 후퇴를 할 수밖에 없는 최악의 상황이 되면서, 남한시민은 물론, 북한 정권 아래서 살아남을 수 없는 북한의 피난민들로 상상할 수 없는 혼잡의 세상으로 변했다. 대부분 이북에서 내려온 피난민들은 주로 지주였거나, 우리 가족처럼 기독교 신자들이었다.

결국 7개월 후에, 우리 가족도 더 이상 견디지 못하고, 북한 땅을 벗어나기 위해 마지막 피난민 그룹인, '1951년 1·4 후퇴'의 그룹에 합류했다.

한국전쟁은 백 오십만 명의 북한 사람들이 남한으로 피난을 내려왔다고 집계되었다. 전쟁은 3년간 계속되었고, 마침내 한국 정전 협정에 의해 1953년 7월 27일 종전되었다. 이 전쟁으로 인한 2-3백만이 넘는 사상자는, 백만 명에 가까운 남한의 국민과 1,550,000명에 이르는 북한 국민이라고 한다.

나의 기억은 부서진 대동강 다리 위에서 시작된다. 아침 해가 뜨기도 전, 어두운 새벽에 살을 에는 북한 땅, 1951년 1월 4일의 이른 아침이었고, 나는 아직도 7살의 생일을 며칠 앞둔 어린 나이였다.

부서진 다리 위에는 다리를 건너려는 피난민들로 혼잡을 이루고 있었는데, 그날 새벽 어머니를 위시하여 가족들과 함께 피난민 대열에 섞여 대동강 다리로 올라섰던 나는, 얼마 후 가족들과 떨어져 흥분한 사람들 사이에 혼자 떠밀리고 있는 자신을 발견했다. 거칠게 요동치는 사람들 벽에 갇힌 나는 겁에 질려, 와앙 소리내어 울기 시작했다.

나는 미친 듯이 가족을 찾으려고 허둥거렸으나, 동생을 등에 업은 엄마도 세 언니들도 눈에 띄지 않았다. 그러다가 나는 성난 파도처럼 밀리는 피난민들 가운데, 군복을 입은 두 국군의 모습을 보았다. 그들은 손에 총을 든 채, 흥분한 난민들을 진압하기 위해 남겨진 군인들이었다.

그 군인들을 보자, 나는 그들의 관심을 끌려고 온몸의 힘을 다 해 더 크게 울기 시작했다. 부서진 대동강 강물 위에는 나무 널빤지들이 출렁이는 물결 위로 여러 겹으로 겹쳐 놓여 있었는데, 그 흔들리는 널빤지들이 위험하기 그지없는 다리 노릇을 하고 있었다.

남겨진 그 군인들은 문자 그대로, 한 사람씩 손을 잡아 그 출렁이는 나무 다리를 건너도록 도와주고 있었다. 그들이 뒤에 남아 난민들을 돕지 않았더라면, 흥분한 피난민 몇 명만 함께 밀려도 모두 강물 속으로 함께 매장될 수밖에 없는 위험하기 이를 데 없는 상황이었다.

마침내 한 군인이 앙앙 울고 있는 나를 군중들 사이에서 발견했다. 그는 내게 자리를 만들기 위해 밀리는 사람들을 제압하려 했지만, 워낙 상황이 급박한지라, 아무도 나의 존재를 깨닫지 못했다. 그러자 마침내 그 군인은 사람들의 주의를 끌려고 들고 있던 총자루로 군중들을 향해 휘두르기 시작했다. 그래도 사람들은 여전히 진정이 되지 않았다. 순간 나는 큰 총소리를 들었다. 흥분한 사람들이 성난 파도처럼 밀리며 진정이 안 되자, 군인이 공중을 향해 총을 발사한 것이다. 그제서야, 사람들이 내게 자리를 내주었고, 그 군인이 사람들을 헤집고 내게로 다가와 내 손을 움켜잡았다. 그리고 그 군인은 출렁거리는 그 겹쳐진 나무 널빤지들 다리 위로 내 손을 이끌어 대동강을 건너게 해 주었다. 흔들거리는 그 나무 널빤지 다리를 건너며 나는, 이마에 피가 흘러내리는 한 남자를 보았는데, 바로 그 군인이 내게 자리를 내주기 위해 휘두른 총자루에 맞았던 사람이었다.

나는 그렇게, 흥분한 군중으로부터 벗어나 그 부서진 대동강 다리를 건넜다. 주변은 여전히 어두웠지만, 떠오르는 새벽 햇살로 대동강 다리 건너편의 해변에 서성이는 사람들의 희미한 모습들이 눈에 들어왔다. 나는 계속 앙앙 울면서, 엄마와 언니들을 찾으려고 해변가를 헤매며 이리 저리 달리기 시작했다. 그런데, 멀지 않은 해변가에 엄마와 언니들이 엉거주춤 모여 있지 않은가! "엄마!" 그들을 발견하자, 나는 두 팔을 벌린 채, 그들을 향해 달려갔다. 엄마를 못 찾을까 봐 얼마나 무섭고 흥분했었던지, 내 울음은 딸꾹질로 변해 있었다.

"아이고, 살아 왔구나!" 엄마가 나를 향해 달려와 무릎을 끓으며 나를 감싸 안았다. "하늘이 도왔다!" 엄마가 말했고, 세 언니들이 다가와 큰 담요처럼 나를 에워쌌다.

그날, 우리가 도착하기 전 더 이른 깜깜한 새벽에, 부모와 손을 놓친 아이들이 대동강 다리 난간 위로 밀려서 얼어붙은 강 위로 떨어져 죽었다고 한다. 그러면 그 부모들이 허둥지둥 다리 아래로 달려가, 아이들의 시체를 담요로 둘둘 싸 가지고 울면서 어둠 속으로 사라져 갔단다. 그보다 더 이른 새벽엔, 강이 꽝꽝 얼었다고 믿고, 피난민들이 다 함께 그 얼음 위로 걸어서 강을 건넜다는 믿을 수 없는 사실이며, 더러는 도중에 되돌아간 사람들도 있었지만, 운이 나쁜 사람들은 먼동이 터 오면서, 얇게 얼었던 얼음이 깨지자, 모두 함께 강물 속으로 사라지기도 했다는 무시무시한 이야기들이다.

그 북한의 정월 초의 추위 속에서 우리의 피난길은 그렇게 시작되었고, 꽁꽁 얼어붙은 눈 속에서의 행군은 끝도 없이 계속됐다.

우리가 피난을 떠나기 전, 어머니는 우리들의 겨울 겉옷을 준비했는데, 걸어야 하는 나와 나의 셋째 언니를 위해 만든 코트는 지금도 잊을 수가 없다. 이불에서 울퉁불퉁한 솜들을 뽑아내어, 어른 남자의 자켓에 꾸겨 넣어 만든 코트였다. 게다가 허리에 질끈 끈으로 동여 매어 입게 했던, 참으로 보기 드문 겨울 코트였다. 어찌 되었든, 나는 1.4 후퇴 때의 피난길을 회상할 때마다, 이상하게도 그렇게 혹독하다는 북한의 추위에 대해선 별로 기억이 나지 않는다. 오히려 끊임없이 걷고 또 걸었던 하얀 눈 길 위의 긴 행렬의 기억뿐이다. 아마도 희한한 그 코트가 북한의 추위를 막을 만큼 훌륭했던지 아니면, 어머니의 눈물겨운 사랑이 추위를 막을 만큼 강렬했을까, 잊히지 않는 셋째 언니와 나의 그 겨울 외투를 아직도 떠올려 보곤 한다.

우리 피난민들은 먼저 피난 길을 떠난 사람들의 빈 집에 들어가 그들이 남겨 두고 간 쌀로 밥을 지어 먹으며 굶주림을 면했다. 나는 우리들이 어디를 목적하고 그렇게 걷고 또 걸었는지 알 수 없었고, 어른이고 어린아이들이고 가릴 것 없이 눈 먼 양 떼들처럼 앞서 걷는 피난민의 뒷머리 꼭

지를 따라 한없이 걸었던 기억뿐이다.

한 번은, 우리 가족들이 가로수가 양쪽 길에 끝도 없이 서 있는 긴 아스팔트 길을 앞서고 뒤서며 걷고 있었을 때, 난데없이 국군들로 가득 찬 군용 트럭이 우리 옆으로 쌩쌩 달려 지나갔던 걸 기억한다. 게다가 귀를 찢을 듯한 총소리가 우리들의 머리 위로 핑핑 날아 가기 시작해서 우리들은 혼비백산해서 길가 언덕으로 몸을 낮게 웅크리며 총알을 피해야만 했다. 어디선가부터 우리 가족은 다른 피난민들의 대열에서 떨어져 나와 국군들이 후퇴하는 그 긴 아스팔트 길로 잘못 들어서 버린 것이라고, 후에 큰언니에게서 들었다. 그래서인지, 국군들을 태운 트럭들이 끝도 없이 남쪽을 향해 달리고 있는 그 길에는 다른 피난민들은 하나도 보이지 않았고, 우리 가족 6명만 총탄이 씽씽 귓가를 스쳐가는 길 위를 뛰며 걸으며 혼비백산했던 기억이다.

그때 찬숙 언니가 눈을 부라리며, 셋째언니와 나를 뒤돌아보며, 빨리 따라 오지 않으면, 그냥 길에다 버리고 간다고 신경질을 부렸다. 그래서 우리 둘은 정신을 차리고 큰언니와 둘째 언니 그리고 엄마에게서 뒤 떨어질세라 죽어라 뛰기 시작했었다. 그때 갑자기 우리 옆 큰 길로 달리던 지프 차 하나가 속도를 늦추더니, 길 옆으로 차를 세우며 멈춰 섰다. 그리고 그 차안에서 장교처럼 보이는 군인이 차의 유리문을 내리는 게 아닌가! 우리는 영문을 몰라 엉거주춤 어머니를 따라 멈춰 섰는데, 그 장교가 어머니에게 손짓을 했다. 어머니가 차 문 옆으로 다가갔고, 그 군인과 무언가를 주고받더니, 그 군인이 뒤에 따라오던 뒤 트럭의 운전수에게 우리들을 태우라고 손짓을 했다. 믿을 수 없는 일이 생긴 것이다. 곧 트럭에 타고 있던 젊은 군인들 몇이 우리들의 손목을 끌어올려 트럭 안으로 태워 주었다.

그 장교는 차창 밖으로 어린아이 5명을, 더러는 걸리고 애기는 등에 업은 채, 다른 피난민들과 떨어져 이탈된 듯한 피난민 한 가족을 총탄이 난무하는 길가에 버려 두고 갈 수가 없었던 것 같다. 트럭에 가득 찬 군인들은 우리 큰오빠 나이 또래의 젊은이들이었다. 그날 그들은 다음 마을에서 쉬면서, 우리에게 저녁까지 제공했고, 저녁 후에는 두 꼬마였던 찬복이와 내게 노래를 부르라고 부추기기까지 했다. 노래를 잘 하는 찬복 언니가 몇 가지 노래를 불렀고, 찬복 언니처럼 활발하지 못했던 나는 입을 다문 채였다.

다음 날 그 군인들이 후퇴하며 남쪽 어딘가까지 우리를 태워다 주었는데, 그 친절한 젊은 군인들과 함께 얼마나 더 남쪽으로 혹은 어떤 마을을 지났는지 알 수 없었지만, 북한 땅을 피해, 남한으로 오는 동안 가장 안전하고 잊을 수 없었던 피난 길이었다.

그다음 날 우리는 다시 기차를 타기 위해, 낯선 타운의 기차역전으로 나갔다. 아침부터 다시 인산인해를 이룬 기차 역은 이미 피난민들로 빈틈없이 가득 차 있었다. 사람들은 기차 속은 물론, 기차 칸과 칸 사이, 기차로 올라타는 스텝이며, 기차 위 꼭대기 위에까지 빽빽이 올라타고 있었다. 기차 안 좌석의 사이사이까지 빈틈없이 피난민들로 넘쳐 났는데, 우리들은 이번에도 운이 좋아 한 명도 낙오하지 않고 한곳에 붙어 앉았다.

지금도 그날 어떻게 그 구름처럼 모인 피난민들 사이에서 우리 6명이 한 곳에 붙어 앉게 되었는지 신기하게 생각된다. 보이지 않는 무엇인가가 우리 가족을 꽁꽁 한곳에 붙여 놓았던 것 같다. 그 당시엔 몰랐지만, 지금 돌이켜 생각해 보아도 불가사의한 신의 가호가 함께한 것 같다. 기차가 떠나면서, 우리 6명은 꼭 붙어 앉아 서로의 체온을 느끼며 기차의 동체와 함께 흔들리며 남쪽을 향해 달리고 또 달렸다.

나중에 들은 얘기인데, 우리가 그렇게 안전하게 서로의 체온을 느끼며 달리는 동안, 기차 꼭대기 위에 매달려 가던 피난민들 중에서, 발이 미끄러져서 혹은 긴 터널을 지날 때 땅으로 떨어져 죽었다는 사람들이 더러 있었다고 한다.

그보다 더 믿을 수 없었던 일은, 며칠간 밤과 낮을 피난 길을 함께 걸어왔던 무리가, 두 개의 길로 갈라지는 지점에 도착했을 때, 다른 길을 택했던 그룹의 피난민들이 공습으로 혹은 도로(Road) 폭발로 그 자리에서 모두 재로 사라져 버렸다는 믿기 힘든 무섭고 끔찍한 사실이었다. 나는 며칠을 함께 피난길을 걸어왔던 생생한 그 얼굴들을 잊을 수가 없었다.

그날 두 갈래 길로 갈라졌던 그곳이 사리원으로 향하는 길이라고 들은 듯하다. 후에 나는 사리원은 황해도 북쪽 지역의 수도라는 걸 찾아보았다. 당시 1950년부터 시작된 B-29 폭격으로 수도 없이 많은 도시들이 끊임없이 초토화되고 있었으므로, 사리원으로 향하는 한 특정 도로의 폭발이 특별하게 기록에 남아 있지 않은 것은 이상한 일도 아니었다.

남쪽에 내려온 후, 우리들은 종종 큰언니, 찬숙으로부터 전쟁당시의 이야기를 듣곤 했는데, 지금은 이미 그 큰언니도 저 세상으로 떠나고 안 계시다.

4

서울

드디어 우리는 남한에 도착했다. 남한의 수도인 서울이란 도시다. 혹독한 북한의 정월 초에 죽기를 각오하고 떠났던 북한 땅에서 드디어 벗어난 것이다. 남한 땅 위에 서 있다는 해방감으로 안도의 숨을 내쉬면서도, 한편 새로운 땅에서 시작해야 할 미지의 삶에 대한 두려움과 불안이, 갑자기 우리들을 감싸 왔다. 얼떨결에 피난민들 속에 밀려 발을 내딛은 남한의 땅, 나는 방금 빠져나온 광장 한 복판에 세워진 붉은 서울 역 건물을 올려다보았다. 그 붉은 벽돌 건물이 밀려드는 광장의 피난민들 머리 위로 거대하게 솟아 있었다. 우리들은 잠시 그대로 한곳에 모여 선 채, 눈앞에 펼쳐지고 있는 새 도시에 압도당해 숨을 죽였다.

그러나 우리는 밀려 나오는 피난민 대열과 함께 움직여야 했고 자동차가 오가는 큰 길을 건너 상가들이 한 줄로 죽 늘어선 길로 사람들의 대열에 섞였다.

서울 사람들은 우리 피난민들의 대열에 놀란 듯했고, 역겨운 표정을 감추지 않은 채, 더러는 혀를 차며 더러는 머리를 절레절레 흔들며 지나갔다. 한 중년 아줌마가 얼굴을 찌푸린 채 지나치며 내뱉었던 한마디 말! “에이 이제 서울이 쓰레기장이 되겠네!” 그 한마디가 나를 찔끔 찌르면서, 걸음을 멈추고 우리들을 되돌아보게 했다.

나의 어린 눈에도, 정말 우리들 꼴이 볼 만했다. 우리 스스로가 봐도 영락없이 모두 거지 꼴이다. 더러워진 겨울 코트와 기차 여행으로 제대로 씻지 못한 얼굴. 게다가 찬복 언니와 나의 모습은 아예 코믹하기까지 했다. 애당초부터 희한했던 우리 둘의 솜을 집어넣어 만든 코트는 눈길을 걸으며 또 긴 기차 여행 등으로 몰골이 일그러져서 표현키 어려울 정도였다. 나는 민망하고 창피하고, 성질이 머리 끝까지 솟구쳐서 엄마와 언니들 곁으로 달려 갔다.

“똥 같은 서울!”

나는 너무 분하고 서글퍼서 씩씩거리며 언니들 뒤로 걸어가는데, 뒤에 따라오는 우리들을 시시때때로 감시하던 큰언니가 내 찡그린 얼굴을 보고 잔소리를 했다. “넌 또 뭐가 문제야? 왜 또 심통을 부리는 거야?”

“왜 큰 언닌 맨날 소리를 질러? 언니가 엄마야?” 나도 참다 못해 큰언니를 향해 꽥 소리를 질렀다. 늘 우리들을 엄마보다 더 다그치는 큰언니가 너무 미워서, 내가 드디어 큰소리로 울기 시작했다.

“쉬, 조용해! 찬옥아!”

우리가 다시 걷기 시작했을 때, 둘째 찬실 언니가 내 곁으로 다가서며 물었다.

"어디 아파? 찬옥아 왜 울어?" 찬실 언니는 다른 두 언니에 비해 조용하고 따뜻한 성품이다. 큰언니는 성품이 까다롭고 철저하고 완벽주의자인 한편, 셋째 언니는 늘 명랑하고 명석한 반면에 조기 분만(팔삭둥이라고 부름)으로 태어난 탓인지, 평생 몸이 허약해서 늘 엄마의 관심을 독차지 했다. 둘째 언니는 우리들과 달리 말이 없고 성격도 순했다. 한 살 터울로 밀치고 태어난 셋째 언니 때문에 엄마 젖도 제대로 못 얻어먹고, 대신 늘 계란을 먹여 키웠다는 둘째 언니다. 계란도 영양 음식인데, 하얀 엄마 젖보다는 뭔가 부족한지, 작은 언니는 유난히 피부가 검었다.

기다리던 아들 대신, 네 번째로 태어난 것이 나였다. 또 딸이 태어나자, 엄마는 면목이 없어 차라리 죽어 버리라고(그랬다고 생각하고 싶지는 않지만), 나를 요에 쌓아 장롱 아래로 밀어 넣었다는 이야기를 후에 엄마 본인에게서 들었다. 그렇게 기른 딸이 마지막까지 챙겨 준다면서, 엄마가 나에게 하셨던 말씀이다.

그 후 내 아래로 동생, 찬순이가 생기면서 나는 더욱 스스로 알아서 챙기며 자란 탓인지, 걷기보다는 늘 단발 머리를 펄럭이며 뛰어다니던 씩씩한 막내였다고, 나중에 큰언니가 말했다. 나보다 6살이나 위인 찬복 언니는 태어날 때부터 언제나 아파서 몸도 키도 자라지 못해, 사람들이 늘 나와 쌍둥이로 착각하곤 했다. 그래도 일란성 쌍둥이는 아니었는지, 사람들은 아무렇지도 않게, 나를 옆에 세워 두고, "아유, 언니가 참 이쁘네, 눈도 크고 살결도 희고 …" 그렇게 찬복 언니를 이쁘다고 칭찬했는데, 심술 많은 내 성격에 어떻게 견디며 살아 냈는지 지금 생각해도 스스로가 안쓰럽다.

갑작스레 그 오랜 세월 당하며 살아온 억울함이, 그 순간 아무런 연관이 없는 일인데도 한꺼번에 나를 휩싸 온 것일까, 나는 서럽게 울면서 둘째, 언니 옆으로 다가갔다.

내가 가까스로 울음을 멈췄을 때, 엄마가 우리들을 거리 한구석으로 데려가며 말했다. "지금 우리가 들어가는 이 친척 집에서 얼마 동안 지내야 하는데, 다들 조신하게 행동해야 돼, 알았지?"우리는 엄마가 얘기하는 그 친척이 누구인지도 모르는 채, 말없이 엄마 뒤를 따라 낯선 친척 집으로 들어섰다.

그러나 우리는 며칠 안 가서, 그 친척 집을 떠나기로 결정한 엄마를 따라 서울을 떠나려고 또 한 번 기차역으로 나갔다. 엄마는 한마디로, 서울은 우리가 살아 남기엔 만만치 않은 도시라고 짧게 말했다.

기차역전은 지난번처럼 사람들로 밀리진 않았지만, 이번에도 기차 안은 물론 기차 지붕 위에도 사람들이 가득 올라타 있었다. 우리들 6명은 이번에도 운 좋게 기차 안에 함께 자리를 잡고 앉았다. 기차는 밤새도록 달렸는데, 서로의 어깨를 베개 삼아, 우리들은 다음 날 아침 기차가 멈출 때까지 곤하게 자면서 갔다.

5

부산

아침에 기차가 도착한 곳은 부산이라는 도시였다. 왁자지껄 분주하고 활기찬 사람들의 목소리로 잠에서 번쩍 눈이 떠졌다. 이곳의 사람들은 생동감이 넘치는 억양으로 사투리까지 섞인 말소리가 서울보다 한결 정겹게 느껴졌다. 그래서인지 피난민들의 존재가 서울에서처럼 두드러지게 나타나지 않는 것 같아, 어린 생각에도 이 부산이란 도시가 단숨에 마음에 들었다. 사람들은 우리들을 지나치며 낯을 찡그리지도 않았고, 피해 돌아가지도 않았다. 놀랍게도 한 중년 아줌마가, 우리들을 보며 안됐다는 얼굴로 말했다. "아이고, 우짜노! 이 어린 것들이 그 먼 데서 피난 오느라 얼마나 춥고 고생스러웠을꼬, 쯔쯔…!" 나는 놀랍기도 하고 무안하기도 해서, 눈 인사를 던지고 엄마와 언니들 뒤를 따라 뛰어갔다.

기차에서 내리면서, 그날로 우리들은 커다란 빈 건물, 피난민 수용소로 안내되어 들어갔다. 어머니가 피난 길 내내 손에 들고 다니던 그 낡은 종이쪽지의 덕을 드디어 보게 된 것이다. 그 종이쪽지는 어머니가 피난길을 떠나기 전에 신청해서 만들었던, "군인 가족 증명서"였다. 그 증명서 때문에 우리는 한길에 나서지 않고, 다른 모든 군인 가족 피난민들과 함께, 부산의 "군인 가족 피난민 수용소"로 들어가게 된 것이다. 당시 우리 엄마에겐 막내 남동생이 있었는데, 그가 바로 남한의 포병 대위인, 외삼촌 캡틴 송이었다.

중풍으로 일찍 타계한 외할머니로 인해, 홀할아버지와 더불어, 당시 어머니 아래로 두 여동생과 두 남동생이 있었는데, 그중 막내 남동생이 남한의 포병 장교인 캡틴 송이었고, 그는 우리 아버지가 일본으로 유학까지 보내 공부를 시켰다고 들었고, 엄마는 그 동생들에게 엄마와 같은 존재였다.

아버지가 돌아가신 후, 우리는 거의 그 외삼촌 캡틴 송을 보지 못하며 자랐다. 외삼촌은 남한에서 편모 슬하의 재원과 결혼을 했다는데, 그 결혼 조건이 특이해서 친척 간에 잘 알려진 이야기가 있다.

즉 그 재원의 어머니가 삼촌을 사위로 택한 조건이 특이한데, '삼촌에게 아무 가족이 없다는 것이 그 첫째 조건이었다.'고 한다. 참 믿기 힘든 희한한 조건이지만, 우리 친족 간에는 다 알려진 사실이다. 그 삼촌의 아내, 즉 외숙모는 당시 서울 대학 문과를 졸업했다는 미모로, 그 시대에 스케이트를 선수 못지않게 탄다는 얘기와, 신문사였는지 잡지사에서 일하는 저널리스트였다고 들었다.

피난길을 떠나기 전에, 우리 어머니는 그 외삼촌의 이름을 이용해서,

"군인 가족 증명서"를 신청했는데, 그때 엄마가 삼촌의 동의를 얻고 그 '군인 가족 증명서'를 신청했는지는 알 수 없는 일이다. 그 '군인 가족 증명서'는 그 군인의 직계 가족에게만 해당하는 증명서라고 나중에 알았다. 결국 엄마는 살아 남기 위해, 동생의 이름을 남편의 이름으로 사용했다는 사실도.

그렇게 우리 가족의 남한에서의 삶은, 이 외삼촌의 이름 덕택으로 부산의 '군인 가족 수용소'에서 시작되었다. 수용소 안의 그 많은 사람들은 모두 군인들의 직계 가족이었다. 가족마다 식구 숫자에 따라 빈 공간이 주어졌고 모두들 주어진 빈 자리에 들고 온 짐들을 풀어 나름대로 살림살이들을 정돈하기 시작했다. 그러나 우리들은 부서진 대동강을 건너면서, 제대로 들고 온 이렇다 할 게 없어, 빈 공간에 빙 둘러 앉아 서로의 얼굴을 멍청하게 쳐다보았다. 그래도 엄마가 와중에 피난길 빈집에서 쌀과 마른 반찬거리를 들고 왔는지, 밥을 짓고 국을 끓여 저녁을 준비했다. 우리는 커다란 그릇에 담긴 뜨거운 밥과 국 그릇을 가운데 놓고, 빙 둘러 앉아 수용소에서의 첫 식사를 먹었다. "배가 불러서 난 더 못 먹겠다!" 피난 때, 늘 밥을 먹을 때마다 엄마가 맨 먼저 수저를 내려 놓으며 하던 말이다. 그러나 우리들은 엄마가, 우리들에게 더 먹이려고 수저를 먼저 내려 놓는다는 걸 모두 알고 있었다.

그날 저녁 몇명의 군인들이, 쌀과 먹거리 외에 담요 등과 치약, 비누, 생필품 등을 군인 가족들을 위해 한 아름 가지고 왔다. 다른 사람들도 다 기뻐했지만, 우리 가족에겐 정말로 필요한 물건 들이었다. 그 수용소에서 우리는 한동안 지냈는데, 어떤 가족들은 좀 일찍 떠났고, 남은 가족들은 점차 서로 가까워져서 음식을 나눠 먹으며 공동 생활의 훈훈함을 나누기도 했다.

수용소를 떠날 때까지 우리는 외삼촌 캡틴 송을 만나 보지는 못했지만, 가장 힘든 시기에 외삼촌의 이름 석자와 그의 계급 덕분에 크나 큰 도움을 받았음을 아직도 잊지 못한다.

거추장스러운 친척이 없어서 사위로 맞은 외삼촌인데, 그 장모가 나중에 기절초풍을 했을 뒷이야기를 안 하고 넘어갈 수가 없다.

맨 처음, 홀 시아버지가 혼자 된 손위 동서와 동서의 어머니, 게다가 시집 안 간 여동생과 그 동서의 어린 아들까지 5명이 귀신처럼 홀연히 나타났고, 나중엔 또 손위 과부 시누이인 우리 엄마가 우리들 5명을 이끌고 나타났으니, 그 놀라움이 어떠했을지 가히 짐작이 간다.

6

김해

다음에 우리가 간 곳은 경상남도 김해라는 도시였다. 이 도시는 남한에서 가장 큰 김해 김씨의 본 고장이다. 내 마음속엔 아직도 김해라는 그 도시가 아름다운 추억으로 남아 있다. 집들은 노란 짚으로 지붕을 덮은 지붕이었고, 벽은 흙벽돌로 쌓아 올려 만든 옛 한옥 초가집들이다.

우리가 김해에 도착했을 때, 우리는 우리보다 먼저 우리 친척들이 윗동네에 자리를 잡고 있는 걸 알고 너무 놀랐다. 우리는 그때까지 친척들과 오가며 지낸 기억이 없었기 때문이다. 우리 가족은, 손자 한 명을 데리고 살고 있던 본지의 한 노파가 방 두 개를 내주어 자리를 잡았다. 그 집 앞뜰에 또 다른 방 하나와 헛간 같은 부엌이 달려 있었는데, 그 곳에도 또 다른 피난민 부부가 살고 있었다. 그 당시 마을 이 집 저 집에 피난민들이 들어와 함께 살고들 있었는데, 나는 그때 우리들이 그 현지 집 주민들에게 집세로 돈을 내고 살고 있었을까 궁금해했던 생각이 난다. 어쨌든, 나는 우리에게 자기네와 나란히 붙은 방 두 개를 내주었던 그 무뚝뚝한 할머니가 좋았다. 가끔 서울에서 다니러 온 오빠가 바이올린을 켜기 시작하면, 길고 가느다란 담배 장죽대를 마루 끝에 땅땅 치며 "오메, 우짜노! 저 숭악한 깽깽이 또 실린다, 또 실려. 나무아미타불…" 이마를 찌푸리시며 옆으로 돌아 앉으시던, 김해 집 할머니의 곱상한 얼굴이 아직도 기억 속에 살아 있다.

첫날 짐을 풀고, 우리는 엄마를 따라 위쪽에 자리를 잡은 할아버지와 외숙모들 집으로 올라갔다.

"이제 외할아버지와 두 외숙모네 가족을 만나러 가는데, 얌전히들 행동해, 알았지?"
"큰 외숙모와 그 가족 그리고 캡틴 삼촌네 가족이야."

우리 친척들의 집은 우리가 사는 집보다 훨씬 컸다. 지붕도 짚으로 엮은 초가가 아니고, 슬레이트 지붕이었다. 우리 외 할아버지와, 큰외삼촌의 부인, 영희 그리고 그네의 두세 살 가량 되어 보이는 아들과, 큰 외숙모의 미혼 여동생 영숙, 그리고 숙모의 홀 어머니 등 다섯 식구가 3개의 방을 쓰고 있었다.

한편 캡틴 삼촌의 부인과 그녀의 엄마 그리고 군인 가족의 도우미(Helper)인 군인 등 세 사람이 또 다른 한 채에 살고 있었다.

우리는 친척들이 살고 있는 큰 마당으로 들어섰다. 나는 지금도 그 마당 한 옆에 있던 큰 감나무를 기억한다. 가을이었는지, 빨갛게 익은 단감들이 가지가 늘어지도록 탐스럽게 달려 있었다.

방 안엔, 우리 할아버지라는 분이 꼿꼿이 허리를 펴고 앉으신 채 우리에게 미소를 지으셨는데, 그는 우리들 손주들과 가깝게 상대하실 분이라기보다는 학자 같아 보였다.

외숙모가 마당으로 들어서는 우리를 향해 달려 나와 반겨 주었다. "아이고 형님, 아이들 데리고 이 한겨울에 얼마나 고생이 많으셨어요?" "이 어린 것이 그 추운 이북에서부터 오느라 얼마나 고생이 많았을까!" 숙모가 나를 끌어안으며 말했다.

"점심은 먹었니?" 숙모의 동생인 영숙이 우리에게 물었고, 숙모의 어린 아들이 엄마의 등뒤로 숨으며, 수줍은 듯 우리들을 올려다보았다. 큰 외숙모와 그 여동생 영숙은 다정했는데, 그들의 어머니이며 소년의 할머니인 노인은 방 안에서 말없이 우리들을 찬찬히 올려다보았다.

어머니의 두 남동생 중 큰 남동생에 대해선 모두들 쉬쉬했지만, 나는 어디선가 그 큰삼촌에 대해 들은 적이 있다. 그는 축구 선수였던 것으로 아련히 기억하는데, 38선을 경계로 이북과 남한이 갈라진 후, 이북으로 끌려갔다는 이야기다.

38선은 2차 대전 후, 미국과 소련에 의해 남한과 북한의 두 나라로 나뉜 군사분계선이다. 처음엔 이북과 남한의 사람들이 자유스럽게 38선을 드나들었으나, 후에는 이 38선은 남한을 '대한민국'으로, 그리고 북한을 "조선민주주의 인민공화국"이란 두 나라로 갈라 놓은 국가 경계선이 되었다.

나는 언젠가 엄마가 어떤 친척에게, 그 큰외삼촌에 대해 이야기하는 걸 들었었다. 큰외삼촌도 다른 많은 이북의 남자들처럼 먼저, 이남으로 내려가 자리를 잡은 후, 다시 이북 고향으로 올라와 가족을 데리러 오려고 했다는 얘기다. 그런데 당시 임신 중이었던 큰 외숙모가 "죽어도 같이 죽어요. 지금 날 혼자 내버려 둘 수 없어요. 게다가 혼자 몸도 아닌데…"라며 남편의 바지를 붙들었다는 얘기다.

그리고 그날 밤, 공산 인민군이 들이닥쳐 삼촌을, 어디론지 알 수 없는 곳으로 끌고 가 버린 후, 그의 소식은 물론, 생사조차 알 수 없다고 했다. 삼촌은 지주의 아들이었을 뿐만 아니라, 동생이 남한에서 군인 장교였던 불순분자 신분이므로 거의 희망을 버린 상태라고 했다.

우리는 뒤쪽에 자리 잡고 있는 안채로 들어가, 캡틴 삼촌의 가족들을 만났다. 작은외숙모, 귀연은 키가 작고 몸이 통통한 편이었는데, 커다란 검은 눈동자에 동그란 얼굴이 눈에 확 들어오는 아름다운 얼굴이다. 작은 외숙모가 우리를 보자, 큰 눈을 동그랗게 뜨며 자리에서 일어났다

"아이고 형님, 어서 오세요. 얼마나 고생이 많으셨어요?" 우리가 오는 걸 모르고 있었던 모양이다. 숙모의 뒤에서 떨떠름한 얼굴의 노파가, 내키지 않는 표정으로 눈을 가늘게 뜨고 우리들을 훑어보았다. 이 노인이 귀연 숙모의 그 유명한 결혼 조건으로 알려진 그 어머니이다. 그 노인이 삼촌을 사위로 택한 이유를 다 알고 있는 탓으로 우리도 서먹하고 어색하게 그 노인을 향해 엉거주춤 머리를 숙여 인사를 했다. 마지못해 미소를 지으려는 그 노인의 얼굴이 거의 기형적으로 일그러졌다.

그렇게 우리 외갓집 송씨 3 친척들의, 남한에서의 삶이 평화롭게 시작됐다. 외관상으로라도 세 자매의 가족들이 나란히 살게 되었으니 말이

다. 그때도 여전히 우리는 엄마의 유일한 남동생인 캡틴 송의 모습은 보지 못한 채였다. 아직도 전쟁이 완전히 끝난 상태가 아니어서, 삼촌은 민간지역이 아닌 군사기지에서 지내야 하는 것 같았다.

나는 친척들 중에서, 첫째 영희 숙모 가족들이 좋았다. 우선 그 큰 외숙모 집엔 어린 꼬마가 있었고, 또 나는 그 꼬마의 이모인 영숙이 이모가(나도 영숙 이모라 불렀다) 제일 좋았다. 영숙 이모는 성격이 털털하고 명랑했을 뿐 아니라, 우리들을 볼 때마다 맛있는 먹거리를 손에 쥐여 주곤 했기 때문이다.

7

자살 사건

어느 날 오후, 나는 숙모네가 사는 위쪽 동네에 왁자지껄 사람들이 모여 있는 걸 보았다. 처음엔 큰 외숙모네 집에 무슨 일이 생겼나 생각했었다. 그러나 곧, 외숙모네가 아니고 그보다 더 위쪽에 살던 두 피난민 처녀 자매가 살던 집 주변인 것을 알았다. 그 두 피난민 처녀 자매는 둘 다 영화나 잡지 속의 사진에서나 볼 수 있는 화사하고 예쁘게 생긴 처녀들이었다. 내가 놀라서 허겁지겁 달려 갔을 때, 동네 어른들이 손가락으로 입을 막는 시늉을 하며 나를 제지시켰다. 둘러선 사람들 사이에서, 영숙 이모가 내게 손짓을 하며, 가까이로 오게 했다. "쉬…" 그녀가 내 손을 잡아 끌어 사람들에게서 떼어 냈다. "두 자매 중에 하나가, 자결을 했대." 영숙이 이모가 내 귀에 대고 작은 소리로 속삭였다.

"네? 왜요?" 내가 거의 소리를 지르자, 영숙 이모가 잽싸게 손으로 내 입을 틀어막았다. "아무도 몰라 … 동생이 언니의 시체를 변소에서 발견했대, 아 끔찍해!"

피난민들은 물론, 현지 주민들 모두가, 착잡하고 서글픈 얼굴로 자리를 떠나지 못하고 있었다. 혹독한 한겨울의 피난길 끝에 남한에 온 이후, 가장 믿을 수 없고 슬프고 어이없는 사건이었다.

"아니, 이북에서 그 멀고 먼 피난길을 걷고 걸어 여기까지 와서, 자살을 해요?"

너무도 황당해서, 아직 초등학교도 시작하기 전의 어린 내 마음을 완전히 뒤집어 놓은 어처구니 없는 사건이었다. 살아남은 여동생은 충격으로 거의 인사불성이 된 채, 변소의 나무 도어에 간신히 기대 앉아 있었다. 나는, 이제부터 혼자 살아가야 할 그 여동생이 너무도 불쌍해서, 와앙 소리를 내어 울고 싶은 걸 이를 악물고 참았던 기억이다.

겨울이 지나면서, 진달래 꽃이 온 들과 산에 흐드러지게 피기 시작했다. 따스한 햇살이 우리 아이들의 이마에서 반짝이고, 바람이 살랑살랑 맨 팔뚝을 간지럽히며 봄이 찾아왔다. 춥고 서글픈 겨울을 지낸 탓일까. 김해를 감싸오는 새 봄의 눈부신 햇살이 어쩐지 새해엔 기쁘고 좋은 일들이 많이 생길 것 같았다.

엄마와 큰언니는 자주 어디로 가곤 했는데, 누비이불 같은 것들을 팔러 다녔을까 싶다. 나는 찬실 언니와 찬복 언니와 자주 남겨지곤 했다. 동생 찬순이는 아직 업둥이라 엄마가 데리고 가곤 했는지, 늘 우리 세 자매만 지냈던 기억이다. 우리는 그렇게 곧 엄마와 큰언니의 부재중에 우리 아이들만의 삶에 적응을 했다.

8

전도사님

그 즈음, 우리들에게 놀라운 일이 생겼다. 찬실 언니가 어린아이들만의 교회를 찾아낸 것이다. 그 교회는 아담한 목조 건물로, 아름다운 꽃들로 가득 찬 넓은 화원을 지닌 아담한 교회였다. 그 교회엔 목사는 없었지만, 여자 전도사님이 있었다. 우리는 그분을 "전도사님"이라고 불렀고, 그 전도사님은 언제나 우리 어린아이들을 반갑게 환영해 주셨다. 우리들은 그 전도사님으로부터, "성경 속의 이야기들"과 찬송가와 동요 등 많은 노래들을 배웠다. 그 전도사님은 우리들이 교회를 찾을 때마다, 주일이 아닌 때라도, 꽃이 만발한 정원으로 데리고 나가 우리들과 함께 시간을 보내곤 했다. 전도사님은 늘 꽃무늬가 있는 하늘하늘한 긴 치마나, 부드러운 드레스를 입고, 머리는 등 뒤에 한 줄로 땋아 내린 아름다운 모습으로 기억된다.

그 가든 교회에 다니던 일이 나에겐 가장 행복했던 김해에서의 생활이었다. 그 어린이 교회는 다정한 여 전도사님에 대한 소문이 퍼지면서, 주일이 되면 아이들로 가득 차곤 했다. 게다가 때때로, 전도사님은 직접 김

밥이나 간단한 점심을 만들어 가지고, 우리 아이들을 데리고, 가까운 동산이나 작은 산으로 피크닉을 가기도 했다.

전도사님은 종종 주중에 나를 교회로 오라고 해서, 풍금을 치며 내게 찬송가며 어린이 노래들을 가르쳐 주셨다. 당시 어른이 없이 우리들끼리 지내는 걸 아시고, 늘 우리에게 관심을 주셨고, 특별히 막내인 나에게 각별하셨다. 전도사님이 특별히 내게 부르게 하셨던 노래가 있었는데,

"사랑하는 나의 고향을… 한번 떠나온 후에…"라는 가사로 시작하는 노래였다. 후에, 놀랍게도 그 노래가 스페인의 가곡(Folk song)이라는 걸 알았다.

그런데, 이 가곡을 잊을 수 없게 만든 일이 생겼다. 그날도 전도사님이 우리 교회 어린이들을 데리고, 가까운 언덕으로 피크닉을 갔었다. 우리는 전도사님이 준비해 오신 점심을 맛있게 먹은 후, 줄다리기 놀이 등으로 신바람이 났었다. 곧 전도사님이 우리를 언덕 풀 밭 위에 다 앉게 한 후에, 다 함께 여러 가지 찬송가들을 불렀고 모두들 기분이 한껏 고조되었을 때, 전도사님이 웃으시며 갑작스레 내 이름을 부르시며 앞으로 나오라고 했다. 그리곤 아이들 앞에 얼떨떨해서 서 있는 나에게, 그 "사랑하는 나에게 …" 노래를 부르라고 하시는 게 아닌가!

나는 많은 아이들 앞에서 독창을 하게 된 것이 당황스러웠지만, 자주 부르던 노래였기에 풀밭에 앉은 아이들을 마주 보며 노래를 부르기 시작했다. 노래를 부르다가 예전처럼 몇 소절을 이어 가는데, 갑작스레 수많은 까만 눈동자들이 햇살을 받아 동그랗게 반짝이며 일제히 나를 향해 몰

려 있는 걸 의식했다. 그 눈동자들은 깜빡이지도 않고 점점 크게 확대되어 나를 향해 달려 오는 것 같았다. 다음 순간 나는 나도 모르게 멈칫하며 노래를 잇지 못하다가, 갑작스레 겁에 질린 듯 훌쩍훌쩍 울기 시작했다. 아이들도 놀라고 전도사님도 당황해서, 내 등을 감싸 안으며, "왜 그래, 찬옥아, 괜찮아?…" 하셨던 그날의 잊을 수 없는 기억! 그렇게 계면쩍게 훌쩍이며 내 자리로 돌아온 이후, 나는 다시는 노래를 부르지 않게 되었다. 아니 돌이켜 보니, 그 이후로 나는 공식 석상에서 노래를 부른 기억이 없다. 평생 사람들 앞에서 노래를 못 부르게 만든, 내 어린 시절의 안타깝고 유감스러운 이야기이다.

그럼에도 불구하고, 피난민 시절 김해 가든 교회에서의, 즐거웠던 교회생활과 그 여 전도사님의 예수님에 대한 가르침이 반세기가 훨씬 지난 오늘까지 내 가슴속에서 씨앗이 되어 자라 왔음을 감사하고 있다.

9

문둥병 환자

여름이 다가오고 있었는데, 우리가 사는 동네 가까운 이웃 집에 문둥병 환자가 생겼다는 소문이 돌았다. 우리가 살던 집 마당을 나서면, 바로 연이어 이웃에 큰 기와 집이 있었다. 바로 그 집의 무남 독녀인 십대 소녀가 문둥병에 걸렸다는 놀라운 소문이었다. 그 소녀는 그때 중학생이었는데, 길에서 한두 번 마주치기도 했었다. 검은 교복 상의에 새하얀 칼라를 눈부시게 달고, 얌전하게 거리를 걸어가던 그 학생을 보며, 나는 그 소녀와 비슷한 나이였던 찬실 언니는 하얀 칼라가 달린 그 산뜻한 교복을 입어 보지 못한 게 내심 안쓰러웠던 걸 기억한다. 찬실 언니는 그때 중학교에 가는 대신, 작으마한 나무 카트 위에 사탕과 과자 나부랭이를 늘어놓고 팔기 시작한 터였다. 그때 찬복 언니와 나도 그 카트 주변에서 빈둥대며 지내곤 했었다. 그때 누구의 아이디어로 그 과자 나부랭이를 팔기 시작했는지 지금 생각해도 딱하기 그지없다. 왜냐하면 우리들의 비즈니스 벤처가 며칠도 안 가 곧 사라졌기 때문. 결국 종일 한 개도 팔지 못했던 어느 날, 우리 세 자매는 카트에 늘어 놓았던 과자와 사탕 등을 말끔히 먹어 치우고, 유감없이 카트를 치워 버렸던 것.

문둥병에 걸린 그 소녀의 집 대문은 굳게 닫혀 있었고, 나는 거의 인적이 없어진 그 집 근처를 혼자 서성거렸다. 그 집 주변을 맴돌며 두려움도 있었지만 그 해사하던 소녀가 불쌍해서 견딜 수가 없었다.

어느 날, 그 집에서 굿을 한다고 했다. 굿은 일종의 미신 행사로 무당이 몹쓸 병을 쫓아 내기 위해, 집안의 특별한 소원을 이루기 위해, 혹은 "복"을 받으려고, 귀신에게 제를 드리는 특별 행사라고 들었다. 무당들은 요란한 색깔의 옷을 떨쳐 입고, 귀가 아프게 꽹과리를 울리며 펄쩍펄쩍 춤을 추었다. 더러는 칼날 위를 맨발로 걷기도 한다고 들었는데, 그런 경우에 대해선 얼마나 신빙성이 있는지 알 수 없어 언급을 안 하겠다.

어쨌든 그 굿판으로 인해, 온 동네가 소란스러워졌고 많은 사람들이 그 집 대문 앞으로 몰려 들었다. 문 틈으로 굿이 벌어지는 집안을 구경하면서, 사람들이 끌끌 혀를 찼고, 더러는 고개를 휘휘 내저으며 한숨을 쉬었다.

나도 사람들 틈에 끼어, 대문 사이로 집안을 들여다보다가, 벌어지고 있는 광경을 보고 너무 놀라서 숨이 넘어가는 줄 알았다. 그 갸날픈 소녀의 하얀 몸이 거의 반 나체로 나무 판에 묶인 채, 무당이 요란하게 날뛰며, '굿'을 하는 동안, 몸을 이리저리 뒤틀며 몸부림을 치고 있는 무서운 광경이었다.

그러나, 나는 그 가엾은 소녀가 어떻게 되었는지 그 후의 소식을 못 들은 채, 김해를 떠나게 되었다.

김해는 내게 피난 생활 중 가장 잊을 수 없는 고장이다. 아름다운 화원과 함께 그림 속의 환상처럼 아직도 그 모습이 기억되는 따뜻한 여 전도사님 때문에 특별히 사랑했던 고장이지만, 한편 그 어린 문둥병 소녀의 일과 윗동네 처녀의 자살 사건은 나의 피난민 시절 중 가장 슬프고 무서웠던 기억이기도 하다.

10

다시 만난 오빠

우리들의 삶에 오빠가 다시 등장하기 시작했던 것도 이 김해였다. 이북에서 오빠와 헤어진 후, 다시 오빠를 마지막 만났던 곳은 남한으로 피난 중, 우리가 평양에 이르렀을 때였다. 오빠가 평양 심포니의 멤버로 있다는 소식을 어떻게 전해 들었는지, 엄마는 우리들을 데리고 평양의 필하모닉 빌딩으로 오빠를 만나러 갔었다. 그때 오빠가 연습을 하던 심포니 홀 지하실에서 우리들이 찾아왔다는 소식을 듣고, 다리를 절룩이며 빌딩 밖으로 올라왔다. 우리는 어려서 집을 떠났던 오빠가 그 사이에 어른이 되어, 심포니 멤버가 된 것이 너무도 자랑스러워, 연습실에서 올라오는 지하실 층계에 몰려 선 채 흥분해 있었다. 그러나, 연습실에서 올라온 오빠가, 우리들 네 여동생들과 엄마의 등에 업힌, 동생을 흘깃 쳐다보며, 한마디 내뱉은 말을 아직도 잊지 못한다. "아니, 정신이 있어요? 이렇게 갑자기 우르르 몰려와서 어쩌자는 거예요?" 흥분해서 기다리던 우리들의 기대와 너무나도 어긋난 오빠의 한마디 말! 우리들은 삽시에 공기 빠진 풍선처럼 후줄근해져서 멍하니 서 있었다. 나는 그때 엄마의 모습을 보고, 속이 더 뒤집히는 것 같았다. 엄마는 어색하게 웃음을 지으며, 오빠에게

머뭇거리며 대답했다. “우린 그냥 남쪽으로 가는 길에 네 얼굴이나 한번 보고 가려고… 별일 없고 건강은 괜찮아?” 엄마의 그 말에 오빠는 이렇다 할 대답도 없이, 엄마의 등에 업힌 남동생을 의문에 찬 마땅치 않은 눈길로 힐끗 올려다보았다.

나는 그때 엄마와 오빠 사이에 오고 간 대화를 제대로 알아듣지는 못했지만, 속이 뒤집혀서 씩씩거렸다. 몇 년 만에 처음으로 다시 만난 우리들과 엄마에게, 반갑다는 말 한마디 없이, 인상을 쓰며 우리를 문전 거지들 대하듯 내뱉는 오빠! “에이, 염병할!” 내가 속으로 오빠를 향해 쏟아 놓고 싶었던 한마디였다.

그렇게 피난 중에 만났다가 기분 나쁘게 헤어졌던, 그 오빠가 갑자기 우리들이 살고 있는 김해로 나타나기 시작했던 것이다. 지금도 논밭 길 건너, 멀리 시골 길에 멈춰 선 버스에서 내려 다리를 절며 우리를 향해 걸어오던 오빠의 모습이 아득히 떠오른다. 그때 오빠는 늘 어깨에 긴 줄이 달린 검은 가방을 매고 다녔는데, 그 가방 속에는 늘 내가 좋아하게 된, 바삭바삭한 “지렁이 과자?” 큰 봉지 하나를 넣어 가지고 환히 웃으며 나타나곤 했다. 그때도 오빠는 서울 시립 교향악단에 속해 있다고 해서 자랑스러워했던 걸 기억한다. 우리를 방문할 때마다 오빠는 믿을 수 없을 만큼, 재미있었고 우리를 웃기곤 했다. 특별히 나와는 더 정답게 놀아 주곤 해서, 옛날 평양에서의 일을 까맣게 잊어버렸다.

11

광주

우리는 드디어 김해를 떠났다. 엄마는 다음 정착지로 전라남도 광주를 택했는데, 나는 정들었던 김해를 떠나는 게 너무도 서운했다. 특히, 어린이 가든 교회와 다정한 그 여 전도사님과 헤어지는 게 제일 섭섭했다. 한창 지각이 싹트기 시작하던 어린 나이에, 따뜻한 전도사님을 통해 알게 된, 신비한 성경책의 이야기들과 찬송가들, 그리고 언제나 환한 햇빛으로 반짝이던 가든 교회를 떠나야 하는 게 너무도 아쉽고 섭섭했다.

광주에 도착하자, 우리는 방 세 개에 부엌이 달린 집에 세를 들었다. 엄마는 더 이상 누비 이불 등을 팔려고, 우리들만 남겨 두고 집을 떠나지 않았다. 다른 엄마들처럼 엄마가 집에 머물며 안정된 생활이 시작되면서 너무 기뻤던 것일까, 나는 곧 김해를 잊어버렸다. 게다가 우리 집은 친척들로 붐비기 시작했다. 제일 먼저 영희 외숙모네가 김해를 떠나 우리가 사는 가까이로 정착을 했고, 아버지의 병원에서 조수로 일했던, 신필 오라비도 남한으로 내려와, 용하게 우리가 정착한 광주로 찾아왔다. 또 우리가 한 번도 본 적이 없는, 장 서방이란 삼촌도 어떻게 엄마가 있는 곳을 알아냈는지, 우리들 근처로 나타났다. 이 장서방은 엄마의 막내 여동생의 남편이라고 하는데, 먼저 남한으로 내려와 자리를 잡은 후, 막내 이모를 데리러 다시 이북으로 올라 가려고 했으나, 불행하게도 그때 전쟁이 터지면서 막내 이모와 생이별을 하게 된 삼촌이라고 했다. 이북으로 끌려 간 후, 생사를 알 수 없는 큰외삼촌과 마찬가지로, 애석하게도 막내 이모와, 아들 하나가 있다던 또 다른 둘째 이모의 생사도 모르는 채다.

엄마가 그 세 친척들과 함께 무슨 사업인가를 시작한다고 했다. 곧 그들은 우리가 세든 집에서 멀지 않은 지역에 큰 창고가 달린 빈 빌딩을 세냈다. 그리곤 거의 그 건물을 꽉 채울 듯한 커다란 나무로 만든 바렐(Barrel)을 만들기 시작했다. 나는 도대체 그 거대한 나무 통을 무엇에 쓰려고 하는지 알 수 없었다.

그러던 중, 드디어 나는 엄마와 친척들이 '간장 공장'을 열려고 한다는 걸 알아냈다. "간장 공장?" 도대체 누구의 아이디어인지, 알 수 없었지만 십중팔구 '엄마의 아이디어'임에 틀림이 없을 터였다. 늘 엄마가 일의 총책임을 이끌어 가는 브레인이었기 때문이다. 신필 오라비와 새 장서방은 공장의 노동 일을, 그리고 영희 숙모는 오피스 일을 맡았다. 캡틴 송의 아내인, 귀연 숙모는 거의 우리들 친척들과 어울리지는 않았지만, 투자의 목적인지 혹은 친척들을 돕는 의미에서였는지 하여튼 파트너 중의 하나였다. 그렇게 모든 친척 다섯 명이 함께 '간장 공장'을 시작했고, 엄마는 비즈니스를 일으켜 세우려고, 매일 사람들을 만나러 밖의 일을 도맡았다.

12

똥장군

나는 드디어 광주시에 있는, “수창 국민학교”의 초등학생이 되었다. 찬복 언니도 같은 학교에 고학년으로 들어갔다. 찬실 언니는 중학교로 들어갔는데, 전쟁 중 몇 년을 놓친 바람에, 중학교에 입학할 때, 애를 먹었다고 한다. 그 중학교 이름이 “수피아”라는 좀 기이한 이름의 학교였는데, 크리스천 스쿨인 듯했다. 기초 교육이 없었던 찬실 언니 입학을 놓고, 선생들이 특별 회의를 열어서, 특별 배려로 넣어 주었다고 했는데, 몇 년 후, 그 언니가 가장 우수한 학생으로 두각을 나타내어, 언젠가 학생들이 언니를 보려고, 언니의 반 복도로 몰려와 기웃거렸다는 일화도 들었던 기억이 있다.

나는 곧 즐거운 학교생활로 뛰어 들었다. 많은 친구들과 어울리는 것도, 담임 선생님도 모두 다 좋았다. 나는 반장으로 뽑혀, 담임 선생님이 교실을 비울 때마다, 선생님 대신 반을 통솔하곤 했는데, 그때마다, 대장 노릇을 하는 것도 신이 났고 즐거웠다.

하루는 선생님이 우리를 교실에서 풀어 운동장으로 나가는 자유시간을 주셨다. 우리는 모두들 신이 나서 각기 놀이터로 달려나갔다. 그런데, 유독 한 아이가 친구들과 어울리지 않고, 고개를 떨어뜨린 채, 운동장 오른 편 구석에 있는 나무 곁으로 걸어가는 게 눈에 띄었다. 그리고 그 아이는 혼자 나무 밑둥에 힘없이 걸터 앉았다. 그 아이는 키도 몸도 작은 체구의 조용한 아이였는데, 오늘따라 너무 맥이 없고 처량해 보여서 내가 그 아이 곁으로 다가갔다.

"너 어디 아파? 왜 애들과 함께 안 놀고 혼자 있어?" 내가 그 애에게 물었다.

내가 옆으로 다가가도, 그 아이는 입을 다문 채 한동안 말없이 고개를 숙인 채 앉아 있더니, 갑자기 어깨를 들썩이며 울기 시작했다. 나는 그 아이의 반응에 너무 놀라서, 어찌할 바를 모르고 있다가, 그 아이 곁으로 주저앉았다. 갑자기 그 아이가 고개를 들고, 눈물이 가득한 눈으로 나를 바라보더니 입을 열었다.

"너 우리 아빠 직업이 뭔지 알아?" "뭘 하시는데?" 내가 되물었다. 그 애가 고개를 수그리고, 한동안 입을 다물고 있더니, 드디어 대답했다.

"우리 아버지, 사람들 집의 똥간(똥통)을 치우는 일을 해. 사람들이 그런 사람을 뭐라고 부르는 줄 모르지? *똥장군이라고 불러. 우리 아버지는 집집마다 땅에 묻어 놓은 드럼 통의 똥을 퍼 내서 치우는 일을 하고 있어".

나는 호되게 망치로 뒤통수를 얻어맞은 것 같았다. 할 말이 떠오르지 않아 대답을 못하고 그 애의 눈물에 젖은 얼굴을 멍하니 바라보았다

"난 그런 줄 몰랐어. 정말…" 나는 그 이상 말을 잇지 못하고 입을 다물었다.

"그런데, 오늘 학교에서 아버지 직업을 적는 페이퍼들을 걷어 갔어. 거기에 아버지의 직업을 적어 넣어야 했어. 난 너무 내 아빠가 창피스러웠고, 한편 그 고생하는 아빠를 부끄러워한 것이 아빠에게 너무도 미안했어."

그 아이는 어깨를 떨며 울었고, 나는 그 애의 작은 몸의 떨림을 온몸으로 느껴야 했다.

"우리 가족은 아빠가 일을 끝내고 집에 올 때마다, 모두들 그를 피해. 아빠가 움직일 때마다, 그에게서 풍기는 고약한 냄새를 견딜 수가 없어서… 아무리 아빠가 수세미로 몸을 닦고 닦아도, 냄새가 안 없어지는 거야."

그날 내가 그 아이와 무슨 말을 나누었는지 기억에 없다. 단지 만약에 우리 아버지가 그 애의 아버지처럼 "똥장군"을 나르는 일을 했었다면, 아버지가 지금까지 살아 계시기를 원했을까 생각했던 것 같다. 그리곤 순간적으로 그렇게 생각하는 스스로가 부끄럽게 느껴졌었던 기억이다.

그 무렵, 대부분의 한국 집에는 지금처럼 수세식 변소가 없었다. 간혹 아주 잘 사는 집 외에는.

***똥장군: 인분을 담는 둥글고 큰 도자기 컨테이너를 일컫는 말이다. 두개의

이 컨테이너를 긴 나무 바로 연결해서, 사람이 어깨에 그 바를 메고 인분을 실어 특정된 밭으로 날라다가 큰 구덩이에다가 쏟아 넣었고, 그 후 대략 8개월 가량 후에 인분이 에코 비료가 되면, 비료로 사용했다고 한다. 내 친구는 자기 아버지를 '똥장군'이라고 불렀는데, 사실은 인분을 담는 컨테이너를 일컬었던 단어였고 그 직업은 최하층의 직업에 속했다.

13

그네

우리 수창 국민학교엔 인근의 다른 초등학교처럼 놀이터에 그네가 없었다. 우리들은 그네가 타고 싶어서, 몇 동네 떨어진 거리에 있는, 중앙국민학교까지 몰려가곤 했다. 그런데, 그 학교에 속한 아이들이 우리 타교 학생들이 자기네 그네 타는 걸 원치 않았다. 한참 동안 줄을 서서 기다려 차례가 되어도, 그 학교 아이들이 우리를 떼밀어 내고 자기들이 그네를 차지하곤 했다. 그렇게 몇 번을 그 학교 아이들에게 무시를 당한 후 드디어, 어느 날 내가 용기를 내어 친구들과 함께 우리 학교 교장 선생님을 찾아 갔다.

내가 교장 선생님에게, 우리도 인근에 있는 '중앙국민학교'처럼 놀이터에 그네 세트를 세워 달라고 말했다. 교장선생님은 나를 위시해 우루루 몰려온 우리들을 보고 처음엔 놀라시더니, 곧 웃으시며, 다음 "이사회 회의" 때 알아보겠노라고 약속을 하셨다.

그리고 몇 달 후에, 우리는 교정 놀이터 끝에 네 개의 새 그네 세트가 세워진 걸 발견했다. 우리의 꿈이 실현된 것이다. 우리들은 너무 기뻐서, 와

아 소리를 지르며 껑충 껑충 춤을 추었다.

마침내 우리는 더 이상 먼 거리에 있는 중앙국민학교까지 그네를 타려고 달려갈 필요가 없게 되었다. 그 학교 아이들에게 업신여김을 당하며, 말다툼으로 시작해서 나중엔 몸 싸움으로까지 악화되고, 결국은 그 학교 애들의 숫자에 밀려서 그 길고 큰 거리를 헐떡거리며 우리 수창국민학교까지 달려오지 않아도 된 것이다.

지금도 그 긴 대로를, 단발머리를 펄럭이며 분함을 이기지 못하고 선두에서 뛰곤 했던 내 모습을 되돌아 보게 된다. 그 당시 나의 큰언니는 전남의대에 재학 중이었는데, 때로는 언니가 학교를 끝내고 집으로 돌아가는 길에, 긴 도로를 씩씩거리며 달려가는 나를 보곤 했단다. 그때 언니는 그 긴 메인 도로를, 등 뒤로 몇명의 중앙국민학교 애들에게 쫒기며, 빨갛게 달아오른 얼굴로 헐떡이며 달려가는 동생을 모른 척했던 것. 쌀쌀맞기 그지없는 큰언니였다.

나의 큰언니는 우리들 중에서 제일 내성적인 성품이었고, 걸핏하면 얼굴이 홍당무처럼 빨갛게 달아오르기 일수여서, "나 지금 얼굴 많이 빨갛니?"라고 자주 내게도 묻곤 했었다. 언니는 그 당시 학교가 끝나면, 긴 중앙 도로를 걸어서 집으로 가곤 했는데, 그 길은 '서중(광주제일고등학교의 옛 명칭으로도 알려짐)' 남자 중고등학교의 긴 담장을 끼고 있었다. 그때 그 '서중고등학교' 남학생들이 그 긴 담벼락 가득히 매달려 서서, 수줍은 여대생이 걸어가는 걸 바라보며, "원 투! 원 투!" 구령을 하듯 크게 소리를 치곤 했단다. 그리곤 그 여대생의 얼굴이 차츰 붉어지기 시작하다가, 나중엔 빨갛게 달아오르는 걸 즐기곤 했던 모양이다.

한편, 내가 그네를 타려고 운동장 놀이터로 나타나면, 언제든 누구든지 그네 타기를 멈추고 내게 그네를 내주곤 했다. 그네를 내놓으라고 말을 하지는 않았지만, 나는 당연하다는 듯이 당당히 그네를 타곤 했으니, 아마도 나도 모르는 사이에 점차 왕초 노릇을 시작했던 것 같다.

14

배신

간장 공장은 본격적으로 가동되기 시작했고, 사업은 순조롭게 잘 굴러가는 듯했다. 장씨 삼촌과 신필 오라비, 그리고 큰 외숙모는 늘 공장과 사무실이 함께 붙어 있는 본관에서 일을 했기 때문에, 세 사람은 한 가족처럼 함께 점심을 먹었고 퇴근 후에도 어울려 시간을 보내곤 했다. 반면, 엄마는 대부분 외근으로 바쁘게 일하느라 그들과 함께 어울릴 여유가 없었다.

오래지 않아, 간장의 품질과 맛이 좋다는 소문이 돌면서 거래처가 두 배 이상으로 늘어났다. 공장이 바빠지면서 더 많은 직원들을 고용해야 했고, 배송을 위한 트럭도 몇 대 구입하면서 운전기사도 몇명 고용했다. 어머니가 병원 구내식당, 대형 체인 음식점, 학교 급식실까지 거래처를 확보하자, 공장은 점점 많은 인력을 필요로 하게 되었고, 모두들 늦게까지 일하는 시간도 늘어났다.

사업은 날로 번창해 갔다. 그 무렵부터, 평소에 잘 나타나지도 않던 둘째 숙모까지 공장에 모습을 드러내기 시작했다. 사업이 꽤 잘 굴러가고 있었다는 증거였다.

그러던 어느 날, 엄마가 몹시 어두운 안색으로 귀가했다. 엄마의 두 눈동자가 평소와 달리, 검게 타오르며 예사롭지 않게 번쩍였다.

"엄마, 열이 있어요? 어디가 아파요?"

우리들이 걱정스러운 얼굴로 어머니를 둘러싸자, 큰언니가 어머니의 이마를 짚어 보았다.

"별일 아니야! 몸살이 오는 것 같아, 오늘은 그냥 일찍 자야겠다."

어머니는 우리를 피하듯, 혼자 있고 싶다는 듯이 평소와 다른 태도로 말씀하셨다.

이유를 알 수 없는 엄마의 심상치 않은 태도에, 우리들은 조심스럽게 어머니에게서 물러 나왔다. 어머니의 예사롭지 않은 태도로 우리는 분명한 이유도 모른 채, 며칠간 엄마의 주변을 조심스레 맴돌았다. 엄마는 며칠을 그렇게 우리들조차 가까이하지 않은 채, 무엇인가에 몰두해 있는 모습이었고, 그 모습은 엄마답지 않게 얼이 빠져나간 사람 같았다. 안타깝게도, 아직도 그 당시 사건의 세세한 경과는 모르는 채다.

마침내, 우리는 어머니와 동업으로 간장 공장을 세운 친척들이 어머니

뒤에서 따로 어울려 어머니를 동업에서 빼 버리려고 작당을 했다는 놀라운 사실을 알게 되었다. 무엇이 그들로 하여금 엄마를 밀어내게 했을까. 나는 아직까지도 그 배신의 뒤 스토리가 궁금하다.

어머니가 매사에 너무 주도적, 즉 동업자가 아니라 보스처럼 군림했던 것일까. 혹은 이익을 가족 수대로 나누었던 것일까? 공장을 처음 시작할 때 구체적으로 어떤 조건으로 계약이 되었고 이익을 어떻게 나누기로 했는지 우리는 몰랐다.

어머니의 역할은 분명히 가장 중요한 핵심이었지만 한편, 공장에서 직접 매일 땀 흘리며 노동일을 했던 친척들의 생각은 달랐을 수도 있다. 어머니에게 신필 오라비는 아들 같은 존재였고, 장씨 삼촌과 큰 외숙모도 가족이나 다름없는 친척들이었기에, 엄마의 놀라움과 실망감은 상상 이상이었다. 더욱 놀라웠던 사실은, 심지어 늘 나타나지도 않던 캡틴 송의 외숙모까지 그들과 함께 작당을 했다는 사실이었다. 그들의 제안은 놀랍게도, 최고의 상태로 운영되고 있을 때, '공장'을 팔자는 것이었다. 엄마가 공장을 매각하자는 그 이유를 추궁하자, 그들의 불만이 하나씩 터져나오기 시작했다.

그들은 자신들이 매일 땀 흘려 일한 만큼 수익을 제대로 배상받지 못한다고 불만했다. 어머니가 외부에서 사람들을 만나 회식을 즐기며 마케팅을 하는 일과, 매일매일 현장에서 땀 흘리며 육체 노동하는 자신들의 일을 비교하기도 했다. 예상했던 대로 그들은 동업자의 입장이 아니라, 어머니를 사장으로 모시는 고용인 같다는 불평을 털어 놓았다.

어머니는 그들이 하나로 뭉쳐서 엄마를 적대시하고 있음을 직감했다.

친척들은 그들의 속내를 직접 드러내지는 않았지만, 하나처럼 어머니가 스스로 떨어져 나가 주기를 바랐던 것 같다. 어머니는 그들의 의도를 간파했고, 많이 서운했지만, 친척들로 받은 그 상처에 오래 침체하지 않았다.

며칠 후, 엄마는 그들을 불러 모았다. 그리고 모두가 모이자, "좋아, 너희들이 모두 그렇게 원한다면 공장을 팔자!" 엄마의 제안이었다. 모두가 깜짝 놀라 입을 다물지 못했다. 그들의 진짜 의도는 공장 매각이 아니었기 때문이다. 어머니는 덧붙였다.

"공장을 살 좋은 후보자를 찾아보고, 조건을 맞춰 보자. 어떻게들 생각해?"

그 순간 모두가 침묵에 빠졌다. 그들의 의도와 어긋난 상황에 모두 말문이 막혔으나, 누구도 선뜻 다른 아이디어를 내놓지 못했다. 그저 어머니가 스스로 동업에서 손을 떼고 나가주기를 순진하게 바랐을 뿐이다. 어머니의, 예상을 완전히 뒤엎은 제안에, 실제로 이렇다 할 아이디어도 없는 친척들이었다. 결국 그들은 자기들이 만들어 낸 거짓 상황에 스스로 갇혀, 어머니의 제안을 받아들일 수밖에 없었다. 그리고 얼마 지나지 않아, 어머니는 그들에게 또 하나의 폭탄을 던졌다.

"공장을 사겠다는 사람이 나타났어. 놀라지들 마! 바로 내가 살 거야!"

그 말을 들은 그들의 심장은 거의 멎을 뻔했을 것이다. 엄마는 지체하지 않고 곧 그때까지 거래하던 은행에서 대출을 받아 냈다. 대출금을 상

환하지 못할 경우 은행으로 공장의 소유권을 넘기는, 공장을 담보로 내놓고 받은 대출이었다.

그렇게 어머니는 간장 공장의 단독 소유자가 되었고, 곧 친척들에게 최후 통첩을 날렸다. "남아서 내 밑에서 일할 사람은 일하고, 나가기 원하는 사람은 자기 지분을 받고 나가도 좋아."

어머니와 함께 사업을 시작했던 친척들은, 결국 어머니 밑에서 계속 일할 수밖에 없었다. 둘째 숙모는 어차피 공장에 얼굴도 내비치지 않았기 때문에 상황이 달라졌지만, 아마도 그때 자기의 지분을 받고 깨끗하게 친척들의 일에서 손을 떼었던 것 같다.

공장은 엄마가 단독 주인이 된 이후로 더 자리를 잘 잡아 갔다. 공장은 계속 잘 돌아가고 있었고, 의과대학에 적을 둔 큰언니를 비롯해, 우리들은 우리들 나름대로 어머니 사업의 변화에 관계없이 각자 학교 생활에 몰두해 있었다.

한편, 공장 운영이 잘 될수록 날로 늘어나는 간장 배송 등을 감당하는 일이 점차 힘들어지기 시작했다. 간장 생산 자체보다, 그 외적인 업무들이 더 힘들고 고된 일이 되었던 것 같다. 매일 이어지는 고용인들 관리며 서류 작업과 배송 일정 조율 등, 끝도 없는 일들이 어머니의 어깨를 무겁게 짓눌렀다. 공장이 잘 돌아가고, 사업이 번창할수록 어머니는 점점 지쳐 갔다.

15

'군부대 납품'

어머니에게 떠오른 기발한 생각이었다. 어디서인지 '군부대 식자재 납품'에 대한 이야기를 들은 것이다. 공장은 이미 안정적으로 잘 굴러가고 있었고, 이제는 '군부대 납품'이라는 새로운 진로를 뚫어야겠다는 생각이 엄마의 마음을 사로잡았다. 군부대 간장 납품!

그로부터 얼마 후, 어머니의 '군납 본부 헤드쿼터까지 돌파'한 이야기는 듣기에 따라서는 너무도 허술하고, 믿기 어려운 에피소드였다.

드디어 어느 날, 어머니는 오랫동안 머릿속을 사로잡았던 그 계획을 실행에 옮겼다. 어머니는 우선 고급 승용차를 대여하고, 운전기사를 고용한 뒤, 곧장 육군본부로 향하기 위해 집을 나섰다. 어머니는 사전에, 육군본부 군납 본부 사무실에 들어가기 위해서는 거쳐 가야 할 여러 개의 검문소가 있다는 걸 알아냈다. 엄마는 검문소에 이를 때마다, 검문소를 지키는 군인들에게 말했다.

"군납 담당 장교님과 약속이 잡혀 있습니다."

그리고는 준비해 간 미국산 담배 한 상자를 건네며, "수고가 많으십니다." 정중히 인사를 덧붙였다. 그 당시 미국 담배는 아주 귀했고, 담배 피우는 남성들 사이에서 최고로 좋아하는 선물이었다.

어머니는 그렇게, 양 담배 한 상자씩을 감사하다는 인사와 함께 선물로 건네며 적지 않은 그 검문소들을 어렵지 않게 다 통과했다고 한다. 마침내, 군납 본부 사무실에 도착하여 납품 관련 담당자를 직접 만나게 되자, 어머니는 정중히 자신을 소개하며 간장 공장의 명함을 내밀었다. 그리고 준비해 온 간장 샘플 병을 내놓으며, 정면승부에 나섰다.

"저희 공장 간장을 군부대에 납품하고 싶습니다."

담당자는 처음엔 어머니의 담대함에 놀랐지만, 곧 그녀의 당당함에 감명을 받은 듯했다. 그는 샘플 병의 뚜껑을 열어 간장을 맛보더니, 쾌활하게 웃으며 말했다.

"훌륭합니다! 간장 맛도 뛰어나지만, 이렇게 끝까지 직접 찾아온 사람은 당신이 처음이에요. 정말 인상 깊습니다. 저도 당신 같은 분과 거래해보고 싶군요."

우리들은 당시 어머니가 포병 캡틴 송의 누나라는 사실 때문에 그 동생의 영향으로 그 군납 사업을 성사시켰던 것은 아니었을까 짐작도 했었다. 그 가능성을 배제할 수가 없었던 이유는 어머니가 그 쉽지 않은 큰 사업을 너무도 쉽게 따냈던 까닭이다.

어찌 되었든, 어머니의 가장 큰 꿈이었던, '군납업체 사업'은 그렇게 현실이 되었다.

군부대 납품이 시작되자, 어머니 사업의 규모가 완전히 달라졌다. 공장은 하루도 쉴 새 없이 간장 생산에 전력을 다하게 되었고, 이전처럼 복잡한 외부 업무에 분산되지 않고 효율적으로 돌아갔다.

수익은 눈에 띄게 증가하면서, 어머니는 한때 자신을 배신하려 했던 친척들에게도 월급을 대폭 인상해 주었고, 그들은 솔선해서 더 열심히 일하게 되었다.

놀라운 일은 당시, 어머니는 얼마 지나지 않아 간장 공장 뒤로 연이어 있는 건물에 또 하나의 공장을 시작했다. 바로 비누 공장이었다. 사람들은 어머니가 군납으로 성공적인 사업을 하면서, 왜 또 다른 사업을 시작하는지 이해하지 못했다. 어머니는 건물의 공간을 빈 채로 놔 두는 것이 낭비라고 생각했고, 비누 만드는 것이 비교적 간단하면서 수익이 좋은 사업이라고 했다. 그러면서 어머니는 비누 공장을 백업 사업(Back up Business)이라고 하며, 그 일을 추진시켰다.

그렇게 어머니는 두 개의 성공적인 사업체의 사장이 되었다. 어머니는 자신을 북쪽에서 내려온 여자 걸물임을 증명하고 싶었던 것일까, 후에 미루어 본 나의 생각이다. 어쨌든 어머니는 곧 광주 시내에서 화제의 인물로 두각되기 시작했다.

16

새 집

우리는 마침내 셋집에서 나와 새 집으로 이사를 했다. 어머니가 구입한 새 집의 큰 정원은 늙고 큰 나무들로 가득했다. 그 집은 전쟁이 끝난 후 일본으로 돌아간 일본 고위 관리의 집이었다고 한다.

나는 동네 사람들이 집 앞에 몰려와서 집안을 기웃거리며 서로 주고받는 이야기를 들었는데, 나무가 너무 많아서 집이 음산해 보인다고 했고, 심지어 어떤 이들은 그 집 지하실에 고문당한 조선 사람들의 피가 흥건했었다고 수근거렸다. 그 사람들은 바로 그들 사이에 서 있던 여자아이가 그 새 집 주인의 딸이라는 걸 몰랐다. 그 사람들이 우리 집 앞에 모여서 입을 실룩거리며 수근거리는 말들이 믿을 수 없었고, 나는 그들의 악의에 찬 대화에 화가 솟구쳐 올랐다. 지하실에 피라니… 듣기만 해도 무섭고 말도 안 되는 끔찍한 이야기였다.

어머니는 사람을 사서 정원에 있는 늙은 나무들을 거의 잘라 냈다. 다만, 대추나무와 안쪽에 있는 살구나무 한 그루는 남겨 두었다. 집에는 방이 여섯 개나 있었고, 근사한 현대식 화장실이 두 개, 그리고 방 앞을 쭉 연결하는 반질반질한 나무 마루가 있었다.

집에는 '장성댁'이라는 젊은 도움이 아줌마가 고용되어 집안일과 부엌일을 맡아 했다(장성댁이란, 장성이라는 고장의 사람이라는 의미). 그리고 오랫동안 홀로 지내셨던 외할아버지도 그 무렵 재혼하셔서, 가끔 새 할머니와 함께 우리 집을 방문하시면, 한두 달씩 우리 집에서 머물다 가곤 하셨다. 나는 이 북적거리는 우리의 새집과, 이모 같은 장성댁이며, 다정하신 새 할머니 등 모두 다 좋기만 했다.

학교 생활도 신나고, 집에는 늘 사람들이 가득하고, 멀지 않은 거리에 어머니의 공장도 있어서, 다 편하고 좋았다.

17

교회

우리 집 근처에는 교회가 하나 있었다. 우리 온 가족이 매주 일요일마다 그 교회에 간 것 같지는 않지만, 둘째 언니와 셋째 언니, 그리고 나는 곧 그 교회에 참석하기 시작했다. 크지 않은 교회였는데, 사람들은 교회에 오면 예배실에 들어가기 전에 모두 신발, 즉 운동화나 구두나 고무신들을 벗어 교회 현관 앞에 벗어 놓고 들어갔다. 당시 사람들은 교회안으로 들어서면, 여자와 남자들이 자연스럽게 양쪽으로 나뉘어 앉곤 했고, 교회는 늘 교인들로 바로 입구까지 가득 차곤 했다.

그 교회의 목사님은 설교를 열정적으로 하셨던 것이 지금도 기억난다. 많은 교인들이 예배 중에 "아멘"이라고 화답을 하곤 했는데, 어린 내게도 목사님의 그 힘찬 설교가 좋은 것 같았고 참 훌륭하게 생각되었다. 단지, 윤곽이 분명하게 생겼던 그 목사님의 얼굴이 너무도 어둡고 늘 지쳐 보여서, '저렇게 훌륭한 목사님이 환하게 웃음을 띄운 인자한 모습이면 얼마나 더 좋을까' 생각이 들 정도로 어린 마음에도 좀 아쉽게 느꼈었다. 뿐만 아니라, 그 목사님의 아내인 사모님과 어린 다섯 자녀들도 다 그림자처럼 조용하고 어두웠다. 예배가 끝나면 목사님 뒤를 따라 총총히 교회를 나서곤 하던 그들의 초라한 모습이 처량해 보이기까지 했다. 목사님도 사모님도 아이들과 함께 웃거나 밝게 대화를 하는 모습을 본 적이 없다. 지쳐 보이는 목사님을 비롯해서 어두운 그림자처럼 침체된 그 가족의 모습이 지금도 기억 속에 남아 있다. 사모라는 위치가 그렇게 힘든 것인지 어린아이였던 당시엔 몰랐지만, 단지 다섯이나 되는 어린아이들을 키우느라 너무 지친 탓일까 생각했었다.

어쨌든 초라한 사모님이 참 불쌍해 보였다.

어머니는 교회에 나가진 않았지만, 몇 번 사모님 댁에 쌀 포대와 당면, 장작, 마른 반찬 같은 것들을 가득 실어 보내고 했던 걸 기억한다. 나는 어머니가 그렇게 하는 게 마음에 흐뭇했다.

지금 여기에 첨부하는 이야기는 쓸까 말까 많이 망설였던 이야기이다. 사실 영문으로 출판된 나의 메모아에선 언급하지 않았던 이야기임을 여기서 밝힌다. 교회에 누가 되는 일이면 쓰지 말라는 어느 분의 충고로 그냥 넘어갔었던, 실제로 그 교회에서 일어났던 일이다.

내 어린 시절 언니들과 열심히 다니며, 우리가 사랑했던 그 교회에서 교회와 광주 시를 뒤흔들어 놓았던 사건이 터졌다! 큰 교회는 아니었지만, 열정적인 목사님으로 인해, 주일마다 교회당이 꽉 차곤 했던 그 교회엔 당시, 여자 전도사님이 교회당 안에 있는 부엌이 달린 작은 방에 상주해 살고 있었다.

교회 사찰 집사님이 교회로 출근한 어느 날, 늘 반갑게 맞아 주시던 전도사님의 거처에서 아무런 기척이 없어, 외출 중이신가 하고, 일상 대로 교회 본당이며, 주변을 다 정리하고 목사님 사무실 쪽으로 다가 갔는데, 목사님의 사무실 도어가 예전과 달리 닫혀 있었다. 목사님이 출근을 안 하셨나 노크를 하고 도어를 열어 보았는데, 늘 어지럽게 많은 책으로 쌓여 있던, 목사님의 책상이 평상시와 다르게 깨끗이 정돈이 되어 있었다. 좀 의아해서 다시 돌아가 전도사의 방문을 열어 보았고, 전도사님의 방도 깨끗하게 비어 있는 걸 발견했다. 사찰 집사님이 이상한 마음이 들어, 곧 목사님의 사저로 찾아갔고, 목사님이 그 전날 저녁에 귀가하지 않았다는 사실을 사모로부터 듣게 되었다는 믿기 힘든 사실이 드러났다. 그렇게 목사님과 그 여 전도사님이 함께 안개처럼 교회에서 사라져 버린 소문은 먼저 교회에서 쉬쉬하며 시작되었고, 곧 걷잡을 수 없는 불길이 되어 교회 밖으로 퍼져 나갔다.

그 후 그 믿을 수 없는 사건이 어떻게 전개되었는지, 교회가 어떻게 다시 그 소용돌이에서 되살아났었는지, 안타까울 정도로 아는 게 없다. 그런 와중에도 우리들 세 자매는 계속 그 교회에 출석했고, 교회는 힘든 시간을 지나면서도 새 목사님이 오시면서 다시 살아났던 것 같다.

당시 국민학교 3학년이었던 나에겐, 가까운 거리의 그 교회 주변이 내 삶의 중심지였으므로, 나는 교회가 어떤 상황이었는지 깊이 알지 못한 채, 주일이면 빠지지 않고 그 교회에 열심히 출석을 했었다. 그때, 주일학교에서 열린 성경 암송 대회에서 1등 상을 받았었는데 그때 외웠던 성경 구절은 고린도전서 13장이었다. 그 상을 받았을 때, 교회에 정기적으로 참석도 안 했던 엄마도 무척 기뻐했던 걸 기억한다.

18

드라마 그룹

그런데 그 주일학교에서 이번엔 내게 믿을 수 없는 일이 일어났다. 성탄절 연극반을 담당하던 주일학교 선생이 크리스마스 전야에 발표할 연극에서 내 이름을 빠뜨린 것이다. 나는 내가 연극반에서 빠지리라고는 상상조차 못 했고, 게다가 그 주일학교 선생은 우리 둘째 언니와 같은 학교를 다니던 학생이었기에 더욱 믿을 수가 없었다. 나는 처음엔 실수로 내 이름이 빠진 줄 알았는데, 얼마 동안 기다려도 계속 내 이름이 명단에서 빠져 있었다. 내가 주일학교 행사에서 제외되다니, 처음엔 믿어지지가 않았고, 나중엔 점차 화가 나서 견딜 수가 없었다.

연극반은 얼마 지나지 않아, 곧 성탄절 발표를 위해 매주 연습이 시작됐다. 나는 그때까지도 내가 연극반에서 제외된 사실을 못 받아들이고, 비가 오나 눈이 오나, 연습 모임이 있는 저녁 시간이면 교회로 달려갔다. 언젠가는 나를 넣어 주겠지 하는 기대를 품은 채였다. 그런데 그 주일학교 선생은 내가 연습 때 나타나도 못 본 척하며 끝까지 나를 묵살했다. 그래도 나는 포기를 못 한 채 빠지지 않고 매번 연습에 나타나곤 했다.

나는 마지막 날인 크리스마스 이브에도 교회에 가서, 공연하는 무대로 나가는 뒷방의 문가에 서서 친구들의 공연을, 비참한 마음으로 구경했던 걸 잊지 못한다.

지금 이 나이에도 그때 일을 가끔 생각하곤 한다. 왜 그 선생은 어린 초등학생인 나를 그렇게까지 미워했을까? 첫날부터 한 번도 빠지지 않고 연습에 참석했고, 공연하는 당일까지, 참석하지 못하는 연극을 뒷방 입구에 서서 보았던 어린 주일학교 학생을 그토록 밀어냈을까. 단지 초등학생 주일학교 연극일 뿐인데, 내가 그렇게 밉상이었을까? 혹시 그 선생과 우리 둘째 언니 사이에 무슨 안 좋은 일이 있었던 걸까. 하지만 우리 둘째 언니는 순하고 온순하기가 이를 데 없는 성품이었는데, 도저히 누군가를 그렇게 화나게 했을 거라 생각할 수가 없었다.

나는 지금까지도 그 주일학교 선생을 잊지 못한다. 만약 내가 그 선생을 용서했더라면 벌써 잊었을 일이 아닌가. 하지만, 매주 빠짐없이 참석하며 사랑했던 그 교회에서 그렇게 제외당한 기억은 잊히지 않는 생생한 상처로 어린 가슴에 남게 된 것 같다. 내가 그렇게 정말 탤런트가 없었을까. 아님 한마디로, 하얀 백조들 속에 끼어 있던 못난 검은 오리 새끼였을까? 그 선생도 지금 생각하면 단지 중학교 학생이었던, 십대 소녀였을 텐데… 평생 안고 가야 할 나의 물음표(?)이다.

하지만 그다음 해 크리스마스가 다가왔을 때, 나는 셋째 언니에게 바짝 따라붙었다. 언니는 청년부 성가대원이었고, 그들은 크리스마스를 위해 캐롤 연습을 시작했다. 당시엔 크리스마스 이브에 교인들 집 앞에 찾아가 캐롤을 부르는 것이 성가대의 가장 큰 행사였다. 밝은 불빛 아래 눈 내리는 크리스마스 이브 밤, 교인들의 집 앞에서 캐롤을 부르던 그 기억은 지금도 아련하고 따뜻하게 남아 있다.

셋째 언니는 성가대에서 사랑받는 단원중의 하나였고, 나는 언니 옆에 꼭 붙어 바짝 따라다녔다. 언니는 청아한 목소리 때문에 성가대장에게도 예쁨을 많이 받았다. 나는 감히 성가대원들과 함께 노래를 부를 엄두는 못 내고, 그저 언니 옆에 앉아서 크리스마스 캐롤을 하나씩 배웠다. 마침내 크리스마스 이브가 되었다. 저녁이 되자 조금씩 눈이 내리기 시작했고, 성가대는 교인들 집을 찾아가서 캐롤을 부르기 시작했다. 나는 너무 기뻐서 성가대원들과 함께 이 집 저 집으로 따라다녔다. 마침내, "Joy to the world, the Lord is come! Let earth receive her King···" 모두 목청껏 부를 때, 나도 모르게 언니 옆에서 아니 성가대원들 틈에서 소리 높여 함께 캐롤을 부르고 있는 자신을 발견했다. 그런데 아무도 내가 함께 캐롤을 부르는 걸 개의치 않았고, 오히려 성가대원 중 한 명이 내 손을 꼭 잡아주며 따뜻하게 웃어 주었다. 그 미소가 내게 얼마나 큰 위로와 기쁨이 되었던지! 드디어 나도 제외되지 않고 함께 성가대에 속해 있었던 것이다.

눈 내리는 성탄절 이브에 성가대와 함께 캐롤을 부르는 기쁨으로 가슴이 벅차서 볼이 뜨겁게 달아오르고, 어느새 내 두 뺨이 눈물로 젖었다. 지금도 그 크리스마스 이브에, 집집마다 캐롤을 부르며 걸어 다녔던 그 기억은 교회 생활 중 가장 잊지 못할 추억의 하나로 남아 있다.

그날 밤, 캐롤을 마쳤을 때, 어떤 장로님 댁에서 성가대원들을 집안으로 초대했다. 그 집에서 우리들에게 따끈따끈한 단팥죽을 한 그릇씩 내주셨는데, 눈 내리는 추운 밤에 먹던 그 단팥죽 맛이 얼마나 꿀맛이었는지… 요즘도 크리스마스 캐롤을 부르는지 모르겠다.

19

‘계’

엄마의 군납 사업이 우리 집안에 부를 몰아왔다. 엄마의 존재가 차츰 알려지기 시작하면서 엄마의 주변에 많은 친구들이 생기기 시작했는데, 그 가운데 유독 엄마를 “언니”라 부르며 늘 곁을 지키는 한 여인이 있었다. 당시 그녀는 엄마가 가는 곳엔 늘 그림자처럼 함께 붙어 다녔다.

그 무렵 광주에, ‘계’라는 것이 여자들 사이에 불길처럼 번져 가기 시작했다. 일종의 사적인 금전 모임으로, 가까운 지인이나 친구들, 열두 명, 혹은 열다섯(?) 명씩 모여 매달 정해진 돈을 거두고, 미리 제비를 뽑아 그 달의 번호를 뽑은 사람에게 걷은 목돈을 건네는 방식이었다. 나는 지금도 그 ‘계’의 자세한 운영 방식은 잘 모른다. 겉보기엔 친목 모임 같았고, 친구들끼리 돈을 걷어서, 돌아가며 매달 필요한 멤버에게 이자 없이 돈을 쥐여 주는 그룹의 풍습 정도로 알고 있다. 법적으로 합당한지, 혹은 그 안에 어떤 복잡한 셈법이 숨어 있는지 여전히 모른다.

단순한 친구들의 점심 모임으로 시작해, 식사도 하고 담소도 나누며 친목을 쌓는 모임 같았다. 회비를 걷고, 제비뽑기로 뽑힌 특정인에게 그 달의 목돈을 주는 모임이었다.

은행의 높은 이자에 쫓기지 않아도 되는 이 시스템은 급전이 필요한 이들에게는 더없이 편리하고 좋은 모임이었던 것 같다. 그래서였는지, 광주 시내 곳곳에서 나이에 상관없이 여자들 사이에 이 '계'가 퍼지기 시작했다. 작은 액수의 '계'모임으로부터 규모가 큰 액수의 모임까지, 많은 여인들이 이 '계'라는 모임에 발을 들여 놓았던 것이다.

우리 엄마는 사실 계를 통해 돈이 필요한 입장은 아니었을 것 같다. 아마도 사람들과 어울리는 게 싫지 않았고, 주목받는 자리에서 군림하는 맛에 휩쓸려 여러 개의 '계'에 속하게 되었을까 추측해 볼 뿐이다. 엄마를 '언니'라고 부르며, 엄마의 주변을 맴돌던 그 특정 여자가 여러 개의 '계'에, 엄마를 '오야', 즉 계의 첫 번째 순번인 우두머리 자리에 올려놓았다.

엄마가 매달 그 점심 모임에 빠짐없이 참석하였는지도 알 수 없다. 계의 원리를 잘 몰라서인지, '오야'라는 자리가 항상 이로운 것만은 아니었을 것 같기도 하다. 급하게 처음에 목돈을 받아야 할 이유가 없는 엄마 같은 경우엔 더욱 그렇다. '오야'는 처음에 받는 탓으로 마치 이자를 치르듯 더 많은 회비를 매달 낸다고 했다. 뒤로 갈수록 부담이 줄어드는 것이 이 계의 규칙 같았다. 그런데도 이상하게도 우리 엄마는 늘 '오야'였다. 정말 돈이 필요하셨던 걸까, 아니면 '언니'라던 그 여인이 여러 계를 쥐락펴락하며 엄마를 그렇게 몰아가고 있었던 걸까. 한편 엄마가 운영하시던 비누 공장과 간장 공장은 별 탈 없이 잘 운영되고 있었다.

우리 형제들은 여전히 각각 학교 생활에 적응하며 평탄하게 지내고 있었고, 큰오빠는 서울에서 시립교향악단 오케스트라 멤버로 일하며 우리와 떨어져 혼자 살고 있었다. 마침내, 북한을 떠나 온 피난민인 우리 가족을 남한이 활짝 두 팔을 열어 반겨 주는 듯했다.

20

마씨

맑은 하늘에 내리 친 벼락같았다. 마씨가 불쑥 나타난 것이다. 그때 나는 초등학교 3학년이었는데, 어느 날, 홀연히 내 남동생의 아버지가 우리 앞에 나타났다. 어떻게 엄마의 성공 소식을 듣게 된 건지, 아니면 그냥 귀신처럼 지옥에서 기어 나온 건지, 아무튼 그는 그렇게 나타났다.

엄마는 당황해서, 마씨를 우리들에게서 사라지라고 설득으로 시작하다가 나중엔 몰아치기도 했다. 큰언니가 제일 성을 냈고, 둘째, 셋째 언니들도 모두 화가 나서 어쩔 줄을 몰랐다. 엄마는 부끄러운 과거의 삶이 다시 현실로 나타난 것이 너무 당황스러워서, 그를 집에서 나가라고, 며칠 동안 다그쳤지만, 그는 들은 체도 않고 짐을 풀고 방 한구석에 눌러앉았다. 할아버지와 할머니가 그때 우리 집에 안 와 계셨던 게 다행이었을까, 아니면 불행이었을까.

엄마는 그 마씨의 존재가 몹시 불편했고, 언니들은 그를 마치 눈에 보이지 않는 귀신처럼 취급하며 철저하게 무시했다. 당시 내 막내 남동생이 이 상황을 어떻게 받아들이고 있었는지, 지금도 짐작이 안 된다. 친 아버지를 만나서 기뻤을까? 아니면 혼란스럽고 난처했을까. 그러나 그때 동생은 초등학교 1학년쯤이었을 터, 아무도 그 어린 동생의 가슴속 느낌이나 생각엔 관심도 없었다.

한번은 내가, 그때 뒤뜰에 한창 익어 가고 있던 살구 몇 알을 따서 마씨의 방으로 가져다주었던 생각이 난다. 매일처럼 컴컴한 방에 혼자서 말없이 지내던 그가, 내 손에서 살구를 받으며 고마워했다. 아무도 그와 말을 나누지 않고, 모두들 전염병 균처럼 그를 피하던 게 어린 내게 좀 안쓰럽게 보였던 것이다.

그런데 시간이 지나면서 그가 식탁에 앉아 우리와 함께 밥을 먹기 시작했다. 엄마도 막내 남동생 때문인지, 그를 계속 모른 척할 수만은 없었을 것이다. 어쨌든 그는 남동생의 친아버지였으니까!

날이 갈수록 우리들은 어둡고 불편한 그림자가 서서히 집안 곳곳에 스며드는 것을 느끼기 시작했다. 한편 엄마의 태도는 알게 모르게 조금씩 변해 가고 있었다.

어느 날, 난데없이 크림 빛이 감도는 황금색 세단 차 한 대가 우리 집 앞에 나타났다. 엄마가 사들인 승용차였다. 그리고 마씨 아저씨가 자연스레 그 차의 운전기사가 되었다. 내 동생의 생부인 마씨가 드디어 우리 집안에 그렇게 정착을 했다. 그때부터 나는 그를 부를 일이 있을 때마다 '운전수 아저씨'라고 불렀다.

그때는 그가 '운전수'라는 호칭을 듣고 어떤 느낌이었을지 생각도 미치지 않았었다. 그런데 그로부터 십 년쯤 지난 대학생 시절, 우연히 마씨 아저씨와 단 둘이 마주쳤을 때 그가 문득 나에게 던졌던 한마디가 생각난다.

"넌 아직도 나를 운전수라고 부르니?"

그 말을 듣고, 내심 움찔했었다. 그동안 한 번도 생각해 보지 못했던 그의 속마음을 처음으로 엿본 듯한 순간이었다.

어쨌든 그의 존재는 그렇게 우리들의 삶을 흔들며 정착했다. 엄마는 점점 외출이 잦아졌고, 늘 '운전수 아저씨'와 동행했다. 사업에서 자리를 비우는 일이 늘어나면서 공장 일에도 조금씩 빈틈이 보이기 시작했다.

마씨 아저씨는 성품이 온순하고 붙임성이 좋은 사람이었다. 그래서인지 당시 나는 왜 언니들이 시간이 가도 그토록 그를 싫어하고 매몰차게 취급하나 싶었다. 큰언니는 그가 나타난 날부터 늘 화가 나 있었고, 둘째 언니는 늘 거리를 두었으며, 심지어 늘 명랑하던 셋째 언니까지도 그에게 매몰차게 쏘아붙이곤 했다.

겉으로 보기엔 두 공장이 여전히 잘 돌아가는 듯했지만, 엄마의 외출이 잦아지자 신필 오라버니와 외삼촌 장씨, 그리고 큰외숙모가 근심스러운 얼굴로 수근거리는 모습이 종종 눈에 띄곤 했다.

그때의 일을 더 자세히 설명할 수가 없어 아쉽다. 그 즈음 무언가 설명하기 어려운 무거운 분위기를 집 안팎에서 느끼기 시작했지만, 그때 이미 모든 상황이 빠른 속도로 변하고 있었던 것 같다. 예상보다 훨씬 더 빠르게!

21

'깨어진 계'

어느 날 학교에서 돌아왔을 때, 나는 우리 집 정원 가득히 수많은 여자들이 빽빽이 몰려와 있는 걸 보고 깜짝 놀랐다. 이게 무슨 일인가 싶어 나는 대문 안으로 들어서자, 놀라서 입을 벌린 채 우뚝 멈춰 섰다. 믿을 수 없는 집 안 풍경이었다. 정원에 가득 찬 그 여자들의 얼굴은 모두 붉게 성난 얼굴로 흥분해 있었다.

나는 군중 속에서 엄마를 "언니"라고 부르던 그 여자를 찾아보려 했지만, 그녀는 어디에도 보이지 않았다. 대신 그 자리에 모인 여자들은 하나같이 모두 흥분해서, 고함을 지르며 "오야, 어디 있어!", "송인자, 당장 찾아 내!"라고 고래고래 소리를 질러 댔다. 그러다 갑자기 한 여자가 나를 알아보고, 내 가방 끈을 덥석 잡더니 외쳤다.

"니 잘 왔다! 느거메 어데 있냐?"

그러자 순식간에 여자들이 나를 둘러싸고 "엄마가 어디 있냐"고 다그치기 시작했다. 하지만 나도 엄마가 어디 있는지 몰랐다. 그러면서 나는 그 순간, 엄마가 지금 집에 나타나지 않기를 바랐다. 여자들의 얼굴은 하나처럼 모두 흥분해 있었고, 제정신이 아닌 것 같아 보였기 때문이다.

겁에 질려서 내가 울음을 터뜨렸다. 엄마가 만약 이 상황에 들어온다면, 저 여자들에게 어떻게 당할지 덜컥 겁이 났다. 그때 한 젊은 여자가 내 손을 꼭 잡더니 다른 여자들을 향해 외쳤다.

"얼라는 좀 가만히 냅둬라! 이건 어른들 일잉께!"

그러고는 나에게 조용히 물었다.

"니 오늘 엄마하고 언제 얘기혔나?"
"오늘 엄마 못 봤어요. 아침 일찍 학교에 가느라 …나도 어디 계신지 몰라요."

그러자 그 여자가 말했다.

"다들 가 부러! 오야가 이미 집안에 없응께!"

그러자 여자들은 하나둘 혀를 차며: 손사래를 치며 흩어지기 시작했다. 그때 학교에서 나만 집에 먼저 온 게 천만다행이었다. 부엌에서 숨죽이고 마당의 상황을 내다보고 있던 장성댁이 내게로 달려와, 나를 꼭 끌어안았다.

"뭔 일이랑가? 엄마한테서 뭐 들은 거 없어야?"

장성댁이 어두운 얼굴로 다시 물었다. 그날은 그저 시작에 불과했다. 그 일이 있고 며칠 뒤, 다시 우리 집 정원은 성난 여자들로 가득 찼다. 이번에도 엄마를 찾으러 온 것이었다. 문제는 엄마의 모든 '계'를 맡아서 관리하던, 엄마를 '언니'라 부르던 그 아줌마가 종적을 감추어 버린 것이다. 그녀의 전화는 끊겨 버렸고, 아무도 그녀의 행방을 알 수가 없었다.

그 여자가 그동안 몇 개의 규모가 큰 '계'를 직접 운영하고 있었다. 처음에는 모든 '계'들이 다 순조롭게 돌아갔다. 회원들은 정성스레 회비를 냈고, 맛있는 점심을 먹으며 즐거운 친목계를 이어 갔었다. 그런데 갑작스레 어느 날, 계모임을 이끌어 가던 그 '언니' 여인이 안 나타났다. 거둔 돈을 들고 나타나야 할 사람이 바람처럼 종적을 감춰 버린 것이다. 그 달 목돈을 받기로 한 여자는 돈을 받지 못했고, '언니' 여인의 종적을 찾을 길이 없이 묘연해지자, 친목 계모임은 삽시에 난장판으로 변했다.

엄마가 돈을 직접 관리한 건 아니었지만, 그 '언니' 여자가 처음부터 엄마의 모든 바쁜 일정과 사정을 꿰뚫고, 엄마의 이름을 앞에 내걸고, 모든 '계'를 주도해 왔던 관계로, 그 여인이 사라져 버리자, 모든 여인들이 엄마에게 책임을 물으러 달려왔던 것 같다.

하지만 그 일만이 엄마의 세상을 뒤엎은 유일한 폭풍은 아니었다.

비누 공장에 붙어 지은 오피스에서 거의 상주하며, 자기 일처럼 열심히 두 공장의 회계를 맡고 있던 회계사가 은행에 있던 엄마의 돈을 깡그리 빼들고 하루 아침에 안개처럼 사라져 버렸다는 사실이다. 정말 꿈에도 상상할 수 없던 일이었다.

우리는 그 당시에도 간장공장 회계는 큰 외숙모가 맡고 있는 줄 알았다. 하지만 친척들과의 동업 파계 사건 이후로, 엄마는 결국 친척보다 남을 더 믿고 따로 회계사를 고용하여 두 공장의 회계를 맡겼던 것이다.

믿기 어려울 만큼 빠르게, 우리의 삶은 뒤집히기 시작했다. 매달 성실히 회비를 내던 '계' 멤버들은 돈을 받지 못해 펄펄 뛰었고, 엄마는 그 여자들을 피해 숨어야만 했다. 그동안 엄마의 백업 사업이라고 믿었던 비누 공장은 엄마의 사업을 돕는 대신 오히려 엄마를 파멸로 몰아갔고, 친척보다 더 믿었던 회계 담당자마저 결국은 배신자로 돌변하여, 엄마를 완전히 몰락으로 밀어 넣었다.

우리는 그때 엄마가, 그 두 개의 갑작스런 재앙을 어떻게 감당했는지 아무것도 몰랐다. 어쨌든 엄마는 재빠르게 우리가 살던 큰 집을 팔아 버렸고, 우리들은 갑작스레 모두 다 학교를 그만두어야 했다.

어느 날 저녁, 의대에 다니던 큰언니를 포함해 우리 다섯 남매가, 어떤 높은 직급의 경찰 간부 집으로 안내되어 갔던 기억이 난다. 엄마가 우리보다 앞서 서울로 떠나면서 그 경찰 간부에게 남은 우리들의 거취를 어떻게 부탁했었는지, 우리들은 지금도 모르는 채다.

그날 저녁 우리는 모두 각자 꼭 필요한 짐만 챙겨 오라는 연락을 받았다. 상황이 얼마나 심각했으면, 그 경찰서장조차 '계'에 분노한 군중들이 집으로 몰려와 사건을 일으킬까 봐 우리를 피신시키려 했던 것일까, 여전히 의문으로 남아 있다.

가장 안타까웠던 건 큰언니였을 것 같다. 언제나 자존심이 강하고 빈틈이 없었던 큰언니가, 동급생들에게 아무런 설명도 하지 못한 채, 그렇게 갑자기 학교를 떠나야 했던 그 심정을 감히 누가 상상이나 할 수 있었을까.

그날 저녁, 경찰서장 댁에서 저녁 식사를 마친 후, 그의 운전기사인지, 아니면 그 자신인지 알 수 없지만, 우리는 경찰 간부의 차에 실려 밤이 새도록 산 길을 달려, 마침내 엄마가 미리 사 놓았던 서울의 새 거주지에 도착했다.

경찰서장과 그의 아내는 우리에게 친절하고 따뜻하게 대해 주었지만, 그날 밤의 이사 길은 마치 영화의 한 장면 같았고, 나는 여전히 경찰의 보호를 받으며 그때의 상황을 벗어난 일이 풀리지 않는 수수께끼로 남아 있다.

22

서울

우리의 서울 생활은 전혀 다른 모습으로 다시 시작되었다. 엄마는 미리 서울 삼선교 쪽에 방 세 개짜리 아담한 집을 사 놓았었다. 운이 좋았다고 해야 할까. 어쨌든 이번에는 혼자 서울에서 하숙을 하며 지내던 오빠까지 포함해 다섯 남매가 그 집에서 함께 살게 되었다.

엄마와 내 남동생의 아버지인 마씨 아저씨는 상도동에 또 다른 집을 마련했다. 그 집에는 큰 '가마'가 있었는데, 흙으로 지은 전통 도자기 가마였고, 그곳에서 도자기 전기 콘센트를 구워 내는 공장을 준비하고 있었다. 그렇게 우리 가족은 두 집으로 나뉘어 살게 되었고, 내 동생 막내는 학교 때문에 우리와 함께 지냈다.

엄마가 동생의 아버지와 시작한 삶도, 그 둘이 함께 뛰어든 새로운 사업도 모두 믿기 어려운 변화였다.

삼선교와 상도동은 거리가 꽤 멀었고, 상도동은 한강을 건너 훨씬 남쪽에 위치해 있었다. 엄마와 마씨 아저씨는 새로 시작한 도자기 콘센트 사업에 얽매여, 엄마는 우리들을 자주 만나러 오기도 힘든 상황이었다.

나는 서울의 삼선국민학교 5학년에 편입되면서 월반을 해서 4학년을 건너뛰었다. 셋째 언니는 또 몸이 아파서 학교를 쉬며 집에서 요양을 시작했고, 둘째 언니는 '정신여중고등학교'라는 기독교 계열 학교에 입학했다. 그런데 의대 본과까지 다니던 큰언니는 전학을 못 한 채, 그냥 집에 머물고 있었다.

오빠는 서울대학교 대학원에서 음악 석사 과정을 밟고 있었지만, 그 당시 찬복 언니와 큰언니 때문에 나와 찬실 언니가 마음이 편치 않아 했던 걸 기억한다. 특히 자존심 강하고 예민한 성격의 큰언니가 의대에 진학을 못하고, 집에서 우리를 위해 밥을 지어 주고 있다는 사실이 너무 미안하고 안타까웠다.

그러던 어느 날, 엄마가 갑자기 나타나 큰언니를 데리고 어딘가로 나갔다. 후에 알게 된 일이었지만, 엄마는 명륜동에 있는 어느 여자 의과대학 학장의 집으로 언니를 데리고 갔다. 과일 한 상자를 들고 가, 언니의 특별 편입을 부탁하기 위해서였다.

학장은 엄마와 언니에게 "원래 다니던 전남의대에 연락해 학적을 확인해 보겠다"고 말했다. 그 말은 곧, 입학을 허락한다는 뜻이었다. 하지만 언니의 그 꿈은 오래가지 못했다. 몇 밤 지나지 않아, 엄마는 또다시 그 명륜동 의대 학장의 집을 찾아가야만 했다. 엄마의 그 두 번째 방문은 어렵고 난처하기 그지없는 이유 때문이었다. 그날 엄마는 그 전에 가져왔던 과일 상자 밑에 두고 온 봉투를 다시 달라는 어려운 부탁을 하려 갔던 것이다.

아마도 그 당시, 집안에 더 급하고 절박한 일이 생겼던 것이다. 결국 큰

언니는 다시 의대의 꿈을 접어야만 했다. 정확히 기억하지는 못하지만, 아마도 그때 또 셋째 언니의 병이 너무 심각해져서 더 이상 미룰 수 없는 상황이었던 것일까, 나의 추측이었다.

얼마 지나지 않아, 엄마는 결국 삼선교의 집도 팔아야 했다. 아마도 집안 형편이 점점 더 어려워졌던 모양이다. 그래서 이번엔 방 두 칸에 부엌이 딸린 '셋방'으로 또 집을 옮겼다.

그 집은 마당이 아주 넓었고, 집주인은 꽃과 희귀한 관목을 가꾸기를 좋아하는 인자한 노인 할아버지였다. 아마도 우리가 이사 간 계절이 가을이었는지, 나는 그렇게 많은 국화 꽃으로 가득 찬 정원을 처음 보았다. 마당 가득 펼쳐진 온갖 종류의 국화꽃들이 얼마나 아름다웠던지, 나는 '와' 입을 다물지 못하고 멈춰 섰던 걸 기억한다.

눈 깜짝할 사이에 우리의 삶이 6칸짜리 대저택에서 3칸짜리 집으로, 그리고 급기야는 두 칸짜리 셋방으로 전락한 사실을 까맣게 잊어버릴 정도였다.

그 집은 서울대학교 문리대 바로 건너편에 있었는데, 몇몇 대학생 하숙생들이 함께 지내고 있었다. 예전보다 비좁긴 했지만 나는 그 집이 마음에 들었다. 우리 네 자매가 한 방을 쓰고, 오빠와 막내 동생이 다른 한 방을 썼다. 학교도 예전 집보다는 조금 멀었지만, 어차피 그때 나는 기운이 넘쳐서, 큰언니 말에 의하면 늘 뛰어다녔다고 하니, 거리는 문제도 되지 않았다.

학교에서 돌아오면 꽃 할아버지가 마당으로 나를 불러내셔서, 여러 가지 종류의 꽃들을 보여 주시며 일일이 꽃 이름을 가르쳐 주셨고, 나를 데리고 시간을 보내시는 걸 즐기셨다. 게다가 나는 여러 하숙생들과 세입자들이 뒤섞여 사는 공동체 같은 분위기가 재미있었고, 무엇보다 다정하신 꽃 할아버지가 학자 같았던 우리 외할아버지보다 한결 더 좋아서 많이 따랐던 걸 기억한다.

서울에서의 학교 생활도 재미있었다. 나는 전교 어린이 회장 선거에 출마했지만, 고아원에서 살고 있던 '심'이란 이름의 남자아이에게 밀려 떨어졌다. 아쉽긴 했지만, 그 아이가 참 똑똑하고 또 부모도 집도 없는 고아였기 때문에, 나보다 격려가 더 필요하리라고 생각되어 금방 마음을 정리했다.

23

담임 선생님

그런데 그 삼선국민학교 6학년때 아직도 후회가 되는, 어린 시절의 유감스런 사건 하나가 있다. 학기 후반기로 들어서면서 무엇 때문이었는지, 내가 우리 담임 선생님을 못마땅하게 여기며 반항했던 일이다. 도대체 무엇이 그리 못마땅했는지, 기억도 잘 나지 않는다.

사실 학기 초엔 내가 학급 친구들과 함께, 선생님께 가죽 구두 한 켤레를 사 드리자고, 제안했던 바로 그 선생님이었다. 무더운 여름날에 선생님이 비도 안 오는데, 고무장화 신을 신고 다니시는 걸 보고, 놀라서 모금을 시작했었다.

그런데 학기 하반기가 되면서, 내가 그 선생님을 거부하는 움직임을 시작했다. 학급회의를 열어 왜 이분을 담임으로 둘 수 없는지 이유를 나열하며 거부 운동을 벌였다. 결국 이 사실이 선생님 귀에 들어갔고, 내가 그 중심에 있다는 것이 선생님께 알려졌다.

지금도 잊을 수 없는 어느 주말, 선생님이 몇몇 반 친구들을 우리 집으로 보내 나를 학교로 호출했다. 나는 그날 오빠에겐 아무 말도 하지 않은 채 친구들을 따라나섰다. 당시 전쟁이 끝나고 오래 지 않았던 관계로, 우리는 나무 책상과 의자들이 그냥 흙 바닥에 놓여 있는 천막 교실에서 공부를 하던 때였다. 그 천막 교실에 들어서는 나를 앞자리에 앉아 계시던 선생님이 벌겋게 성난 눈길로 노려보셨다. 그리고는 곧 아이들에게 모두 일어나라고 하셨다.

"찬옥이의 말에 찬성하지 않는 애는 모두 의자에 앉아!" 애들을 노려보며 선생님이 엄한 목소리로 말했다.

그런데 아무도 앉지 않았다. 선생님의 얼굴이 분노로 벌개지셨다. 선생님이 자리에서 일어서더니, 갑자기 나를 교실 밖으로 나가 있으라고 명령했다. 그리고는 같은 질문을 반복하셨단다. 어쩌면 선생님은 학생들이 선생님보다 나를 더 두려워한다고 생각했던 것일까. 내가 천막 밖으로 나가자, 잠시 후 아이들은 하나씩 둘씩 앉기 시작했단다.

"결국 찬옥이, 네놈 짓이었구나!"라며 선생님이 나를 다시 교실 안으로 불러들였다. 그리곤 나에게 돌아서라고 하시더니, 무작정 회초리로 내 종아리를 내리치기 시작했다. 회초리가 부러져 버릴 정도로 선생님은 씩씩거리며 분을 참지 못했지만, 나도 이를 악물고 울음을 삼켰다. 너무 화가 났기 때문이다. 선생님보다 반 친구들의 배신이 더 괘씸했다. 비겁한 것들! 나는 반 친구들이 믿을 수 없었고, 화가 솟구쳐서 분통이 터질 것 같았다.

그날 이후 한동안은 피 멍이 든 종아리를 가리기 위해 긴 바지를 입고 다녀야 했다. 오빠에겐 이 일을 끝내 말하지 않았다. 불 같은 성질의 오빠까지 껴 들여 일을 크게 만들고 싶지 않았고, 졸업도 얼마 남지 않았기 때문이었다.

하지만 그 뒤로 선생님은 나를 여러모로 힘들게 했다. 중학교 입학에 필요한 서류들을 일부러 내주지 않고 졸업 직전까지 붙들고 있었다.

사실 시간이 지나면서, 나는 학년 말에 그런 소란을 일으켜 선생님을 괴롭게 했던 일이 미안하게 느껴지기 시작했었다. 숱이 많은 머리를 올백으로 넘기고, 검붉은 피부에 매부리 코를 지녔던, '허 만욱'이란 그 선생님의 이름과 성난 얼굴이 아직도 생생하다. 뙤약볕에 고무장화를 신고 다니며 고달픈 교사의 삶을 사시던 그 분에게 자신의 학급 아이들이 일으킨 반항이 얼마나 선생님을 참담하게 느끼게 했을지, 뒤늦게 깨닫기 시작하고 있던 때였다.

하지만 마지막 날의 교실 풍경은 평생 잊지 못할 것 같다. 중학교 원서를 내기 위해 필요한 서류를 받으러 간 그날의 텅 빈 교실! 마감 시간이 다가오고 있었지만, 선생님은 여전히 그 서류를 책상 위에 두고 건네주지 않았다. 나는 내 나름대로 오기가 나기 시작해서 입을 꼭 다문 채 텅 빈 교실 맨 뒷자리에 앉아 있었고, 선생님은 맨 앞 자리에 붙박이처럼 앉아 있던 광경이다.

마감 시간이 차츰 가까워 오면서, 선생에게 반항했던 걸 후회하던 생각들이 차츰 사라지기 시작했다. '서류를 안 줘서 학교 진학을 못 해도 할 수 없지!' 점점 독한 생각이 내 가슴을 채우기 시작하면서, 앞 자리에 비석처럼 앉아 있는 선생님의 시커먼 머리가 괴물처럼 빈 교실 가득히 확대되는 환상 속으로 빨려 들어갔다.

결국 마감 직전, "못된 녀석, 얼른 이거 받아 가!" 선생님이 마침내 나에게 서류를 던져 주었고, 나는 그 서류를 받아 쥐고, 어떻게 숙명여중까지 마감시간에 맞춰 갔었는지 아직도 꿈속 같다. 그 중학교는 시내 한복판에 위치한, 먼 거리였기 때문이다. 아마도 버스를 탔을 터이고, 또 계속 미친 듯이 달려갔었을까! 그날 그 중학교로 달려 가면서, 나는 누구에게인지, '멍청이! 멍청이!'라고 퍼부으며 정신없이 달렸던 생각이 난다.

24

나의 친구 백순애

삼성국민학교에서 그 중학교에 원서를 낸 건 나와 백순애라는 친구, 단 두 명뿐이었다. 그 친구 이름은 지금도 또렷이 기억난다. 이유는 그 친구가 결국 입학을 못했기 때문이다. 참 똑똑하고 조용한 아이였는데, 태어날 때부터 오른쪽 다리 무릎이 굽혀지지 않는 장애자로 심하게 절뚝이던 아이였다.

입학 시험의 마지막 과정은 체력 검사였다. 팔 굽혀 펴기를 마친 뒤, 덩치 크고 험악하게 생긴 체육 선생이 우리를 운동장에 한 줄로 세워 놓고 달리기를 시켰다. 모두가 출발선에서 뛰어나갔는데, 나는 달려 나가면서 트랙 한 쪽으로 쓰러지는 순애를 보았다. 그 아이는 몇 번 어설프게 껑충이며 달리다 결국 트랙에 넘어져 일어나지 못한 채, 그 자리에 엎드린 자세로 넘어졌다.

체육 선생도 그 사실을 알고 있었지만, 우리에게 한 바퀴를 더 달리라고 호각을 크게 불었다. 혹시라도 순애의 넘어진 것이 단순 사고인지, 진짜 장애인지를 확인하려는 것이었다. 너무도 잔인하고 무자비했다. 결국 순애는 트랙 위에 엎드려 소리를 내어 울기 시작했었다.

나는 그 광경이 지금도 또렷하다. 어린 초등학생이 중학교에 들어가려 온 힘을 다해 시험을 치르는데, 교사라는 어른이 얼마나 비루하고 잔인할 수 있는지를 처음으로 목격한 순간이었다. 그날 본 거대한 체육 선생의 그 검고 잔인했던 얼굴은 지금까지도 내 기억 속에 뚜렷이 남아 있다.

결국 순애는 중학교에 입학을 못했다. 나는 순애의 일로 속상하고 안타까워서, 정작 내 입학 소식을 듣고도 기쁘지 않았다. 겨우 그 한심한 담임 선생에게 서류들을 받아 내려고 진을 빼 가며 겪은 그 어이없는 일들이, 이런 학교에 들어오기 위한 거였나 싶어 허탈했다.

나중에 알고 보니, 이 학교의 교훈은 '품위 있는 숙녀를 양성하는 것'이라고 했다. 그야말로 웃기는 교훈이었다. 교육의 목적이 '외형적으로 완전한' 사람만을 가르치는 것이라니! 그 일 이후에 이 학교는 장애 학생을 받지 않는 학교라는 걸 알았고, 그 일 때문에 조병옥 박사 같은 정치인이 교장을 찾아가 항의한 적이 있었다고도 들었다. 하지만 교장은 이렇게 답했다고 한다.

"당신 같으면 며느리를 고를 때, 정상인 며느리와 장애인 며느리 중 누구를 고르겠습니까?"

후에 들은 이야기는, 놀랍게도 그 말을 들은 몇몇 학생들이 "듣던 중 명답이다!"라고 박수를 치며 깔깔 웃었다는 사실이다. 며느리 고르는 것과 중학교 입학생을 받아들이는 기준이 어떻게 연관이 된다는 말일까? 교육

자로서 정당한 사고인지 어린 마음에도 어처구니가 없게 느껴졌다.

순애는 그렇게 체력 검사를 끝내지도 못한 채 울면서 교정을 떠났다. 어쩌면 순애는 더 좋은 학교인 정신여중에 들어갔을지도 모르겠다. 그 학교는 장애인도 받아들이는 학교로 알고 있다. 그렇게 되었다면 참 좋았을 텐데.

체능시험 도중 울면서 체육장을 떠나던 순애의 마지막 뒷모습을 지워 버리지 못한 채, 나의 중학교 생활이 시작됐다. 시간이 가면서 순애의 기억이 서서히 잊혀져 갔고, 나는 국민학교와 전혀 다른 중학교의 분위기와 낯선 교과목들의 무게 속에 점차 빠져들어 갔다.

그러는 사이 우리들은 또 이사를 했다. 이번에는 학교에서 걸어갈 수 있는 거리인 관훈동이었다. 여전히 셋방이었지만, 삼각형 모퉁이에 지어진 작은 단독주택을 온전히 우리 형제들이 쓸 수 있었다. 그때부터 우리는 각자의 자리에서 바쁘게 살아갔다. 오빠는 대학원을 졸업했고, 둘째 언니는 서울대학교 영어영문학과에 합격했다. 셋째 언니는 서라벌예술대학 피아노과에 다니고 있었고 큰언니는 의과 대학 진로의 꿈을 버린 채, 지인의 도움으로 뜻하지 않은 매점을 운영하게 됐었다. 영화관 안에 있는 작은 매점 운영이었다. 우리들의 삶은 그렇게 각각 다른 길로 접어들었다. 비록 한 부모 아래, 같은 형제자매로 태어났지만…

중학교 시절은 별다른 사건 없이 흘러갔다. 그 속에서 나는 다섯 명의 단짝 친구들을 사귀게 되었다. 어쩌다 그렇게 쉽게 서로에게 관심을 갖게 되었는지, 지금 생각해도 참 신기하다. 서로의 배경은 다 달랐지만, 함께 있으면 그저 즐겁고 기뻤다.

고등학교로 올라가면서, 우리들은 특별활동반을 정할 때가 되었다. 우리는 각자 전혀 다른 반을 선택했다. 한 친구는 조각반, 또 한 명은 합창반, 또 다른 친구는 서예반을 선택했고, 나는 처음에 미술반에 들었다가 나중에 문예반으로 옮겼다.

문예반은 꽤 인기가 많아 사람도 많았는데, 여러 명의 선생님들이 각 분야대로 지도를 해 주셨다. 시인, 수필가, 소설가, 문학평론가, 그리고 시조 시인까지… 다양한 문인 선생님들이 우리를 지도해 주셨다. 주로 유명 문학 작품을 읽고, 그에 대한 감상문이나 독후감을 쓰는 것으로 시작했던 것 같다. 어쩌면 그때 내 독서 습관이 생겼는지도 모르겠다. 지금 생각해 보면 그 고등학교 시절에, 가장 많은 책들을 손에 잡히는 대로 읽었던 것 같다.

돌이켜 보면, 나의 그 고등학교 시절이 가장 행복했던 시절이었다. 친한 친구들도 더 늘어나서, 중학교 때 사귀었던 다섯 명에 세 명이 더해져 여덟 명이 되었다. 그 세 친구는 다른 중학교에서 전학 온 친구들이었다. 이렇게 함께 마음을 나눌 친구들이 있다는 게 얼마나 행복하고 즐거운 일인지 그때 처음 깨달았다.

나는 그 무렵부터 단편소설과 시를 쓰기 시작했는데, 그것들이 학교 문예지인 숙란지에 실리면서 학교 생활이 더욱 재미있어졌다. 글이 실리고, 선생님과 친구들께 인정받는 경험은 어린 마음에 큰 기쁨이었다.

사실, 학교에서는 여덟 명의 친구들과 그룹을 만들었지만, 학교 밖에서는 '영'이라는 또 다른 친구와 가깝게 지냈다. 영이란 아이는 나와 같은 특별 문예반에 속해 있었고, 콩트를 잘 썼다. 엄마와 할머니 밑에서 외동딸로 자랐던 영이와 나는 지금까지도 서로 감출 것이 없이 속을 터놓는 가까운 친구다. 비록 나는 미국에서, 영이는 서울에서 살아가지만, 우리는 형제보다 가까운 평생 친구로 남았다.

고등학교 2학년 때, 이화여자대학교 주최 전국 고등학생 문학 콩쿠르가 열렸다. 우리 학교에서도 문예반 친구 몇 명이 각자 다른 분야로 응모했는데, 나는 단편소설 부문에 출전해 '철도연변'라는 작품으로 1등을 수상했다. 다음 해에도 다시 출전해 '어리끼미'라는 제목의 단편으로 2등 상을 받았다.

'어리끼미'는 남해 작은 섬 '덕적도'를 배경으로 그곳 사람들의 삶을 그린 이야기다. 여름 방학 때 그 섬 친구가 초대한 섬마을에서 머문 기억을 글로 옮긴 것이었는데, 정작 그 작품이 발표되자 그 섬에서 살았던 내 친구가 심하게 상처를 받았던 모양이다. 자신과 섬마을 사람들의 삶이 노출된 것에 당황했던 것일까. 나는 그녀의 반응에 놀라서, 수차례 사과했지만, 유감스럽게도 우리의 우정은 그 단편 소설 때문에 끝나고 말았다.

그 당시 나는 1등 상을 받았던, '철도연변'보다 2등 상을 받았던 섬 이야기, '어리끼미'를 더 좋아했던 것 같다. 그 글이 더 고유했고, 섬 사람들이 매일 살아가던 색다른 삶의 모습과 그림 같은 섬과 해변의 아름다움이 고스란히 배어 있던 글이었던 까닭이다.

먼 바다로 고기를 낚으러 나갔던 배가 돌아올 때면, 해변가로 남편과 아버지를 만나러 오구구 달려가던 맨발들이, 부서진 나무 담장 아래로 선명하게 보이던 것이 아직도 생생하게 생각난다. 서로 뒤질세라 달려가던 그 까만 맨발들이 주던 훈훈한 삶의 모습이 그렇게 내게 감동을 주었던 것 같다. 여하튼, 나는 '덕적도'라는 작은 섬의 색다른 일상을 그린 나의 글이, 그 친구의 마음을 다치게 할 줄은 짐작도 못했었다.

애석하게도 지금 나에겐 그때 썼던 글들이 하나도 남아 있지 않다. 얼마 전에 세상을 등진 LA의 절친 S가 꽤 많은 나의 글들을 간직하고 있었다는데, 이사를 하면서, 그 친구도 다 잃어버렸다고 나보다 더 애석해하던 얼굴이 생각난다. 그 친구에게로 서울에 남아있던 다른 동창이 우리 학교의 '숙란'지에 실린 글들을 오랫동안 보내 주었다는 걸 후에 전해 들었다. 그 시절 문예반에서 나를 지도해 주셨던, 지금은 고인이 되신 정창범 선생님 생각도 많이 난다.

그리고 무엇보다, 내 수상 소식을 듣고 나의 오빠가 그렇게 기뻐하던 모습을 잊을 수가 없다. 늘 측은하기만 했던 막내 동생이 무언가 해냈다며 그렇게 기뻐하던, 아버지 같은 나의 큰오빠.

그후, 나는 이화여자대학교 국문과로 진학했다. 당시 문학 콩쿠르의 수상자였으니, 당연히 정해진 절차였다. 어머니도 앞으로 작가가 될 딸을 둔 것 같아 무척 자랑스러워했다.

하지만 막상 대학 수업을 듣기 시작하자, 수업이 너무 지루하고 고리타분해서, 곧 어머니의 피땀 어린 돈을 낭비하는 듯한 생각에서 빠져나올 수가 없었다. 점점 실망이 쌓이면서 불행하게 느껴지기까지 했다.

당시 이화여대에서는 전과(轉科)도 불가능했다. 그 실망스러운 마음을 누구에게도 털어놓을 수 없었다. 형제자매에게도, 나를 자랑스러워하는 어머니께는 더더욱!

나는 수업을 자주 빠지면서, 학교 도서관이나 본관 뒤편 작은 언덕에 앉아 시를 쓰고, 단편을 썼다. 문예반 선생님들께 받던 따뜻한 격려가 그리웠다.

그러다 어느 날, 나는 내가 쓴 단편소설 원고를 들고, 당시 알려진 여류 소설가였던 정 교수님을 찾아갔다. 비록 강의실 수업은 기대에 못 미쳤지만, 적어도 교수님들의 지도는 받을 수 있지 않을까 하는 막연한 희망 때문이었다.

그러나 정 교수님은 신입생이 쓴 글 따위에 별다른 관심을 보이지 않았다. 나는 대학 교수라는 존재가 고등학교 문예반 선생님들과는 전혀 다른 존재라는 걸 그때서야 처음으로 깨달았다. 그분들은 우리를 작가로 키우려는 이들이 아니었고, 학생들에게 애정을 쏟으며 방향을 잡아 주는 분들도 아니었다.

정확히 교수님이 내 글에 대해 무슨 코멘트를 하셨는지도 기억에 없다. 다만, 결말이 예상된다고 툭 던지듯 한마디 언급하며 내게 원고를 다시 건네주던 그 말투와 냉랭한 표정이 아직도 잊히지 않는다. 나는 그날 교수님 방을 나오며 마음 깊이 상처를 받았고, 그 이후 어떤 글을 누구에게도 보여 주지 않았다.

그렇게 나는 기대했던 대학 4년을 무료하게 보냈다. 지금도 그 시절은 어머니의 피 같은 등록금과 내 젊음의 가장 소중한 시간을 허비한 시간이었다고 생각한다. 내 자신이 다른 방법으로 공부를 할 수도 있지 않았을까, 그 후 많이 스스로를 자책하기도 했지만.

25

학원사

나는 대학 졸업을 6개월 앞두고 '학원사'라는 출판사에 취직했다. 학원사는 중고등학생을 위한 교양지와 농촌을 위한 '농원'(1964-1968, 1975-1976), 주부생활지인 '주부생활'(1965-), 그리고 '여원'(1955-1970) 같은 잡지를 발행하던 출판사였다. 학원사는 해방 전후로 출판계의 거장이며 사회사업가였던 김익달 선생이 설립했는데, 그분은 한국 최초의 6권짜리 백과사전을 펴낸 존경받는 인물이었다. 농민을 사랑하고, 직원 복지를 자신의 이익보다 우선시하셨던, 신념과 따뜻함을 지닌 어른이었다.

당시 학원사는 새 백과사전 편찬을 앞두고 교정자를 모집 중이었고, 그걸 알고 내가 지원을 했고 7~8명의 젊은 여성 교정자 중 한 명으로 채용되었다. 우리는 모두 스물두세 살 또래로, 나처럼 대학 졸업을 앞둔 이도 있었고, 이미 졸업한 이도 있었으며, 대학원생도 있었고, 어려서 때부터, 회사 사환처럼 시작해 성장해 온 여직원도 한 명 있었다. 그런데 그 회사에서 자라온 그 여직원이 일머리도 가장 좋고, 교정뿐 아니라 지면 편집까지 척척 해내는 재주꾼이라는 걸 곧 알게 되었다. 그녀는 귀여운 용모에, 당시 학원사 전속 사진기사의 애인이기도 했다.

교정 일은 다소 지루할 때도 있었지만, 나는 대학 강의보다 오히려 학원사에서 훨씬 더 많은 것을 배웠다. 사무실은 큰 홀 하나를 셋으로 나눠 '농원' 잡지팀, 우리 백과사전 교정팀, 그리고 삶에 지친 듯한 중년 남자 직원들이 근무하는 공간으로 나뉘어 있었다. 광화문 근처에 위치한 지역이어서, 동아일보, 조선일보, 그리고 영자신문사인 코리아헤럴드가 가까이 있었는데, 훗날 미국에서 만날 내 남편이 당시 코리아헤럴드 기자였다는 사실을 알고, 다시금 그 당시의 생활을 회상해 보았다.

그 여러 신문사들과 학원사 건물 사이에 크고 아늑한 다방이 하나 있었는데, 그 다방 이름은 기억나지 않지만, 그 주변의 많은 기자들과 회사 직원들이 수시로 드나드는 단골 다방이었다. 그때 나는 내 미래의 남편과 같은 다방 옆 테이블에 앉아 몇 번이나 커피를 마셨을까. 인생의 예측할 수 없음을 새삼 생각하게 해 준 옛 다방 이야기이다.

26

클래스 데이트

그 무렵, 회사에서 나이 드신 직원들 중 한 분이 나를 그분의 어떤 젊은 지인과 엮어 보려 했었다. 그러나 당시 나는 이미 만나고 있는 사람이 있었다.

의과대학을 갓 졸업하고 군 복무 중이던 '이'라는 청년이었다.

당시에는 여자대학과 남자대학 간의 '클래스 데이트'라는 게 유행했는데, 그 '클래스 데이트' 모임에서 그를 처음 만났었다. 그는 가톨릭 의과대학의 학생회장이었고, 성격도 밝고 성실해 보였다.

그런데 정작 클래스 데이트에서 진행했던 게임, 즉 '이가 말하면 이렇게 하라, 이가 말하면 저렇게 하라' 하는 유치한 놀이 때문에 나는 끝까지 말 한마디 안 하고 지켜보기만 했던 미팅이었다.

그런데 이상하게도, 계속 '이가 이래라, 이가 저래라' 하던 말과 함께 그의 모습이 내 머릿속을 떠나지 않고 맴돌았다. 후에, 나는 그 유치한 게임이 'Sam said this! Sam said that!"이란 미국 어린아이들의 게임인 것을 알았다.

마침내 나는, 며칠 후 심포니 콘서트 티켓 두 장을 사서 한 장을 그의 학교로 부쳤다. 그를 만날 구실을 찾아낸 것이다. 그리곤 당일이 되자 연주 시간에 맞추어 심포니 홀에 도착했다. 그날 내가 그의 옆 빈 자리로 다가갔을 때, 미리 도착해서 자리에 앉아 있던, 그의 놀라워하던 모습이 지금도 생생하다. 곧 연주가 시작할 시간이어서, 우리는 제대로 인사를 나눌 겨를도 없었고, 서로 눈 인사를 나누며 내가 그의 옆자리로 들어가 앉았다. 그렇게 우리는 오래 알고 지낸 연인처럼 나란히 앉아 음악을 들었다. 아마도, 그도 나도 그때 연주에 제대로 집중을 못 했을 것 같다. 우리는 필시 콘서트가 끝난 후 전개될 상황들을 상상하며, 계속되는 연주를 건성으로 듣지 않았을까 싶다.

"미스 김은 클래스 데이트 때 한번도 입을 열지 않았던 걸로 기억하는데요!"라고 그가 심포니 홀을 나서며 내게 말했고, "'이'가 말하면 이래라 '이'가 말하면 저래라", 게임 내내 "확실하게 본인의 인상을 심어 줘서, 잊지 않고 콘서트에 초대를 한 건데요."라는 나의 대답에, 우리는 웃으며 어색함을 넘겼었다.

그렇게 우리의 데이트가 시작됐고, 그는 10남매의 장남이었으며, 충청도 어느 도시에서 개업을 하고 있는 의사 아버지의 두 부인 중, 첫째 부인의 맏아들이라는 사실과, 그의 아래로 네 명의 동생들이 있었고, 둘째 엄마에게도 또 다섯 명의 동생들이 있다는 놀라운 사실을 알게 되었다. 그는, 아버지처럼 두 부인을 갖게 될까 두려워 가톨릭신자가 되었다는 이야기도 덧붙여 말했다.

우리는 주로 가톨릭 의대가 있는 명동에서 만났는데, 처음엔 늘 그의 친구들 몇이 함께 나타나곤 했다. 자신들도 참석했던 '클래스 데이트'에서 먼저 데이트를 신청해 왔다는 그 여학생이 누구인지 보고 싶어서, 그렇게 반 친구들이 함께 따라 나왔었다고 나중에 들었다. 차츰 가장 가까운 한 친구만 함께 나오기 시작했고, 나도 국문과 친구 경숙이를 데리고 나갔다. 우리들은 그렇게 자연스럽게 넷이 함께 다방이나 극장을 어울려 다니곤 했다. 그렇게 지나며 어느덧 2년이 흘렀고, 어느덧 우리의 졸업이 다가오고 있었다. 우리는 같은 해에 졸업을 하게 되었는데, 졸업 시즌이 가까워 오면서, 때때로 알 수 없는 스트레스가 엄습해 오기 시작했다. 졸업 이후의 미래에 대한 불확실함 때문이었을까. 차츰 그와의 관계까지도 모호하게 느껴지기 시작했던 것 같다. 우리는 한 번도 서로의 마음을 애정으로 표현한 적도 없었고, 도대체 남녀로서 끌린 적이 있었는지 돌아보기에 이르렀다.

그는 성실하고 책임감 있는 선한 사람이었지만, 연인이라기보다는 친척처럼 편안하고 허물없는 친구같이 느껴졌고, 차츰 '설렘'이나 '그리움' 같은 감정이 없다는 사실을 인정하기에 이르렀다. 아울러 나는 행복하지가 않았고, 이유 모를 좌절감에 빠져들기 시작했다. 한편 그도 생각이 많았을 것 같다. 많은 동생들이 치받쳐 따라 크는데, 6년이란 의대를 졸업하고 또 군복무까지 마치고 나면… 병원을 찾아 일을 시작해야 할 터이고 동생들도 어느정도는 도와줘야 하는 맏아들이 아닌가!

한편 나는 자주 미국으로 떠나는 생각을 하기 시작했다. 나에게는 이렇다 하게 한국에 집착해야 별다른 이유도 없었고, 특히 당시 한국 사회는 남성 우위의 구조여서, 회사에서도 여자 사원은 커피 서비스 같은 일이 당연시되던 시대여서 더욱 벗어나고 싶었던 것 같다.

당시, 나의 오빠는 미국에서 2년째, 맨해튼 뮤직 스쿨에서 바이올린으로 마스터 코스를 공부하고 있었다. 그리고 오빠는 졸업 후, 직장을 갖게 되는 즉시 내게 초청장을 보내 미국으로 부르겠다고 누차 말해 왔었다. 당시엔 오빠의 말을 심각하게 듣지 않았었는데, 차츰 오빠의 그 언질이 내 마음속에 떠오르기 시작했다.

그런 상태로 내가 학원사에서 계속 일을 하고 있을 때, '이'는 ECFMG, 즉 군 복무를 마치지 않고 수련의 자격으로 미국으로 갈 수 있는 시험을 시도했으나, 불합격 통지를 받게 된 후, 군대로 입대를 하게 되었다.

그가 군에 입대한 후, 나는 군복을 입고 나타나는 그를 만날 때마다, 왠지 모르게 더 거리를 느끼며 차츰 더 방황하기 시작했다. 나는 점점 모든 상황에서 마음이 멀어지기 시작하면서, 군대로 들어간 '이'의 존재까지 생소하게 느껴지기 시작했다.

군 복무 중인 그가 주말 면회를 나올 때마다 만나는 것도 즐겁지가 않고, 부담스러워 피하고 싶은 마음까지 들기 시작했다. 어느 토요일 날, 나는 마침내 그가 학원사 정문 앞에서 기다리고 있다는 걸 알면서 뒷문으로 빠져나와 그와의 만남을 피했던 걸 기억한다. 그 일로 나는 미안함과 괴로움으로 갈피를 잡을 수 없는 심정이었고, 나 자신의 변화를 설명할 길도, 그를 어떻게 대해야 할지도 몰라 자신과의 싸움이 시작되었다.

백과사전 편찬이 끝나면서, 나는 학원사 내의 '농원' 잡지부로 뽑혀 갔다. 같은 2층, 같은 오피스안에 위치했지만 분위기는 달랐다. 백과사전 편찬이 끝나면서 우리들 중 대부분은 학원사를 떠났고, 대학원에 재학 중이던 한 명은 3층의 '여원'부로 내려갔다. 그 외 직원들은 어떻게 되었는지 기억에 없다. 내가 처음 '농원'에 가서 맡은 일은 앙고라 토끼 농장을 취재하러 사진기자와 함께 간 것이었다. 그 외에는 솔직히 '농원' 잡지에 대해 이렇다 할 흥미도 느끼지 못했고 재미도 없었다.

아마도 농원부 편집장도 점차 나를 탐탁하게 여기지 않았을 것 같다. 단지 '이화여대 문학상 수상자'라는 타이틀 때문에 나를 뽑아 갔던 것인데… '소설을 쓰는 것과 농장 잡지 편집하고 무슨 상관이 있단 말인가?' 하는 것이, 전반적인 나의 무성의와 편집력 부족에 대한 스스로의 변명이었다.

처음 학원사에 들어올 때의 설렘도 백과사전 발간의 흥분도 다 과거가 되어 버리자, 나의 일상은 점점 지루해졌고, 재미없는 '농원' 잡지의 일은 물론, 미래에 대한 막연함 때문에 점차 마음이 무겁게 가라앉기 시작했다.

27

셋째 언니

그 즈음, 언니들은 모두 결혼을 했었다. 둘째 언니는 첫째 언니에 앞서, 홀어머니와 누이동생 하나를 둔 가난하기 그지없는 미술 교사와 사랑에 빠져 결혼을 했고, 맏언니도 어느 대학의 강사와 결혼해 수원으로 이사를 했다. 까다롭고 신중하던 첫째 언니가 몇 번 만나지도 않고 결혼을 결정한 일이 우리 모두를 놀라게 했다. 형부가 될 그 분은, 키가 장대같이 크고 이목구비가 뚜렷했으나, 미남도 호남도 아니었다. 그때부터 셋째 언니와 나는, 단둘이서 살기 시작했다. 우리는 어머니가 사시는 상도동 근처로 옮겼었기 때문에, 나는 먼 길을 오가며 계속 학원사에 다니고 있었고, 병약한 셋째 언니는 음악 학원에서 피아노 레슨을 했는데, 몸이 허약해서 학생을 많이 받지도 못하는 것 같았다.

그러던 어느 날, 갑자기 셋째 언니의 코피가 터졌다. 큼직한 대야 안으로 코피를 쏟기 시작했는데, 피가 멈추지 않았다. 나는 겁이 났고, 달려왔던 집주인 할머니가 너무 놀라서 윗동네의 어머니를 불렀다. 어떻게 해서 그날 출혈은 멈췄지만 그 무시무시한 출혈 사건으로 그 후 동네에선,

'처녀 귀신'이 나게 생겼다는 수군거림이 돌 정도였다.

그 즈음, 셋째 언니에게 관심을 보이던 두 남자가 있었다. 하나는 육사 출신으로, 불그레한 흙빛 안색에 어깨가 뻣뻣하게 각진 체격이었는데 언니도 나도 그에게 호감이 가지 않았다. 다른 하나는 성격도 상냥하고 세련되 보였지만 무엇을 하던 청년이었는지 나는 아는 바가 없었다. 언니의 건강이 급격히 나빠지면서, 후자는 점점 발길을 끊는 반면에, 붉은 육사 출신 남자는 하루도 빠지지 않고 매일같이 찾아왔다. 거의 서울 끝 어딘가 산다는 먼 거리인데도 밤 늦게까지 머물다 가거나, 어떤 날은 돌아가지 못하고 언니 머리맡에 앉아 꼬박 밤을 지새기도 했다.

그 남자가 어느 날 자기 어머니에게 "이제 찬복 씨 그만 만날까요?"라고 물었다고 한다. 그때 시골 노인인 그의 어머니가, "만나던 여자 병들었다고 버리면 그게 무슨 남자냐!"라고 꾸짖었다는 얘기를 들었고, 결국 언니는 그 육사 출신 남자와 결혼을 했다.

그렇게 모두들 결혼을 하고, 나는 처음엔 둘째 언니 집에서, 나중엔 셋째 언니네와 함께 지내다가, 아기가 태어나자 어머니 집으로 들어갔다. 어머니는 전기 콘센트 공장 옆에 이층 벽돌집을 지어 살고 있었고, 공장은 그럭저럭 잘 돌아가고 있었다. 하지만 미국에 있던 오빠가 내가 어머니 집으로 들어갔다는 소식을 듣고 그렇게 화를 냈다고 한다.

오빠가 화를 냈다는 소식을 듣고, 기분이 울적해 있을 즈음, 오빠로부터 기쁜 소식이 날아왔다. 맨해튼 뮤직 스쿨을 졸업한 오빠가 마침내 오케스트라에 취직을 하게 된 것이다. 캐나다와 국경 도시인 버팔로 필하모닉 오케스트라에 취직이 되었다는 소식이었다. 오빠는 계약서에 서명을 한 후 곧바로 나에게 비행기 표를 동봉한 초청장을 보내 왔다. 아직도 2년 차 신혼인 새 언니에게, 막내 시누를 초청하면서, 미안해서였는지, 간호사였던 새언니를 건너뛰고, 친구에게 돈을 빌려 내 비행기 표를 샀다는 걸 나중에 들었다.

나는, 적시에 도착한 초청장을 받아 들고, 기쁨으로 흥분해서 즉시 학원사에 사직서를 냈었고, 미국으로 떠날 준비를 시작하면서, '이'에게도 나의 계획을 알렸다.

"다시 돌아올 거지?" '이'의 첫 반응에, 뭐라고 대답을 했었는지 기억에 없다.

그러나, 며칠 후 내가 미국 대사관에 비자를 받으러 갔을 때, 영사는 "한국 미혼 여자들 대부분이 미국 들어가면 안 돌아와"라고 말했다. 나는 침착하게 "약혼자가 군 복무 중이라 돌아올 거에요" 대답했다. 내 말에 영사가 '흠!' 하면서 고개를 끄덕였고, 나 자신도 순간 나의 말이 진짜처럼 느껴졌다. 하지만 곧 나는 스스로의 거침없는 거짓말에 잠시 머릿속이 핑 도는 것 같았다.

노동절 연휴를 앞둔 때였는데, 영사는 "약혼 증빙 서류를 가져오라"고 말하며, 즉 약혼식 사진이나 증명할 만한 걸 제출하라고 했다.

맙소사! 정말 난감했다. 그때 내게 떠오른 한 가지 생각… 너무 교묘하고 부끄러운 방법이었다. 하지만 한국에서 벗어나고 싶었던 간절함으로, 결국 나는 평생 마음에 남을 일을 저질렀다.

28

비자

나는 '이'가 소속되어 있던 군 부대를 찾아내서 처음으로 전화를 걸었다. 전화로 '이'와 연결이 되자 나는 미국 대사관에서 있었던 일을 설명하고 도와줄 수 있는지 물었다. 그는 한참 말이 없더니, 노동절 연휴 때 외출을 내보겠다고 했다.

그 주말, 우리는 동네 작은 사진관에서 약혼 로고가 찍힌 사진을 몇 장 찍었다. 나는 사진관 벽에 걸린 '약혼 사진' 샘플 액자를 보며, 어색하게 웃었고, 사진을 찍는 내내 마음이 편치 않았다.

그날, '이'가 내게 했던 말이 아직도 기억난다.

"우린 결국 진짜 약혼 사진이랑 두 번의 약혼 사진을 찍겠네?"

그때 나는 너무 그에게 미안하고 면목이 없어 아무 말도 못했었다. 진심으로 괴로웠다. 그리고 노동절 연휴가 끝난 다음 날, 약혼 사진을 들고 가서 비자를 받았다.

그리고 딱 한 달 후, 10월 5일을 미국으로 떠나는 날로 정했다. 그때 그 한 달 동안을 어떻게 보냈는지 모르겠다. 안도와 죄책감, 그리고 설명할 수 없는 생각들이 마음속에 밀물처럼 오고 갔던 한 달이었던 같다.

마침내 한국을 떠날 날이 다가왔다. 우리 가족 모두가 김포공항으로 배웅을 해 주러 나왔다. 심지어 할아버지까지도. 그리고 대학 시절 늘 어울리며 가까이 지냈던 친구 경숙이도 나왔다. 가족들과 결별의 순간들이 지나, 나는 눈이 붉어진 채, 탑승자들 뒤로 비행기를 향해 올라가기 시작했다.

"?"

탑승을 위해 계단 위로 올라가던 순간, 나는 놀라서 눈을 크게 떴다. 군복 차림의 남자가 허둥지둥 사람들 틈을 헤치며 뛰어오는 게 아닌가! 나는 믿을 수가 없어, 잠시 멈춰 서서 다시 한번 그 군인의 모습을 눈여겨 보았다. 허둥지둥 달리며 탑승 계단 위를 살피는 모습이 틀림없는 '이'였다.

순간 탑승 계단위에 선 나와 '이'의 시선이 마주쳤을 때, 그가 오른손을 모자 옆으로 들어올려 나를 향해 경례를 보냈다. 나도 그를 알아봤다는 표시로 그에게 손을 들어 보였다. 그러나 나는 곧 이동하는 탑승객 대열을 따라 비행기 안으로 들어서야 했다. 나는 비행기 안에 들어와 자리에 앉자마자 왠지 모르게 눈물이 쏟아졌던 걸 기억한다. '이'에 대한 죄책감 때문이었을까, 아니면 다시는 한국으로 돌아오지 않을 거라는 내 자신의 다짐 때문이었을까.

나중에 경숙이에게 들은 이야기인데, 그날 공항에서 나를 태운 비행기가 이륙한 후, 공항 내의 다방에서, '이'와 3시간이 넘도록 이야기를 나누었다고 한다. 무슨 이야기를 그렇게 오래 했었을까, 나 자신도 괴롭게 되돌아보게 했던 그 '3시간'이다.

나는 창가 자리에 깊이 주저앉았다. 비자를 받은 이후 한 달이 소용돌이처럼 흘러가 버렸고, 나는 몸도 마음도 지쳐 있었다. 그토록 바라던 꿈, 한국을 떠나는 일이었지만 막상 돌아설 수 없는 지점에 서 있다는 사실을 깨닫자 온갖 감정이 한꺼번에 밀려와 나를 압도했다. 더구나 몇 달 동안 그렇게 어색해지고 멀어졌던 '이'가 공항에 나타날 줄은 정말로 뜻 밖이었다.

주중인데도 특별 외출 허가를 받아 비행기 이륙 몇 분 전에 급하게 공항으로 달려와야 했던 그의 마음이 내 가슴속을 괴롭혔다. 결국 마지막 인사도 없이 떠나려던 내게 그는 어떻게든 작별을 고하려 했던 것이다. 나는 그토록 성실하고 진심 어린 사람에게 무슨 짓을 한 건가. 처음에도 내가 먼저 다가갔고, 결국 마지막도 내가 끝내 버린 것이다. 죄책감과 슬픔이 한꺼번에 밀려와 나는 머리를 의자에 기대며 눈을 감아 버렸다.

곧 비행기가 이륙을 시작했다. 비행기 창문 아래로 장난감 같은 집들이 거짓말처럼 구름 아래로 사라지기 시작했다. 마침내, 비행기가 소리를 내며 빠르게 창공 속으로 높이 솟아올랐다. 어린 시절의 온갖 추억들과 나의 주변을 감싸 왔던 수많은 얼굴들이 바람과 함께 창공 속으로 흘러가 버렸다.

29

아메리카

오빠가 버팔로 공항에서 나를 기다리고 있었다. 오빠의 아파트에 도착해서 마침내 새언니를 처음 만났다. 언니는 체구가 작고 하얀 피부에 미소가 밝은 모습이었다. 우리와 마찬가지로 홀어머니의 맏딸로, 두 남동생과 막내 여동생이 있다고 했다.

한국에서는 서울대학교 병원에서 수간호사로 일했고, 오빠가 뉴욕 리버사이드(Riverside)에 살며 공부하던 시절, 친구의 소개로 만났고, 맨해튼에서 결혼을 한 지 2년 여, 아직 신혼이었다.

언니는 점심 준비를 하고 있었고, 몇 시간 후면 병원으로 근무하러 나간다고 했다. 근무 시간은 오후 3시부터 밤 11시까지란다. 언니는 아주 소탈하고 밝은 성격이어서 처음 만났는데도 나를 편안하게 느끼게 했다.

오빠네가 살고 있던 아파트, 24 존슨 파크는, 델라웨어 애비뉴(Delaware Avenue)라는 주소의 오래된 호텔 건물 안에 있었다. 위층은 여전히 호텔 영업을 하고 있었지만, 건물이 오래되면서 1, 2층을 리모델링해 원룸과 2 베드룸(bedrooms) 아파트로 임대하고 있었다.

그곳은 오빠가 일하는 클라인한스(Kleinhance) 심포니 홀과 새언니가 근무하는 병원과도 가까워 두 사람 모두에게 아주 편리한 위치였다.

며칠 뒤, 오빠는 나를 "국제 외국인 연구소(International Institute for Foreigners)"라는 외국인 학교에 데려갔다. 그곳은 오빠네 아파트에서 그리 멀지 않은 델라웨어 애비뉴 864번지에 있었다.

그 기관은 1918년 YMCA 산하로 설립되었고, 이후 미국 난민 및 이민 위원회 산하 비영리기관으로 운영되고 있었다. 당시 서부 뉴욕 지역에서 외국인 대상 언어 서비스 기관 중 가장 큰 규모였다. 그때 우리 외국인들에게 가르쳐 주던 영어 수업은 은퇴한 고등학교 선생님들이 주로 맡고 있었다.

나는 그곳에서 바로 영어 수업을 듣기 시작했고, 독일, 이란, 러시아, 인도네시아, 그리고 일본 여성 마키코 등 여러 나라에서 온 외국인들과 만났다. 우리들 모두의 영어 실력은 비슷비슷했다. 모두 엉망이어서 서로 어설픈 단어 몇 개와 손짓, 표정으로 대화를 이어 갔다.

백발의 선생님은 갓 미국에 온 외국인들을 가르치는 데 익숙해 보였다. 그분은 아주 친절하고 인내심이 많은 훌륭한 분이었다. 무엇보다 우리들에게 서로 마음을 열고 교류하라고 격려해 주셨는데, 그게 바로 우리 같은 영어 한마디 제대로 못하는 외국인들에게 가장 절실하고 중요한 일이었다.

우리는 모두 그 선생님을 존경했고, 외국인 학생들을 위해 아무런 보수도 없이 마음을 써 주시는 그분이 진심으로 감사했다. 게다가 그분은 추수감사절 명절에는 우리들을 집으로 초대해 칠면조 요리까지 대접해 주었다. 돌이켜 생각해 보니, 그때 우리 중 몇 명이나, 감사절 선물을 들고 갔었는지, 깜깜하다.

"언젠가 네 차례가 올 거야."

우리가 빈 입으로 감사의 마음을 표현했을 때, 그분이 우리에게 하셨던 말씀이다.

30

미국에서의 첫 직장

오빠와 새언니의 보살핌을 받으며, 나는 마치 다시 어린 시절로 되돌아간 듯했다. 두 사람은 각자의 근무 스케줄로 늘 바빴다. 오빠는 오케스트라의 지방 공연이 있으면 종종 다른 도시로 출장 연주를 떠나기도 했고, 새언니는 매일 병원에서 8시간 힘든 일을 마치고 밤 늦게 귀가했다.

나는 그 두 사람에게 얹혀살면서, 제일 젊고 건강한 몸으로 아무 일도 하지 않는 것이 미안한 생각이 들기 시작했다. 최소한 용돈이라도 벌어 보려는 생각으로, 어느 날 집에서 멀지 않은 델라웨어 애비뉴에 있는 "나자렛 양로원(Nazareth Nursing Home)"이라는 건물로 찾아갔다. 건물 안으로 들어서니, 프론트 오피스에 키가 큰 젊은 수녀님이 앉아 있었다. 나는 단도 직입적으로 혹시 파트타임으로 할 수 있는 일이 있는지 물었는데, 곧 그곳이 독일계 수녀님들이 운영하는 양로원인 것을 알게 되었다.

사무실에 있던 수녀님이 나를 잠시 바라보시더니, 양로원이나 병원에서 일한 경험이 있는지 물었다. 나는 "없지만 가르쳐 주시면 열심히 하겠다"고 대답했다. 수녀님은 다시금 잠시 나를 건네다 보시더니, 토요일에 몇 시간만 일을 해 보겠느냐고 물었다.

그렇게 해서 나는 5시간씩 토요일에만, '간호 보조원(Nurse's aide)'으로 일하기로 그 자리에서 고용이 됐다.

요즘 같으면 간호조무사도 CAN(Certified Nurse Assistant) 프로그램 이수와 환자 개인 간호, 감염 예방, 활력 징후 체크, 의사소통, 정신 건강, 기타 기본 간호에 대한 교육을 받아야 일을 할 수 있지만, 그때는 1967년 이었고, 게다가 그분들 자신도 외국인이어서 인지, 단지 주말 5시간만 교대 시간대를 메꿔 주는 자리로 나를 쓰기로 채용했다.

사실 나는 노인을 돌본다는 게 어떤 일인지 전혀 몰랐다. 조부모님과 오래 같이 살아 본 적이 없었고, 광주에서 몇 달 방문중 머무르실 때도 비교적 젊은 새할머니와 장성댁 도우미가 늘 할아버지를 돌봐 드렸고, 나는 그때 겨우 초등학생이었다.

31

양로원

양로원에서의 첫날이다. 양로원에 도착하자, 독일 수녀 Gretchen이 나를 메리라는 젊은 흑인 간호보조원에게 소개를 했다. "하이, 찬! 내 이름은 메리야, 잘 해 보자!" 메리가 밝게 웃으며, 곧바로 머리가 하얀 백인 할머니의 방으로 나를 안내했다. 그리곤 목소리를 높여 그 노인을 향해 큰 소리로 말했다.

"여기 새 도우미 찬이에요. 매주 토요일 오후에 할머니를 도와드릴 거예요!"

그러자 은발의 할머니가 활짝 웃으며 내게 물었다.

"아이고, 얘는 아직 아이구나. 너 중국 아이니?"

나는 미소 지으며 대답했다.

"아니에요, 저는 한국 사람이에요."

할머니가 웃으며 말했다.

"아휴, 다 똑같지 뭐! 반가워, 찬!"

나는 웃었지만 '아니, 다 똑같지 않아!' 하고 속으로 생각하며, 잠깐 '다 똑같지 뭐'란 말이 마음에 걸렸다. 우리는 그 은발 할머니가 퍼즐 놀이를 하는 동안 곁에 잠시 머물다가, 혼자서도 괜찮아 보이기에, 메리와 함께 다음 방으로 갔다. 그 방의 할머니는 아까 할머니보다 더 나이가 많아 보였고, 막 일어나서 몸 전체를 감싸는 거들을 끙끙대며 입고 있었다. 메리가 거들을 입는 걸 도와드리면서 나를 소개했다.

"아이고 세상에! 이제 다 됐네!"

그러고는 숨을 헐떡이며 말했다.

"반가워, 아가야!"

나는 속으로 생각했다. '도대체 이 거들을 왜 이렇게 힘들게 입으려고 하실까, 어차피 하루 종일 방이나 복도에만 앉아 계실 텐데…' 그러자 메리가 내 생각을 읽기나 한 듯, 내 귀에 속삭였다.

"저 거들을 입어야 허리와 등이 꼿꼿하게 받쳐져서 몸이 안 무너지는 느낌이 든대."

우리는 할머니를 침대 옆 의자에 앉혀 드리고, 머리를 빗어 드린 후 다음 방으로 향했다. 그다음 방의 루시는 점심시간이 다 되어 가는데도 침대에 누운 채였다. 우리가 방에 들어서자 천천히 눈길을 돌려 우리를 바라보았다. 메리가 활짝 웃으며 말했다.

"안녕, 루시! 여기 찬이에요. 앞으로 토요일마다 루시의 친구가 될 거야, 좋지요?"

루시는 아무 말도 하지 않은 채, 대신 우리를 향해 미소를 지으려 애썼다. 나는 조심스레 다가가 "안녕하세요, 루시. 편안하세요?"라고 말하며 이불을 정리해 드리고 팔을 살짝 만졌다. 그런데 갑자기 루시의 두 눈에 눈물이 고이는 게 아닌가!

"오, 루시. 찬은 정말 좋은 친구가 될 거예요." 메리가 다정하게 말했다.

순간, 루시의 무력함과 움직이지 못하는 모습이 나를 먹먹하게 했다. 루시는 무언가 말하려고 입을 열었지만, 알아들을 수 없는 쉰 소리만 흘러나왔다. 나는 귀를 기울이려고 가까이 다가가다가 그녀의 심한 입냄새에 흠칫 멈춰 서야 했다. "또 뵈러 올게요." 그녀에게 말한 후, 우리는 루시의 커버를 다시 정돈해 드린 후, 그녀의 방을 떠났다. 다음 방으로 가며 메리가 나를 돌아보며 말했다.

"찬, 이번 방에 계신 분이 제일 안타까운 분이야. 겨우 마흔세 살이시고, 고등학교 선생님이었어."

메리가 먼저 들어가고, 나는 말없이 뒤따라 들어갔다.

"안녕하세요, 밀러 선생님. 새 도우미 찬이에요. 토요일마다 와서 도와줄 거예요."

그분은 숱이 많은 검은 머리에 크고 슬픈 눈으로 말없이 우리 둘을 번갈아 보았다.

"밀러 선생님, 기저귀 갈아 드릴까요?"

그러자 그녀가 고개를 흔들기 시작하며 난데없이 소리를 내며 울기 시작했다.

"괜찮아요, 밀러 선생님. 깨끗하게 도와드릴게요."

메리가 천천히 밀러 선생의 이불을 걷자, 도와주러 다가섰던 나의 눈앞에, 믿을 수 없는 광경이 펼쳐졌다. 기저귀가 제대로 채워지지 않아 하반신이 드러났는데, 여성 부위에서 빨건 생살 같은 긴 덩어리가 솟아 나와 있는 게 아닌가! 나는 숨을 들이 마시며, 메리 곁에 우뚝 멈춰 섰다.

'저건 도대체 뭐지…?' 내가 속으로 놀라서 부르짖었다. 나중에 그게 '자궁탈출증'이라는 심각한 케이스라는 걸 듣고 처음으로 알았다. 골반 근육과 인대가 약해지면서 자궁이 질로 빠져나오는 병이라는데, 밀러 선생의 경우는 수술로도 교정되지 않는 심한 케이스라고 했다. 나는 그런 일이 존재한다는 것도 몰랐었고, 직접 그 끔찍한 자궁 탈출의 현상을 생후 처음 목격했던 것이다. 그 하루 동안에, 나는 태어나서 처음으로 알지도 듣지도 보지도 못했던 인생의 뒷면들을 단번에 목격하고 체험한 것 같았다.

학원사에서 보낸 1년 반 동안의 경험은, 얼마나 즐겁고 재미있었던 직장 생활이었나! 반면, 무심히 가볍게 생각하며 시작했던, 5시간의 이 양로원의 일은 완전히 나로 하여금 정신이 번쩍 들게 했고, 전혀 경험치 못했던 새로운 삶의 면모들을 보게 해 주었다.

메리라는 따뜻하고 배려심 많은 젊은 흑인 간호보조사를 통해 많은 것을 배웠다. 내가 무거운 환자를 감당하지 못하고 힘들어 할 때마다 지체하지 않고 곁으로 달려와 도와주었고, 환자 한 사람 한 사람을 향한 그녀의 보살핌과 정성이 나를 감동시켰었다. 나이도 젊고 그렇게 깡마른 몸으로 무겁고 더러는 비대한 환자들을 그토록 쉽게 돌보는 모습이 옆에 서 있는 나를 매번 놀라게 했다. 그 양로원의 독일 수녀님들 또한 부지런하고 따뜻한 분들이었다. 나는 그 독일 수녀들에게도 존경하는 마음을 금치 못했다.

32

억울한 누명

일을 시작한 후 몇 주째 되었던 무렵이다.

평소처럼 나는 퍼즐을 하고 있는 백발의 할머니 방으로 들어갔다.

"안녕하세요, 스미스 부인!"

"오, 하이!" 그녀는 퍼즐을 잠시 멈추고 나를 맞았다.

"스미스 부인, 뭐 필요하신 거 있으세요?" 다음 방으로 가기 전에 늘 하던 대로, 내가 그녀에게 물었다. 나의 일과는 환자들 방을 돌면서 먼저 그분들의 상태를 점검하고, 필요한 게 있으면 도와주는 비교적 쉬운 일이었다.

"괜찮아, 나 지금 잔돈 없어. 알았지?" 그녀가 뜬금없이 돈 이야기를 해서 나는 어리둥절해서 그녀의 얼굴을 쳐다보았다.

"팁 달라고 귀찮게 하지 마, 그냥 내버려 둬, 알겠어?" 그녀가 짜증 섞인 태도로 내게 내뱉는 게 아닌가! 나는 내가 뭘 잘못 들은 건가 싶어 믿을 수가 없었다. 너무 놀라서 금방 할 말이 생각나지 않았다.

"스미스 부인, 전 돈 달라고 한 적 없어요!" 드디어 내가 노인을 향해 분명한 목소리로 말했다.

"조용히 해, 나 퍼즐에 집중해야 돼." 그녀가 나를 향해 손을 휘두르며 짜증을 냈다.

"스미스 부인, 제 말 좀 들어 보세요. 난 돈 얘기한 적 없어요, 제발요!" 나도 큰 소리로 대답한 후, 숨을 몰아쉬며 방을 뛰쳐나왔다. 그리고 곧장 앞쪽 사무실로 들어가, 그레첸 수녀에게 방금 있었던 일을 설명했다.

내가 너무 흥분하고 격앙되어 있어서 그녀도 놀란 듯 보였다. 나는 모욕감과 억울함에 영어가 평소보다 더 엉망이었고, 금방이라도 눈물이 쏟아질 것 같았다. 수녀님은 잠시 조용히 있다가 내가 진정할 때까지 기다려 주었다.

"찬, 네 말 다 들었어. 그런데 그냥 넘어가 줄 수 있겠니? 그 할머니는 원래 버릇없는 노친네야. 모두한테 그 모양이야."

수녀님의 차분한 목소리에 내 흥분이 조금 가라앉았다.

"그분은 망상증이 있어서 누구든 자기 돈을 노린다고 생각해. 기분 상했을 거 알아. 하지만 그냥 한심한 노인으로 불쌍하게 생각할 수 있겠니?"

그레첸 수녀님의 말 내용은 다정했지만, 그 백인 할머니에 대해 말하는 독일 억양이 섞인 그녀의 영어가 역겨운 듯 날카롭게 느껴졌고, 이상하게도 그 억양이 응어리져 있던 나의 마음을 얼마큼 가라앉혀 주었던 것 같다.

그때부터 나는 스미스 부인에게 약간 거리를 두게 되었다. 해야 할 일만 했고, 그 이상은 하지 않았다. 그리고 곧 메리도 그녀를 조심스럽게 대하는 걸 눈치챘다. 반면에 우리는 모두 은퇴한 교사였던 밀러 씨를 더 각별하게 챙겼다. 그녀는 가장 젊었고, 양로원에서 가장 안타까운 환자였다.

어느 날, 내가 홀로 그녀의 방에 갔을 때, 밀러 씨는 한동안 나를 말없이 쳐다보다가 갑자기 큰 소리로 울기 시작했다. 나는 무슨 일인지 몰라 당황했고, 어떻게 해야 할지 몰랐다.

"왜 그러세요, 밀러 씨? 어디 아프세요?"

그녀는 아무런 반응도 없이 계속 소리 내어 울기만 했다. 나는 어찌할 바를 몰라 간청하듯 말했다.

"밀러 씨, 울지 마세요. 제가 뭐 잘못했나요?"

그녀는 몸을 뒤틀며 고개를 내저으며 몇 마디를 더듬거리며 말했다.

"나, 나는… 너무… 비참해… 이렇게… 젊고… 건강한… 너를 … 보니까… 차라리… 그냥… 죽고 싶어!"

그녀가 계속 흐느낌을 멈추지 않았고, 나는 입을 벌린 채 한 발짝 뒤로 물러섰다. 그녀가 무슨 말을 하는지 깨달았을 때, 나는 너무 충격을 받아 어찌 할 바를 몰랐다. 그녀는 젊고 건강한 내가 자신 앞에 서 있는 모습을 보면서, 스스로가 너무 비참하게 느껴져서, 차라리 죽고 싶다는 것이다! 맙소사… 내가 어쩌다 그녀의 비참함의 원인이 되어 버렸나? 나는 어찌 할 수 없는 무력감에 그녀의 절망이 내 안으로 스며드는 듯한 기분이 들었다.

"밀러 선생님, 제발 진정하세요." 내가 그녀에게 다가가 그녀의 팔 위에 손을 얹은 채, 그녀를 위로하려고 애썼던 기억이 난다.

어지러운 마음으로 나는 밀러 씨의 방을 나와, 루시의 방으로 향했다. 언제나 그렇게 일어나 앉지도 못하고 침대에 누워 지내는 루시를 보는 것도 마음이 아팠다. 여전히 루시의 창백하고 작은 얼굴이 천장을 바라보고 있었다.

"안녕, 루시. 찬이에요. 잘 지냈어요?"

나는 그녀 곁으로 가서 침구를 살피고 안부를 물었다. 그녀의 두 눈이 내 얼굴을 따라가며 쳐다보았다. 침대 시트는 메리가 아침 근무 때 이미 정돈해 주었기에 깨끗했고, 나는 그냥 다음 당번 중간에 점검만 하는 쉬운 일이어서, 늘 마음 속으로 아침 근무 분들에게 감사했다. 그날 루시는 평소와 다르게 정신이 맑아 보였고, 무언가 말을 하고 싶은 듯 내 시선을 놓지 않았다. 나는 몸을 굽혀 그녀에게 물었다.

"루시, 무슨 일 있어요? 뭐 필요한 게 있어요?"

그러자 그녀가 고개를 저으며, 몇 마디를 힘겹게 뱉어 냈다.

"나… 나… 어젯밤… 꿈에서… 너… 봤어…"

그녀의 말을 듣고, 정신이 번쩍 들었다.

"정말? 루시 꿈에 내가 나타났었어요?"
"어떤 꿈이었어요, 루시?"

나는 그녀의 팔을 살며시 문지르며 미소 지었다.

"잘… 기억… 안 나… 근데… 밝고… 따뜻한… 날이었어…"

그녀가 힘겹게 말을 이어 가느라, 창백했던 얼굴에 옅은 생기까지 띠었다. 나는 너무나 감동했고, 루시의 행복한 꿈속에 내가 있었다는 사실이 믿기지 않았다. 그리고 문득, 저 외로운 여인의 영혼 속은 어떤 모습일까 궁금해졌다. 오늘 하루, 어떻게 내 마음을 표현해야 할까? 한 영혼에게는 비참함의 원인이 되었고, 또 다른 외로운 영혼에게는 행복한 존재로 나타난 이 놀라움을.

33

배설물

노인 환자들을 돕는 일이 항상 쉬운 것만은 아니었다. 어느 날, 내가 밀러 선생의 방으로 혼자 들어갔을 때의 일이다. 방 전체가 심한 악취로 가득 차 있었고, 심한 설사를 한 뒤 얼마나 되었는지, 그녀가 자신의 설사 위에 누워 있었다. 그녀의 몸은 물론 그 붉은 살점까지 배설물로 온통 뒤덮여 있는 게 아닌가!

나는 이런 지저분한 일을 혼자 처리해 본 적이 없었다. 어떻게 시작을 해야 할지 정신이 아득했다. 밀러 선생도 이미 자신이 저지른 일을 알고 있었고, 게다가 오랫동안 자신을 돌보던 메리가 아닌 내가 들어온 걸 알아차렸다. 그녀가 나를 바라보자, 고개를 이리저리 돌리며 소리 내어 울부짖기 시작했다. 이 일은 별 도리 없이 내가 스스로 감당해야만 한다는 걸 깨달은 순간 나는, 그녀에게 나의 불편한 기색을 내색하지 않기로 작정을 했다.

"밀러 선생님, 괜찮아요! 조금만 참으세요. 제가 깨끗하게 닦아 드릴게요!"

나는 아무렇지 않은 척 그녀에게 말하고, 곧 따뜻한 물을 받아 와서 부드러운 천으로 그녀를 조심스럽게 닦기 시작했다. 순간 나는 내 육체에서 빠져나와, 자신의 설사위에 누워 있는 밀러 선생을 닦아 주고 있는 나의 모습을 마치 다른 사람의 일처럼, 바라보았다.

아픈 노인들을 돌보는 일과, 다른 성인이 쏟아 낸 변을 닦아 내는 일은 완전히 별개의 일이었다. 그러나 다음 순간 나는 다시 나의 현실로 돌아왔다. 상상조차 해보지 못한 험한 일이었지만, 메리는 매일처럼 해 오곤 있는 일이라는 자각이 다시 나를 깨우쳐 주었다.

게다가, 자신의 설사 위에 누워 있어야 했던 밀러 선생의 참담함에 생각이 이르자, 내가 당면한 어려움에서 벗어났던 것 같다. 동시에 내가 그 분의 몸을 다 닦아 낼 때까지, 밀러 선생이 언제부터인지 눈을 감은 채 조용해지신 걸 감지했다.

마침내 여러 번 물을 갈아 가며 씻어 내기를 마친 후, 더러운 기저귀까지 치워 냈다. 하지만 새 기저귀를 갈아 드려야 하는데 혼자서 그녀를 들어 올릴 수가 없었다. 생각보다 그녀가 무거웠다. 만약 메리가 있었다면, 아무 일도 아니라는 듯이 달려와 도와주었겠지만, 그녀는 이미 아침 근무를 마치고 퇴근한 뒤였다.

내가 버둥거리며 그녀의 몸을 움직이려 애를 쓰고 있는데, 누군가의 발소리가 들리더니, 그레첸 수녀님이 방 안으로 들어왔다. 수녀님은 나에게 말을 건네며 밀러 선생 쪽으로 다가갔다.

"자, 자! 내가 도와줄게, 찬!"

"안녕하세요, 밀러 선생? 아침에 배탈이 났다지요? 좀 어떤가 해서 보러 왔어요!"

그레첸 수녀가 천사 같았다. 어쩌면 그렇게 적시에 나타나신 걸까. 너무도 고마워서, 눈시울이 뜨거워지는 걸 느꼈다. 그레첸 수녀님은 내가 그 시간에 혼자 근무 중이라는 걸 알고 있었고, 밀러 선생의 설사 이야기를 메리를 통해 듣고 있던 차여서, 혹시나 해서 찾아오셨던 것이다.

"수고했어, 찬! 깨끗이 잘 씻었네!"

수녀님은 능숙하게 밀러 선생을 옆으로 뉘시더니, 침대보를 새로 깔고 새 기저귀를 채워 드린 후, 내게 윙크를 하며 병실을 떠났다. 밀러 선생은 그때까지도 옆으로 돌아 누운 채 눈을 감고 죽은 듯 조용했다.

"밀러 선생님, 이제 좀 쉬세요." 나는 그녀가 눈을 감고 있었지만, 깨어 있는 걸 알면서, 방을 나섰다.

옆 화장실로 들어가, 더러워진 기저귀며 침대 시트 등을 햄퍼에 넣고, 창문을 열었다. 창문 아래로 정원 가득히 핀 이름모를 꽃들이 바람부는 방향으로 쏴아 흔들리고 있다. 좁은 화장실에 우뚝 선채, 흔들리는 눈 부신 화단을 내려다보며 나도 모르게 눈물이 고여 왔다. 딱히 설명할 수 없는 감정이 창밖의 풍경처럼 나의 온 몸을 흔들고 지나갔다.

그날은 내가 성인이 된 후, 또 미국에 온 후 가장 힘들었던 하루였지만, 어려운 하루를 무사히 견뎌 냈다는 뿌듯함과 함께, 소중한 인생의 교훈을 깨달은 듯한 미묘하고 감사한 느낌으로 울컥했던 날이기도 했다.

그다음 토요일, 내가 요양원으로 들어섰을 때, 겉보기에는 평소와 다를 것 없는 조용한 아침이었다. 나는 평소처럼 사물함 방으로 가려고 루시의 방 앞을 지나치다가, 뭔가 이상한 기운을 느꼈다. 순간 발걸음을 멈추고 루시의 방으로 되돌아갔다. 그런데 늘 루시가 누워 있던 침대가 텅 비어 있는 걸 발견했다. 방 안은 깨끗하게 정리되어 있었고, 모든 것이 치워져 있었다. 심장이 철렁 내려앉았다. 루시가…죽은 걸까?

나는 믿을 수가 없었다. 지난주까지만 해도 나와 꿈 이야기를 나눴는데. 그녀는 꿈속에서 햇살 좋은 날, 나를 보았다고 그렇게 힘겹게 말했었는데…. 그 루시가, 이 세상을 떠난 것이다. 불쌍한 루시…. 내가 요양원에서 일하는 동안, 그녀를 찾아오는 사람을 한 번도 본 적이 없었다. 한번도 시원하게 대화를 나눠 보지 못했던 가여웠던 루시. 늘 그렇게 외롭게 누워만 있었던 그녀.

그녀의 인생은 마치 떠도는 한 조각 구름처럼, 그렇게 덧없이 흩어져 사라져 버렸다. 내가 그 후 얼마나 더 독일 수녀님들이 운영했던 그 요양원에서 일했었는지 기억엔 없지만, 그 길지 않았던 기간에 그곳 요양원에서 얻은 귀한 교훈들은 아직도 내 안에 잊혀지지 않은 생생한 기억으로 남아 있다.

34

뉴욕시 여행

화창하고 따뜻한 날이었다. 정확한 날짜나 달은 기억나지 않지만, 날씨가 참 좋았던 건 또렷하게 기억난다. 우리는 마침내 오빠의 졸업 리사이틀을 위해 뉴욕시로 출발했다. 주말 동안 머물 짐가방을 두어 개 챙겨, 나는 뒷좌석에 짐들과 함께 앉고, 새언니는 조수석에 탔다.

오빠의 차는 자주색 올즈모빌(Oldsmobile) 중고차였다. 뉴욕까지는 차로 7시간이나 걸리는 거리라 제법 긴 여정이었지만, 분주한 일상을 보내다가, 대도시 뉴욕을 방문하는 일이라 모두 기분이 들떠 있었다.

오빠와 언니에게는 신혼 때 살던 도시였고, 내게는 사진으로 혹은 영화에서나 보고 들었던 미국의 대 도시라 더욱 흥분이 됐다. 그날 저녁, 오빠가 맨해튼 음대에서 공부할 때 리버사이드(Riverside)에서 나란히 지내던 친구 부부의 초대를 받아 저녁을 먹으러 갔다. 그 부부는 오랜만에 만나는 오빠를 진심으로 반가워했고, 푸짐한 한국 음식을 차려 주며 우리 모두를 환영해 주었다.

함께 지냈던 많은 이야기를 나누며, 그들은 초창기 뉴욕 생활의 고달팠던 일상과 애환을 향수처럼 밤이 늦도록 되뇌었다. 이제는 어려웠던 그 시절이 지나고, 오빠는 오케스트라에 정식으로 취직도 하고 졸업 리사이틀도 하러 왔으니 모두들 기뻐하며 축하하는 분위기였다. 그날 밤 우리는 몇 시간 동안 웃고 이야기하며 즐거운 시간을 보냈다.

그런데, 친구분의 집을 나와 차로 돌아왔을 때, 우리는 큰 충격으로 가슴이 내려앉았다. 차 뒷좌석이 텅 비어 있었던 것이다. 우리 짐이 몽땅 사라져 버렸다. 특히 콘서트 때 입을 오빠의 양복과 내가 입으려 했던 블루 실크 드레스도 사라졌다. 드레스야 없어져도 큰일은 아니지만, 오빠의 리사이틀 양복은 정말 안타까웠다.

내 블루 드레스는 일본에서 온 디자이너 마키코가 만들어 준 것으로, 그녀는 국제 외국인 교육원(International Institute for the Foreigners)에서 만났던 분이었는데, 의학 연구원 남편을 따라온 일본 디자이너였다. 나를 친동생처럼 아끼던 마키코의 정성이 담긴 드레스였는데, 입어 보지도 못하고 잃어버려, 아쉬움이 컸다.

나는 속으로 오빠와 새언니가 왜 짐을 트렁크에 넣지 않고 뒷좌석에 놔뒀는지 믿을 수가 없었다. 그나마, 오빠가 그날 저녁 친구 집에 들어갈 때 바이올린 케이스를 들고 들어갔었던 게 천만다행이었다.

그런대로, 오빠의 리사이틀은 무사히 잘 끝났다. 그날 오빠가 파가니니 협주곡을 연주했는지 브루흐(Bruch) 협주곡을 연주했는지 분명치 않지만, 리사이틀홀은 어두웠고, 오빠가 그날 입고 연주했던 자켓이 그의 연주에는 아무런 지장이 없었던 것 같다.

다음 날 아침 돌아오는 길, 처음엔 우리들 셋이 모두 조용했다. 그러다 오빠가 갑자기 새언니를 탓하기 시작했다. 왜 짐을 뒷좌석에 놓아 두었느냐며 특유의 빈정거림을 쏟아내기 시작했다. 그러더니 점점 운전 속도를 올리며 나중엔 내게까지 화살을 돌렸다.

"넌 바로 옆에 앉아 있었으면서 트렁크에 넣자고 한마디도 안 했냐?"

이미 속으로 나도 미안한 마음이 있었지만, 점차 그의 운전에 신경이 쓰이기 시작하면서, 계속해서 그의 쏟아지는 잔소리에 더 이상 참지 못하고 나도 모르게 큰 소리로 받아쳤다.

"아니, 뉴욕에 제일 오래 살아온 사람은 오빠잖아! 그런 거 알았으면 오빠가 알아서 트렁크에 넣었어야지, 제일 잘못은 오빠 아냐?"

정말로 내 입에서 이런 말이 튀어나오다니! 순간 차 안이 조용해졌고, 오빠의 운전 속도도 조금 줄어들었다. 새언니와 나는 잔뜩 긴장했는데, 뜻밖에도 오빠가 빙그레 웃으며 백미러로 내 얼굴을 쳐다보며 말했다.

"똘로지! 네 말이 맞다! 내가 뭐에 씌었었던 것 같아!"

그는 가끔 나를 '똘로지'라고 불렀는데, 이 별명은 오빠만 사용하던 나의 애칭이었다. '아기 돼지, 곧 돼지 새끼'란 뜻이었다.

35

오빠의 결혼 생활

곧 나는 오빠의 결혼 생활이 행복하지 않다는 걸 알게 되었다. 아니, 오히려 새언니의 결혼 생활이 행복하지 않았다고 해야 맞을 것이다. 내가 처음 오빠네 집에 들어갔을 때만 해도 겉으로는 좋아 보였다.

오빠는 사람들 앞에서는 유머를 섞어 가며 친근하게 농담으로 분위기를 이끌어 가곤 했다. 그러나 사람들이 떠나고 우리 세 사람만 남으면 그는 딴사람으로 변했다. 사소한 일을 되뇌며 새언니를 트집 잡아 빈정거리곤 했다. 그의 말들에 나는 당황스럽고 어찌할 바를 몰랐다. 나를 포함해 한참 웃으며 이야기하던 사람이 갑자기 새언니를 향해 빈정거리기 시작할 때마다, 얼마나 불편하고 어색했던지 나는 자주 자리를 피해야 했다. 도대체 새언니가 뭘 잘못했다고 그렇게 대하는지 이해할 수가 없었다.

어느 저녁, 오빠의 동료인 필하모닉 더블베이스 연주자 빌이 찾아와 우리 넷이 함께 클라인한스(Kleinhance) 뮤직홀에서 열리는 러시아 볼쇼이 발레 공연을 보러 갔다. 필하모닉에서는 단원들에게 2장의 티켓을 주었는데, 빌은 미혼이라 오빠가 나도 함께 데리고 가려고, 빌과 함께 갔던 쇼였다. 빌은 우리 집에서 가까운 델라웨어 애비뉴 근처에 살았고, 전에 몇 번 오빠네 집에 온 적도 있었다.

유명한 볼쇼이 발레단 공연을 그렇게 좋은 앞자리에서 볼 수 있을 줄은 꿈에도 몰랐다. 정말 황홀했다. 그런데 그날 공연이 끝난 뒤, 오빠가 묘하게 조용해져서 우리들은 모두 긴장하기 시작했다. 빌과 헤어지고 차를 타고 집으로 돌아오는 동안 내내 말 한마디 없이 조용했다. 나는 혹시 우리가 공연 때 뭔가 잘못했나 생각해 봤지만 딱히 떠오르는 일이 없었다. 집에 들어서자 오빠가 낮은 목소리로 내뱉듯 말했다.

"바보처럼… 꼭 그렇게 실실거리고 싶었어?"

그 유명한 볼쇼이의 공연을 그렇게 가까이서 관람하는 것이 너무 좋아서, 아마도 우리가 좀 많이 웃었던 것일까. 그게 뭐 그렇게 잘못된 일인가? 왜 오빠는 그렇게 모든 것에 예민하게 반응하며 살아야 하는지! 한껏 들떴던 기분이 삽시간에 씁쓸하게 우리를 감쌌다. 누가 누구에게 '바보'라고 부르는 건지! 속이 부글거려 견디기가 힘들었던 그날의 기억이다.

그런데, 오빠는 언제나 새언니에게만 트집을 잡았지, 나를 향해서는 데리고 결혼한 아이처럼 끼고 돌았다. 나는 순진하고 단순한 성격의 새언니가 안됐고, 미안해서 중간에서 어떻게 행동을 해야 할지 당혹스러울 때가 많았다. 사실, 결혼 한지 2년이 조금 지난, 신혼당시의 1 베드 룸 아파트로, 미혼인 손아래 시누이를 한국에서 초청해 왔을 때, 새언니의 마음이 어떠했을지 미안해야 할 일이었다.

나는 새언니가 나를 친동생처럼 받아 주고 허물없게 대해 주는 게 늘 고마웠다. 신혼 때, 남편의 가족을 집에 기한 없이 들이는 걸 환영하는 아내가 몇이나 될까, 그런데 나의 새언니는 전혀 내색을 하지 않았다. 그래서 나는 오빠가 그녀를 그렇게 대하는 게 잘못이라고 생각했고 정말 괴로웠다. 새언니는 그런 오빠에게 이미 익숙해져 있었는지 반박하지 않았고 그냥 받아들이며 지냈다. 아니면 더 화를 돋우게 될까 두려워 맞서지 않았던 걸까. 오빠의 무모함 때문에 우리 둘 사이가, 필요 없이 어색해지고 긴장되는 순간이 생기곤 했다.

어느 주말, 저녁 먹고 내가 설거지하려고 싱크대 앞으로 가자, 오빠가 다가오며

"오늘은 내가 설거지할게! 내가 얼마나 반짝반짝 닦는지 봐!" 하며 팔을 걷어붙였다. 그때 새언니가 "여보, 여기 여자가 둘이나 있는데 뭘 그런 걸 해요." 하고 웃으며 말렸다. 그러자 오빠가 순식간에 표정이 굳으며 "넌 정말 못됐어! 찬옥이가 그냥 앉아 있는 걸 못 보겠다는 거지?"

오빠의 말에 우리는 너무 놀라 말문이 막혔다. 새언니와 나는 둘 다 순식 간에 어색해졌다.

"오빠! 왜 그러세요? 설거지 정도는 내가 하는 게 당연하지, 그게 무슨 일이라고."

내가 말했지만 오빠는 이미 기분이 상해 있었다. 오빠는 자신의 행동이 얼마나 새언니와 나의 사이를 어렵게 만들고 난처하게 만드는지 모르는 듯했다. 나는 속으로 나의 존재가 새언니의 삶을 얼마나 힘들게 하고 있는지, 생각하지 않을 수 없었다.

또 다른 사건이 있었다. 그날은, 오빠가 외부 공연을 마치고 돌아온 날이었다. 저녁식사가 끝난 후, 내가 오빠의 다리를 마사지해 주기 시작했다. 어릴 때 소아마비를 앓았던 오빠는 오래 서 있거나 많이 걸으면 다리가 아프다고 했다. 그래서 예전 결혼 전에도 우리들이 번갈아 그의 다리를 주물러 주곤 했다. 그날은 내가 오빠 다리 안마를 자진했었던 것 같다.

"참, 이번 출장에서 무슨 일이 있었는지 알아? 출장 공연 보너스를 받았어! 너 미국 온 기념으로 뭐 하나 사 줄게. 뭐가 갖고 싶어? 말해 봐, 미제 선물이야!" 오빠가 환히 웃으며 새언니 앞에서 말했다.

"아니야 오빠. 나 필요한 거 없어요."

내가 말했지만, 오빠는 "아냐, 너 미국오면 꼭 뭐 하나 사 주고 싶었어. 이번에 보너스도 생겼는데, 미제로, 뭘 원하는지 말만 해!" 오빠가 웃으며 재차 말했다. 나는 오빠가 진짜로 뭔가 내게 사 주고 싶어 하는 걸 눈치채고 새언니 얼굴을 쳐다보며, "미국산 거들이 좋다던데?" 시간을 끌기가 그래서, 내가 말했다. 그러자 새언니가 웃으며 "거들? 그건 살찐 사람들이나 입는 거지. 고모같이 날씬한 스물세 살짜리 처녀가 그게 왜 필요해?" 듣고 보니 언니의 말이 맞아서, 그 말에 동의하며 웃는데, 오빠가 버럭 소리를 쳤다.

"넌 정말! 내가 오랜만에 내 동생한테 뭐 하나 사 준다는데, 그것도 보너스를 받아서! 그걸 이해 못해?"라며 벌컥 화를 내는 게 아닌가! 나는 새언니가 민망해할까 봐 "오빠… 새언니 말이 맞아요. 거들 대신 작은 핸드

백이나 하나 사 주세요." 하고 얼른 상황을 정리했다.

결국 며칠 뒤 새언니와 내가 백화점으로 가서 조그만 검정 가죽 핸드백 하나를 샀다. 그 가방은 반세기가 지난 지금도 내 옷장 선반 위에 놓여 있다. 너무 드레시(Dressy)하고 포멀(Formal)해서 한 번도 들고 나간 적은 없지만, 오빠의 사랑이 담긴 마스코트로 간직하고 있다.

36

인텐시브 영어 클래스

드디어, 1968년 가을 학기 전, 버팔로 주립 대학에서 외국인 학생들을 위한 인텐시브(Intensive) 영어 클래스가 시작되는 첫날이다. 악명 높은 버팔로의 혹독한 겨울과 바람이 심한 봄도 지난, 화창한 6월이다.

나는 헤이스 홀(Hayes Hall) 건물로 들어갔다. 이미 로비에는 외국인 학생들이 제법 모여 있었다. 그중에, 전에 오빠 집에서 한 번 만났었던 미스터 정이란 청년이 눈에 띄었다. 그는 약학 박사학위를 공부하는 대학원생이었고, 나를 보자 한 명의 새로운 한국 학생과 함께 내 쪽으로 걸어왔다.

"안녕하세요, 미스 김! 한국에서 온 미스터 강을 소개합니다. 정치학을 풀 장학금을 받고 왔답니다. 미스 김은 오빠가 버팔로 필하모닉 오케스트라 멤버시구요."

그날 그 인텐시브 영어 클래스에 나타난 한국학생은 미스터 강과 나, 둘뿐이었다. 짧은 인사를 나눈 후, 우리 둘의 이름이 불려 미스터 정과 헤어져 우리는 교실로 들어갔다.

우리들은 레벨을 나누기 위해 곧 영어 시험을 치러야 했다. 학생수가 많아서, 시험 결과에 따라 반이 나뉘게 된다고 했다. 시험을 마치고 밖으로 나오니, 정이 여전히 복도에서 우리를 기다리고 있었다. “결과 나올 때까지 커피나 마시러 가요.” 미스터 정이 우리를 교내 카페테리아로 인도했다.

미스터 강은 좀 지친 듯해 보였고 나이도 들어 보였다. 몇 주 전 한인 커뮤니티 피크닉에서 본 것 같기도 했다. 하여튼 그는 전에 어디선가 본 듯한 낯설지 않은 인상이었다. 우리 셋은 유니온 홀 카페테리아에 자리를 잡고 둘러 앉았다. 그런데 미스터 강의 눈이 붉게 충혈되어 더 피로해 보이는 것 같아, 내가 가방에서 안약을 꺼내 건넸다.

“눈이 충혈되어 피곤해 보여요. 이 안약 써 보세요.”

미스터 강이 당황해서 손을 저었다. “아 아닙니다. 괜찮습니다. 여하튼 고맙습니다.”

“써 보세요. 도움이 될 거예요.” 나는 안약을 다시 그에게로 내밀었고 결국 그가 안약을 받았다. 옆에서 지켜보던 미스터 정이 하하 장난스럽게 웃으며 말했다.

“와, 미스터 강 운이 좋으신데요! 첫날부터 이런 대접을 받다니!”

“그냥 안약일 뿐인데요 뭘.”

미스터 강이 안약을 쓰고 나에게 돌려주었다. 우리는 미스터 정이 사준 커피를 마시며, 먼저 이 학교에 와서 몇 년째, 공부하고 있는 미스터 정으로부터 여러 가지 조언 등을 들으며 그의 배려에 감사했다. 그가 실험실로 가기 위해 자리를 떠났다.

교실 문 앞에 학생들이 모여 서 있는 게 눈에 띄었다. 테스트 결과가 나온 모양이다. 우리도 학생들이 몰려 있는 교실 쪽으로 다가갔다. 놀랍게도 내 이름이 미스터 강과 같은 상위 레벨의 반에 배정되어 있었다. 나는 기분이 좋았다.

미스터 강은 전액 장학금을 받고 온 유학생이었고, 게다가 한국에서 코리아 헤럴드 영자신문사에서 기자로 일했었다는 걸 알았을 때는 더욱 기분이 좋았다. 나는 한국어 문학 전공이었기 때문에, 영어에 자신이 없었기 때문이다.

6개월 동안 인터내셔날 인스티튜트(International Institute)에서 외국 젊은이들과 영어 공부를 했던 것과 밤마다 영어 라디오를 들었던 것이, 그리고 토요일마다 비록 5시간이었지만, 요양원에서 일하면서 실제로 사람들과 접했던 경험이 도움이 되었던 것일까? 어찌 되었든, 우리는 그렇게 같은 클래스에서 여름 동안 인텐시브(Intensive) 영어공부를 시작하게 되었다.

그런데, 첫날부터 클래스가 끝나면, 미스터 강은 나를 버스 정류장까지 바래다주었다. 여름이 지나면서 점점 외국인 유학생들, 특히 한국인 유학생들이 도착했다. 그런데, 미스터 강이 새로 도착한 사람들에게 항상 나를 소개할 때 늘 “쉬 이즈 차이니즈(She is a Chinese).”라고 말하곤 했다.

"?" 나는 나를 중국사람이라고 소개하는 게, 처음엔 농담으로 하는 줄 알고 픽, 웃어 넘겼다. 그런데, 그 소개는 늘 똑같이 계속되는 게 아닌가! 결국 나는 '중국 여학생'이라는 한마디 소개 때문에, 강에게 '찍힌' 상태가 되었던 것 같다. 나는 당시 캠퍼스의 유일한 한국 여자였지만, 뒤늦게 도착한 다른 학생들에겐 이미 강의 여자친구로 알려지게 되어 버린 듯했다.

처음엔 어이가 없었고 조금은 짜증도 났다. "나는 중국 사람이 아니에요."라고 애초에 정정할 기회를 놓쳐 버렸지만, 그 일로 강에게 항의를 하며 문제를 삼기에는 너무 하찮은 일로 느껴져서, 그냥 넘어갔던 일이다. 하여튼 날마다 영어 수업이 끝나면, 어김없이 그가 바로 옆에 있어서 다른 학생들과 어울릴 기회가 주어지지 않았다. 당시 인도네시아에서 온 여학생이나 일본에서 온 남학생, 그리고 다른 학생들도 여럿 있었지만, 결국 누구와도 제대로 사귀지 못했던 것이 좀 아쉬웠다. 특히 일본의 '차도: 차를 마실 때의 예법'에 대해 설명을 해 주던, 나까무라라는 수줍음이 많던 일본 청년에게는 좀 관심도 있었는데…. 결국 나는 매일 버스를 타러 갔고, 버스 정류장까지 항상 내 옆엔 강이 동행했다. 때로는 버스 정류장으로 가기 전에, 그와 UB 카페테리아에서 커피나 스낵도 하기 시작했다. 그러면서, 그에 대해서 조금씩 알게 되었다.

그의 큰 형이 버팔로의 코넬(Cornell) 항공 연구소(Calspan)에서 항공물리학자로 일하고 있어, 형님과 가까운 곳인 이곳 뉴욕 주립대학 버팔로를 선택하게 되었다고 했다. 또한 그는 코리아헤럴드 신문사에서 일하기 전, 동아일보 공채시험 1, 2차까지 합격했지만 마지막 사장과의 면접에서 떨어졌다고 한다. 시력 문제로 군 복무를 마칠 수 없었는데, 기록에 군 복무 미필자의 구체적인 사유가 명시되지 않아 공무원이나 대부분의 일반

회사 지원이 불가능했다는 사실이며, 군 복무 미필자란 이유로 신문사나 기자직 외에는 지원할 수 있는 곳이 거의 없었다는 이야기도 그때 처음 알았다.

그의 둘째 형은 서울 의과대학 출신으로, 오하이오주 클리블랜드에서 정형외과(Orthopedics) 의사로 일하고 있었고, 갓 결혼한 상태였다. 강은 위로 큰 누님과, 두 형님, 그리고 아래로 두 여동생 있는 다섯 남매 중 셋째 아들이었다.

그의 가족 이야기를 들어 보면, 장로님인 아버지를 비롯해, 건실한 기독교 집안인 것 같았다. 나는 구태여 내 가족 이야기를 하고 싶지 않았다. 그는 내가 대학교 졸업 후 학원사란 출판사에서 1년 반 일했고, 오빠가 버팔로 필하모닉에 있어서 버팔로로 왔다는 것만 알고 있었다.

오빠는 막내 동생인 내가 엄마의 집에 있는 걸 원치 않아, 미국에 와서 공부를 계속하길 원해서 나를 초청했었다. 게다가 당시엔 외국인 유학생의 등록금이 무료였으므로 오빠는 내가 도서관학을 전공하기를 원했던 것 같다. 도서관학의 독서 과제가 한국 문학을 전공한 나에게 만만치 않으리란 사실 외에도, 솔직히 나는 도서관 학에 별로 흥미가 없었다.

영어 집중 코스가 곧 끝나가고 있었다. 도서관 학 대학원에 입학하려면, TOEFL 점수가 650 이상이 되어야 가능한데, 나는 거기까지 못 미쳤다. 그래서 결국 내 TOEFL 점수로 가능한 수학과를 선택하게 되었다.

37

캠퍼스에 핀 로맨스

우리는 UB(State University of New York at Buffalo)의 메인 캠퍼스 구석구석을 맴돌며 사랑에 빠졌다. 메인 캠퍼스의 잔디밭, 학생회관, 카페테리아, 도서관 등등, 우리의 발이 안 닿은 곳이 없었다. 몇몇 수업은 레지리(Ledge Lee) 캠퍼스에서 열렸으므로, 학교 내의 통학 버스를 타며 오가기도 했다.

어떤 날은 강이 나를 따라 시내버스를 타고 오빠네가 사는 24 존슨 팍(24 Johnson Park) 지역까지 따라왔고, 그 근처에서 함께 시간을 보내다가 밤 늦게 다시 버스를 타고 되돌아가기도 했다.

그는 당시 여름 영어 프로그램이 끝난 후 도착한 그의 사촌 형과 같은 아파트에서 기거하고 있었다. 나는 내심 걱정이 되곤 했다. 강이 나와 어울리는 데 너무 많은 시간을 쓰는 것이 염려가 되었다. 정치학이라는 인문학 분야 역시 읽어야 할 과제가 상당히 많을 거라고 짐작되었기 때문이다.

가을이 지나면서, 버팔로의 날씨는 급격히 추워지기 시작했다. 하지만 우리는 눈 내리는 캠퍼스를 해 질 무렵까지 헤매면서도, 그 얼어붙을 듯한 추위를 거의 느끼지도 못하며 사랑에 빠졌던 것 같다.

당시, 나는 저녁이 어두워져서야 귀가하곤 했었는데, 그 엄했던 오빠가 어떻게 받아들였는지, 한번도 오빠로부터 싫은 소리를 들었던 기억이 없다. 한국에 있었을 때, 언니들에게 하도 엄하게 대했던 기억들이 생생했으므로….

그 혹독했던 버팔로에서의 데이트 추억 중, 아직도 생생한 기억 하나가 있다. 그날 밤, 우리는 델라웨어 애비뉴 근처를 걷고 있었는데, 갑자기 날씨가 급변하며 무서운 눈보라가 몰아치기 시작했다. 당시 오빠네는 델라웨어와(Delaware) 평행한 린우드 애비뉴(linwood Avenew)로 이사한 상태였다.

갑자기 몰아친 눈발과 찬바람은 폭풍처럼 온 거리와 허공을 휘몰아치기 시작했고, 우리는 코앞도 잘 보이지 않을 정도로 심해지는 거리 한 복판에서 어찌할 줄을 모르고 허둥거리고 있었다.

그곳은 지금은 없어진, 씨어즈(Sears) 백화점과 건너편으로 델라웨어 공원이 있었던 지점으로 기억되는데, 하여튼 우리는 삽시간에 세찬 눈보라 속에 갇히고 말았다. 숨 쉬기도 어려운 상황이었다.

그때, 우리 옆으로 차 한 대가 천천히 다가왔다. 운전자가 우리를 힐끗 쳐다보는 걸 본 우리는 몸을 숙여 창문을 두드렸다.

"잠깐만 태워 주실 수 있나요? 제발요."

아마 내가 그렇게 외쳤던 것 같다. 그가 창문을 내리고 우리를 건너다 보더니, 곧 차 문을 열고 우리를 차안으로 태워 주었다. 그리고 어디로 가느냐고 물었다. 나는 린우드 애비뉴, 오빠의 아파트까지 데려다 줄 수 있냐고 물었다.

"그래요, 어딘지 말만 하세요. 이런 미친 눈보라 속에 그냥 두고 갈 수는 없죠."

강이 감사 인사와 함께 지갑을 꺼내들자, 그는 웃으며 손을 흔들어 거절했다. 그렇게 우리는 오빠 집 코너까지 안전하게 내려 주었다. 나는 아직도 그날 밤 강이 어떻게 자기 아파트까지 돌아갔는지 모르고 있다. 하지만 그 낯선 이의 친절은 지금도 생생히 기억에 남는다. 눈보라 속, 길 위에 갇힌 두 명의 외국인 유학생에게 베풀어 준 그 따뜻한 마음. 60년대는 지금보다 더 안전하고 친절한 시대였던 걸까? 아니면, 우리는 단지 좋은 사마리아인을 운 좋게 만났던 걸까?

38

프로포즈

몇 달 후, 우리는 UB 메인 캠퍼스 건너편에 있는 핑크빛 지붕의 작은 다이너(Diner)에서 점심을 먹고 있었다. 강이 식사 후에 나에게 말했다.

"내 꿈은 교수가 되는 거야. 그런데 미스 김은 교수의 아내로서 잘 어울릴 것 같아. 난 외모보다는 성품이 더 중요하다고 생각해."

"?"

나는 순간 내가 들은 말을 언뜻 이해하지 못했다.

'지금, 이 남자…프로포즈하고 있는 거야?'

대체 어떤 남자가 여자에게 청혼하면서 이렇게 말할까?

'교수의 아내로 괜찮을 것 같아서 결혼하고 싶다, 외모는 상관 않는다

고, 선심 쓰듯 말하며…'
'정말 웃겨. 자기는 그렇게 대단해?'

내가 속으로 생각했던 말이다. 어떻게 반응해야 할지 몰랐지만, 속은 편치가 않았다.

"교수 아내로 괜찮아 보인다'니, 나에 대해 뭘 안다고?'
'내가 어떤 성격인지 알기나 하는지?'
'한 번 성이 나면, 어디서든 누구에게든 그냥 넘기지 못하는 격한 성품인데…'

내가 고등학생일 때, 오빠와 언니들이 내 성격 문제로 가족 회의까지 열었다고 한다. 그 이야기를 나중에 셋째 언니를 통해 들었다. 그때, 나는 그 가족 회의가 무엇 때문에 열렸는지도 몰랐고, 신경도 안 썼다. 그러나 미국에 온 후 캠퍼스에서, 나는 '얌전한 미스 김'으로 통했다. 한국 유학생 커뮤니티에서도, 캠퍼스 안에서도 다들 그렇게 불렀다. 그러니 강이 말한 나에 대한 완전히 빗나간 인식에, 뭐라고 반응해야 할지 난감했다.

게다가, 적어도 '연애 중'이라고 생각하고 있던 나로서는, 전혀 낭만적이지 않은 그의 소위, '프로포즈'로 실망에 앞서, 기분이 나빠지려고 했다. 다만 한 가지는 분명했다. 그는 여자를 즐겁게 하려고 달콤한 말을 남발하는 바람둥이는 아니란 것. 나는 그렇게 생각하며, 스스로를 위안했던 것 같다. 하지만, 그 말은 내 안에 깊숙이 남아 있던 어린 시절의 상처들을 다시 떠올리게 만들었다.

예쁜 언니와 비교되며 자랐던 그 수많은 순간들. 행복한 순간이 될 수 있었던 그 오후시간이, 미묘한 아쉬움을 안겨 주었다. 그리고 그날 이후 얼마 안 되어 또 다른 일이 있었다. 불현듯, 데이트 중에 그가 말했다.

"우리 아버지가 반대해도, 나는 미스 김이랑 결혼할 거야."

나는 그 순간 그의 가족들이 나의 존재를 알고 있었으며, 우리의 만남을 반대하고 있다는 걸 알았다. 아직 유학 시초인데, 학업에 집중해야 할 시기에 벌써 여자친구를 만나고 있다는 것이 그의 가족들을 염려하게 했던 것 같다. 충분히 이해는 되었지만, 어쨌든 반대의 뉘앙스를 듣는 건 기분이 안 좋았다.

"나는 아직 결혼에 대해 생각도 해 보지 않았어요. 결혼은 한쪽만의 결정으로 되는 게 아니잖아요?"

나는 그렇게 대답했지만, 그 대화 자체가 마음에 들지 않았다. 그가 자기 아버지에 대해 강하게 말하는 그 어조도 탐탁치 않았고 무엇보다 반대라는 말 자체가 불쾌하게 가슴에 깊이 와 박혔다. 사실 결혼을 생각할 때, 집안의 백 그라운드가 크게 작용하는 게 상례이므로, 집안에 대해 내세울 것이 없는 나에겐, 무엇보다 어머니에 대한 뿌리 깊은 수치심 때문에, 예민한 화제였다 그럼에도 이상하게도 나는 결혼에서 내가 거절당할 거라는 생각은 한 번도 해 본 적이 없었다. 지금 생각해도, 무엇이 나를 그렇게 자신 있게 만들었는지 모르겠다.

UB 캠퍼스 Hay's Hall 앞 잔디 밭에서

잔혹했던 버팔로의 겨울도 마침내 지나가고 봄이 다가오고 있었다. 우리의 데이트는 어느덧 일년이 가까워 오도록 계속됐다. 캠퍼스 전체에서 우리는 '커플'로 알려져 있었다. 그는 키가 큰 것도, 체격이 좋은 편도 아니었고, 나도 외모로 돋보이는 여학생도 아니었다. 그가 청혼할 때 대놓고 말했던 표현 그대로…. 하지만 우리는 서로에게 끌렸고, 시간이 갈수록 가까워지고 있었다. 버팔로의 매서운 겨울 바람조차 우리에게는 느껴지지 않았다. 그 긴 겨울 내내 우리는 캠퍼스를 누비며 사랑에 취해 있었다.

오빠도 마침내, 내가 정치학을 전공하는 학생과 교제 중이라는 사실을 알게 되었다. 그런데 그가 한국에서 〈코리아 헤럴드〉 기자로 일하다 미국에 왔다는 이야기를 듣고, 오빠가 물었었다.

"정치학을 전공하고 기자 생활도 했다고?"

"그 청년, 기자로서의 배짱이 좀 있는 친군가?"

그때는 '기자의 배짱'이 무슨 뜻인지 잘 몰랐다. 하지만 그 표현이 긍정적인 의미로 물었었는지, 아니면 부정적인 의미였는지 아직도 분명치가 않다. 그럼에도 불구하고, 오빠는 그에 대해 더 이상 언급하지 않았고, 우리 사이에 대해서도 별다른 코멘트를 하지 않았다. 오빠가 아무 코멘트를 안 했다는 것은 내심, 강에게 호감을 갖고 있다는 뜻으로 짐작이 됐다.

그 시절에는 한인 커뮤니티가 아주 작았다. 심지어 아직 한인 교회도 없었던 때였다. 강의 가족이 속한 교류 모임과 우리 오빠의 지인들은 사는 지역부터 달랐다. 그의 형네 가족은 시 외곽인 클라렌스 센터(Clarence Center)에 살았고, 우리 오빠는 늘 도심 주변에서 맴돌았다. 그러나 서로의 가족에 대해 간접적으로 알고는 있었다.

그의 형은 백인 여성과 결혼한 항공물리학자라는 것과 우리 오빠는 필하모닉 오케스트라의 음악가이자 간호사와 결혼한 바이올린 주자라는 정도. 하지만, 그 두 사람은 각자의 동생들이 결혼까지 생각하고 있다는 사실을 전혀 눈치채지 못하고 있었다!

39

서울에서 걸려온 전화

오빠는 평소처럼 거실에서 바이올린 연습을 하고 있었다. 그때 전화벨이 울렸다. 나는 오빠가 연습을 멈추지 않도록 내가 대신 받으려고 일어났지만, 내가 거실에 도착하기도 전에 오빠가 이미 전화를 받았다.

"뭐라고? 누가? 죽었다고?"

나는 거실 입구에서 얼어붙은 채, 귀를 쫑긋 세우고 있었다. 오빠가 바이올린을 든 채, 의자에서 천천히 일어섰다. 오빠의 굳어진 표정을 보며, 나는 평범한 소식이 아님을 직감했다. 그때에는 카카오톡도 이메일도 없는 때였다. 한국에서 걸려온 국제전화는 매우 드문 일이었다. 오빠는 바이올린을 멈추고 천천히 수화기를 내려놓았다.

"말도 안 돼! 찬숙이가 전화했는데 둘째가 죽었대!"

오빠는 바이올린과 활을 케이스에 넣으면서 나에게 말했다.

“뭐라고요? 작은 언니가 죽었다고요? 셋째 언니가 아니고?”
“셋째가 아니라 둘째 찬실이래!”

오빠가 다시, 굳은 얼굴로 내뱉었다.

“왜요? 왜, 어떻게 작은 언니가 죽었대요?”
“둘째 아이에게 젖을 먹이다가, 그냥 갑자기 옆으로 쓰러졌대.

작은 언니는 고등학교 영어 교사였는데, 그날도 출근 전에 8개월 된 둘째 아이에게 젖을 먹이다가 그냥 맥없이 옆으로 쓰러졌단다. 그 즉시 병원 응급실로 실려갔지만 끝내 의식을 회복하지 못하고 그 언니가 세상을 떴다는 믿기지 않는 소식이었다.

“그 순한 게 그렇게 죽다니! 미물 같으니라고!” 오빠는 슬픔보다는 성이 난 어조로 다시 내뱉었다. 나는 오빠의 분노가 어디에서 오는지 알았다.

오빠를 위시해서, 우리들은 처음부터 둘째 언니의 결혼을 탐탁지 않게 여겼다. 우리 가족 중에서 가장 머리가 비상했고, 건강했던 둘째 언니가, 겨우 2년제 미술학교를 나온 미술 교사에게 시집을 간 것이 못마땅했던 것일까. 게다가 그 사람은 홀어머니와 여동생을 부양해야 했고, 야망도 없고 남자답지도 않았으며, 언제나 언니에게 의존하는 모습이었다. 무엇보다도, 그가 매주 토요일마다 빠지지 않고 우리 네 자매가 사는 좁은 셋집으로 둘째 언니를 만나러 오곤 했는데, 언니를 데리고 데이트를 나가는 대신, 큰언니까지 다 함께 쉬고 있는 방안에서, 종일을 앉아 지내다 가곤 하는 걸 보고 내가 너무 실망했던 걸 기억한다. 그래서 우리들은 모두 그의 소극적인 됨됨이 언니에 비해 못 미치는 듯했고, 어울리지 않는다고 생각했다.

언니도 한때 그와 헤어지려 했었다는데, 그가 자기와 결혼을 안 하면 죽어 버리겠다고 자살 소동을 일으켰다는 이야기도 들었었다. 결국 언니는, 망설이다가 그의 연극 같은 자살소동에 가까운 청혼에 넘어가 버렸는데, 그 사건 조차도 그의 가벼운 면을 보는 것 같았고, 우리는 작은 언니의 결정에 모두 탐탁지 않았었다.

결국, 결혼과 동시에 언니의 고단한 삶은 마치 멈출 수 없는 방앗간의 맷돌처럼 시작되었다. 언니의 학교는 인천에 있었고, 기차를 타고 매일 통학을 하고 있었다. 게다가 시댁이 따로 살기 시작하면서, 두 집 살림을 감당하기 위해, 언니는 학교 수업이 끝난 후 과외를 하기 시작했고, 그 후 기차를 타고 집으로 지쳐서 돌아오곤 하는 고달픈 삶이 시작했었다. 아직도 그 당시, 작은 언니의 손아래 시누이인, 화자가 월급날이면 언니의 집에 미리 와서 언니가 돌아올 때까지 앉아 기다리다가 생활비를 받아 가던 모습이 생각난다. 언니는 그렇게 내가 미국으로 떠날 때까지도 단 하루도 여유로운 시간을 갖지 못하고 고달프게 살고 있었다.

내가 한국을 떠날 즈음, 언니에게는 현정이라는 두 살 된 귀여운 딸 아이가 있었는데, 여전히 어린아이를 데이케어 센터(Daycare center)에 맡기고, 인천으로 통학을 했던 것 같다. 그 후 미국에 와서, 둘째 아들 연이 태어났다는 소식을 들었었다. 그런데 집안 내력인지, 언니의 둘째 출산도 첫째 때처럼 몹시 힘들었다고 한다.

둘째를 출산한 후 고혈압 증세가 심해졌었는데, 늘 건강 체질이었기 때문에 심각하게 여기지 않고 방치했던 모양이다. 우리는 둘째 언니의 죽음이 받아들여지지가 않았고, 믿을 수가 없었다. 그 고단한 일상이 그렇게 건강했던 언니를 쓰러지게 했고, 결국 그렇게 애달픈 죽음으로 몰아갔던 것이다. 언니 나이 겨우 서른두 살이었다.

40

강냉이 국수

그 힘든 결혼 생활 외에도, 둘째 언니와 나는 전쟁 중에 가족과 떨어져서, 약국을 운영하던 작은 아버지의 집으로 가서 작은 숙모의 학대를 받으며 모질게 보낸 우리 둘만의 이야기가 있다. 그곳의 이름이 지금도 내가 잊지 못하는 '추앙골'이란 곳이다. '추앙골' 이야기는 언젠가 꼭 이 기록 중에 쓰려고 한다.

전쟁이 시작되었을 때, 공습경고인, 사이렌 소리가 울리면, 하늘 저 편에서부터 검은 B-29 폭격기들이 서서히 몇 대씩 줄을 맞춰, 공중에 나타나곤 했는데, 그때마다 사람들과 함께, 우리 가족은 마을 뒤의 높은 산속으로 공습을 피해 달려 올라가곤 했었다.

마음속으로는 그 검은 비행기들이 '북한 정권을 완전히 쓸어 버려 주기'를 빌었지만, 현실에서는 그들이 하늘을 날며 폭탄을 투하하기 시작하면 우리들은, 목숨을 건지기 위해 어른 아이 할 것 없이 모두들 산속으로 달려가곤 했다. 그리곤 가족마다 산속 이곳 저곳에 자리를 잡고, 새벽까지 머물렀다. 축축한 땅 위에 들고 온 얇은 이불을 펴고 누워서, 높은 나무가지 사이로 까마득히 보이던 조각 하늘을 올려다보며 어둠 속에서 숨을 죽이던 기억이 아직도 아득하게 떠오른다.

그러다가 날이 밝아지고, 하늘이 잠잠해지면 우리들은 다시 먼저 피난을 떠난 사람들의 빈집으로 내려와 거기서 음식을 해 먹으며 지냈다. 아마도 여름이었던 것 같다. 넓게 펼쳐진 광야엔 익어 가는 옥수수 줄기들로 가득했고, 우리는 거기서 기회 있을 때마다 옥수수를 따 와서 방안 가득이 쌓아 두곤 했다.

엄마와 언니들이 껍질을 벗긴 후 강냉이 알들만 훑어 낸 다음에, 그 강냉이들을 갈아서 가루로 만들고, 반죽을 했다. 그리곤 나무로 만든 손 누름 틀로 강냉이 반죽을 눌러서 국수를 만들어 먹었다. 그 국수를 며칠이고 먹고 또 먹었다. 결국 나는 그 미끌미끌한 옥수수 국수의 질감에 질려버렸다. 입 속에 가득 찬 굵은 국수는 마치 미끈거리는 지렁이처럼 견딜 수가 없었다.

그러던 어느 날, 다락방을 점검해 있던 몇몇 다른 젊은 남자 피난민들이 뒷마당에 뛰어다니던 닭을 잡아서 구워 먹는지, 고기 냄새를 풍기며 잔치를 벌이는 게 아닌가! 전쟁이 시작되고 폭격이 시작했을 그 당시, 오빠도 우리와 함께 지내고 있었다. 오빠는 그때 너무 여위어 있었고, 우리 중 가장 몸이 허약했었다. 그날, 그 닭 냄새가 오빠를 미치게 했던 것 같다.

결국 오빠가 참지 못하고, 뒷마당으로 달려 나가 살아 있는 닭 뒤를 쫓아가기 시작했다. 닭은 생명의 위협을 느끼고 미친 듯이 도망치고, 오빠는 절뚝거리며 그 닭을 쫓아갔다. 살아 있는 닭을 보고 군침을 삼키며, 미친 듯이 도망치는 닭을 따라가는 오빠의 모습이 너무도 참담했다.

결국 오빠는 그 닭을 잡지 못했다. 절뚝거리는 걸음으로는 닭을 이길 수 없었던 것이다. 불쌍했던 나의 오빠!

41

추앙골

그 무렵, 나는 심한 눈병에 걸렸다. 어느 날, 오빠가 하얀 종이 위에 흰 알약을 꺼내 놓고, 무언가 뭉툭한 걸로 툭 툭 쳐서 갈았다. 페니실린이라고 하는 약인데, 눈에 넣으면 곧 좋아질 거라며, 나를 그의 무릎에 눕게 하더니, 오빠가 그 하얀 가루를 조심스레 눈에 넣어 주었다.

결국 그 흰 가루약이 눈병을 낫게 해 주긴 했었지만, 그 모래같이 꺼끌거리던 흰 가루가 얼마나 내 눈알을 아프게 했었던지 내가 몸을 뒤틀며 울었던 게 생각난다.

아직도 그날을 생생하게 기억하는 이유가 또 있었다. 바로 그 화끈거리는 가루 약을 뿌린 직후, 오빠가 그 잊을 수 없는 '추앙골' 이야기를 꺼냈기 때문이다. 엄마와 오빠가 결정한 일이란다. 즉 우리들 중, 건강한 나와 둘째 언니를 작은아버지 집에 보내 얼마 동안 그곳에서 지내게 하자는 계획이었다. 작은아버지는 아버지의 남동생으로, 약사였고 '추앙골'이라는 곳에 살고 있었다. 그 '추앙골'이 정확히 어디쯤에 있는 곳인지 아직도 모르지만, 그 이름만은 아마 내가 숨이 붙어 있는 동안 잊지 못할 것 같다.

그 집엔 외아들 하나밖에 없었기에, 얼마동안 나와 찬실 언니, 두 아이의 입이 늘어나는 것을 크게 개의치 않을 거라고 생각했던 모양이다. 그 약사 작은 아버지도, 군인 외삼촌과 마찬가지로 아버지 후원으로 공부했었고, 생전에 아버지를 친아버지처럼 고마워했었다고 했다. 둘째 언니는 열세 살, 그리고 나는 여섯 살을 바라보는 나이였으니, 작은 엄마가 특별히 우리를 보살펴야 할 일도 없다고 간단히 생각했던 것일까. 당분간이라도 우리 둘을 작은 아버지 집에서 편하게 지내게 해서, 산으로 들판으로 숨어 지내는 것도 그렇고, 먹여야 할 두 입이 줄어드는 것도 나쁜 생각이 아니라고 오빠가 판단했던 것 같다.

며칠 후, 오빠는 나와 둘째 언니를 데리고 '추앙골' 작은아버지 집으로 데려갔다. 하지만 꿈에도 예상치 않았던 우리들의 고난이 그날 이후 곧 시작되었다! 사실 우리는 작은아버지도, 작은어머니도 난생 처음 만났다. 작은 어머니는 바싹 마른 큰 키에 어두운 인상이었고, 한쪽 다리를 심하게 절었다. 항상 찡그린 얼굴에, 성격도 쌀쌀하기 그지없었다. 처음부터 그녀는 언니에게 모든 일을 시키기 시작했다. 맷돌 돌리기부터 끝이 안 보이는 넓은 밭 김매기까지 그것도 뙤약볕 아래에서! 원래 조용한 찬실 언니는 말없이 날마다 들판에서 일했고, 나는 그 언니 옆에서 함께 따라다녔다. 한낮의 태양이 너무 뜨거워, 우리는 옥수수 잎을 잘라 이마에 둘러썼다.

우리의 노예 같은 생활은 오랫동안 계속되었다. 그 시간이 1년이었는지, 반 년이었는지, 몇 개월이었는지 정확히 모르겠다. 하지만 내게는 영원처럼 느껴졌다. 우리는 하루 세 끼 겨우 얻어먹었고, 그 마녀는 우리를 어린이 노예처럼 부려먹었다. 그리고 가을 수확철이 다가오고 있었다.

그 말은 곧 우리에게 더 무거운 노동이 닥친다는 뜻이었다. 우리는 더 이상 견딜 수 없을 거라 생각했고, 결국 언니와 나는 도망치기로 결심했다. 그날부터 언니는 닭장에서 매일 달걀을 한 알씩 모으기 시작했다.

계획은 단순했다. — 달걀이 열두 개가 되는 날 도망치자! — 우리가 받은 대우를 생각하면, 그 정도는 당연한 보상이었다. 나는 그들이 정말 우리 작은 아버지였고, 작은 어머니였을까 믿어 지지가 않았다. 드디어 그날이 왔고, 우리는 새벽에 일어나 달걀 12개를, 마치 금 덩이나 되듯 조심스럽게 싸서 가슴에 안고 집을 나섰다. 산에 도착했을 때, 우리는 돌아서서 그 끔찍한 '추앙골'을 내려다보았다. 마침 여름이 끝나가고 있었다. 싱그러운 산바람이 가슴속 깊이 가득 차올랐고, 따사한 한 낮의 햇살이 살갗을 간지럽혔다.

"너무 좋지? 언니야!" 내가 소리 내어 웃으며 찬실 언니의 얼굴을 올려다보았다. 그러나, 나는 순간, 빗겨 오는 햇살 속에 고스란히 드러난 언니의 쇠하게 변한 얼굴을 보고 깜짝 놀랐다. 십 대의 생기가 완전히 사라져 버린, 어른 아이 같은 쇠잔한 언니의 얼굴이 햇살 속에서 내 가슴을 무너지게 했다. 나는 너무 슬프고 화가 치밀었다.

"그 절름발이 마녀!"
"쉬… 찬옥아, 그러지 마" 언니는 내가 그렇게 말하는 게 싫다면서,
"얼른 가자. 해 지기 전에 집에 도착해야 해."

한 손으로 내 손을 잡았다.

"알았어, 언니야."

나는 언니의 쇠잔해진 얼굴을 보지 않으려고 고개를 흔들며 마음속의 슬픔을 떨쳐내려 했다. 우리는 엄마와 오빠가 우리를 어떻게 맞이할지 궁금했다. 그 마녀 같은 작은 엄마라는 여자가 우리를 어떻게 다뤘는지는 상상도 못 했을 것이다.

그날 저녁 우리가 집에 도착했을 때, 엄마와 오빠는 충격에 말을 잇지 못했다. 우리가 그동안 그 작은 집에서 어떻게 혹사를 당하고 왔는지, 말을 하기도 전에, 언니 얼굴만 보고도 오빠와 엄마의 마음은 무너져 내렸다. 엄마는 눈물을 흘리기 시작했고, 오빠는 너무 화가 나서 어쩔 줄 몰라 했다.

"미물 같으니라고! 그냥 돌아오지 않고, 그 모양이 되도록!"

오빠의 그 말속에는 자책도 있었을까. 왜냐하면 우리를 그 집에 당분간 보내자고 한 건 엄마보다 오빠의 결정이었으니!

그날 언니의 갑작스러운 죽음 소식을 들었을 때, 그간 잊고 지냈던 까마득한 '추앙골'의 기억이 한꺼번에 엄습해 왔다. 내 둘째 언니는, 얼마나 가슴 아리고 애처로운 짧은 삶을 살았는지! 우리 둘만의 '추앙골'의 기억 때문에 나에겐 더욱 잊을 수 없는 둘째 언니의 가슴 아픈 삶이다.

하지만 그녀의 두 자녀, 현정이와 연은 지금 어떤 조카들보다 행복하게 살고 있다. 현정이는 엔지니어 박사의 아내이자, 뛰어난 절대음감을 지닌 퍼커셔니스트(Percussionist) 브라이언을 아들로 두었고, 조카 연은 유능한 변호사 아내와 두 명의 총명한 딸을 둔 신실한 믿음의 아버지이며, 인터넷 디자이너와 마케터(Internet Designer & Marketer)로 행복하게 살고 있다.

42

강의 형님들

어느 주말, 우리는 강의 큰형 집에 초대를 받았다. 강과 같은 아파트에서 지내고 있는, 그의 생화학 전공 사촌 형, 김도 같이 가기로 했다. 세 사람이 UB 메인 캠퍼스 주차장에 도착했을 때, 강의 큰형이 막 차를 몰고 들어왔다.

"기다리게 한 건 아니지?" 형이 상냥하게 말했다.

"아뇨, 저희도 방금 도착했어요. 초대해 주셔서 감사합니다."

강과 나는 뒷좌석에 타고, 사촌 형은 조수석에 앉았다. 강의 형 집은 메인 캠퍼스에서 차로 30분 정도 떨어진 교외에 위치해 있었다. 형의 집에 도착했을 때, 키가 훌쩍 큰 백인 형수가 부엌에서 분주히 움직이고 있었다.

"어서들 오세요! 우리 집에 온 걸 환영해요!"

"이 딸 아이는 로라, 그리고 이 소년은 데이비드랍니다!"

"그리고 나는 힐디 강입니다!"

그녀는 우리 각자를 다정하게 맞아 주며 인사를 건넸다. 딸 로라는 다섯 살쯤 되어 보였고, 데이비드는 세 살이나 네 살쯤 되어 보였다. 두 아이는 조용했고, 낯선 삼촌들과 특히 생면부지인 나를 처음 대하며 어색하게 아는 체를 했다. 사실 나도 조금 어색했다. 강의 형수는 미국인이었기 때문에 우리는 모두 짧은 영어로 대화를 해야 했기 때문이다. 하지만 그녀는 매우 친절했고, 천천히 또박또박 말해 주어서 시간이 지날수록 분위기가 풀렸다.

그녀는 채소가 많이 섞인 쇠고기 스튜를 끓이고, 김치와 함께 갓 지은 흰 쌀밥과 채소를 내왔다. 우리는 모두 저녁을 맛있게 먹은 후, 시원한 뒷마당으로 나가 벤치에 둘러 앉아 디저트를 먹었다. 넓은 뒤뜰은 홍당무며 레터스(상추) 등 싱싱한 채소들이 가득 자라고, 더 뒤쪽엔 옥수수까지 올라오고 있었다.

강의 큰형님과 형수는 버클리 대학 한국어 클래스에서 처음 만났다고 한다. 형수는 선교사의 꿈을 가지고 한국어를 배우고 있었는데, 강의 큰형을 만나 사랑에 빠지면서, 결혼을 하게 되었다. 아마도 그 결혼이 쉬운 결정은 아니었을 것 같다. 큰형님은 6형제 중 장남이었고 무엇보다 강씨 문중의 가계를 잇는 장손이었기 때문이다. 그 장손이 미국 여성과 결혼하는 게, 결코 쉬운 일은 아니었을 것 같다.

하지만 그 훌쩍 큰 미국인 형수는 마음이 넓고 따뜻한 분이었다. 결혼하고 6개월쯤 되었을 때부터, 형과 형수는 매달 월급의 거의 절반을 한국에 있는 부모님께 송금하기 시작했다고 한다. 그 돈은 각각 중학교에서부터 고등학교 대학을 다니고 있던 다섯 동생들 학비에 크나 큰 도움이 되었고, 그 송금은 수년간 꾸준히 계속되었단다.

얼마 후, 우리는 또 클리블랜드 오하이오로 가는 그레이하운드 버스를 타기 위해 길을 나섰다. 이번에는 버팔로를 벗어난, 다른 주로 떠나는 여행이라, 조금은 긴장이 되기도 했다. 그의 둘째 형 집으로 가는 길이었다. 둘째 형수, 수 강(Sue Kang)은 나와 같은 이화여자대학교에서 영문학을 전공했고, 나보다 두 살 정도 어렸다.

그레이하운드 버스 터미널에 도착하니, 강의 둘째 형이 우리를 마중 나와 있었다. 그리고 집에서는 작은형수가 저녁 준비를 하며 기다리고 있었다. 그녀는 닭볶음탕과 생선 요리, 그리고 샐러드 등으로 정성껏 저녁상을 차려 주었다. 둘째 형 부부는 부드럽고 조용한 사람들이었고, 나이 차이도 많지 않아, 서로 금방 편하게 이야기를 나눌 수 있었다.

식사 후, 우리는 한국 이야기, 서울 이야기, 특히 강의 부모님과 아직 대학에 다니는 두 여동생, 그리고 큰누님과 매형 이야기 등으로 그의 가족에 대해 많이 알게 되었다. 그들의 큰누나와 매부님 역시, 클라렌스 센터에 사는 큰형에 못지 않게, 서울에서 학교에 다니는 동생들을 오랫동안 한 지붕 아래 데리고 사셨던, 부모님 같은 분들이라는 사실도 알았다. 우리의 대화는 밤이 깊도록 이어졌다.

"어머니께서 너희 둘을 꼭 초대하라고 하셨어." 강의 형이 웃으며 말했다.

"맞아요, 어머니가 두 번이나 전화를 주셨어요." 형수 수가 웃으며 거들었다.

밤이 되어, 수는 나를 2층의 손님방으로 안내해 주었고, 그의 형은 강을 지하에 있는 방으로 데려갔다. 우리는 그날 작은 형 집에서 하룻밤을 묵고 다음 날 아침 버팔로를 향해 떠났다. 당시 작은 형수가 도서관학 석사 과정을 밟고 있었고, 마침 그때가 시험 기간이었기 때문에 더 시간을 빼앗을 수가 없었다.

43

약혼식

약혼식 날, 클라렌스 센터 큰형님 집에서….

곧 우리의 약혼식 날이 다가왔다. 아쉽게도, 강과 나는 우리의 약혼 날짜를 기억하지 못한다. 아마도 1969년 늦은 봄이었거나, 여름이 아니었을까 싶다. 나는 연한 분홍빛 한복을 입었고, 그는 짙은 감색 양복을 입었다. 약혼식은 클라렌스 센터에 있는 강의 큰형 집에서 열렸다.

그 형이 다니는 교회의 부목사님께서 약혼식을 집례해 주셨고, 오빠와 새언니, 그의 큰형님 가족 그리고 강의 둘째 형 부부와 강의 사촌 형인 김 등 가족들만 참석했던 단출한 약혼식이었다.

그 후, 곧 우리의 결혼식 날짜가 정해졌다. 약혼 후 불과 5개월 뒤인 1970년 3월 21일이었다! 빠르게 정했던 결혼 날짜인 듯싶기도 했지만, 사실 나는 오빠 집에서 이미 2년 반 넘게 지내고 있었으니, 나에게도, 또 오빠와 새언니에게도 짧은 시간이 아니긴 했다.

그 당시 우리는 둘 다 학교에 다니고 있었고, 결혼 후 어떻게 생계를 이어 갈지에 대해서는 뚜렷한 계획도 없는 채였다. 강은 "대학원 장학금으로 생활비는 넉넉히 감당할 수 있다"고 말했지만, 지금 되돌아 생각해 보면, 참 용감했던 것 같다. 우리는 그냥 행복했고, 앞당겨 미리 너무 많은 걱정을 하고 싶지 않았다. 우리는 둘 다 아직 젊었고, 둘이 함께 일하면 감당할 수 있다고 생각했다.

오빠는 강에게 심플한 화이트 골드 결혼반지를 준비해 주었고, 큰형은 나를 위해 작지만 아주 맑고 투명한 다이아몬드 반지를 사 주셨다. 나는 지금도 그 큰형님을 잊을 수 없다. 형수 힐디는 그때까지 다이아몬드 반지를 가져 본 적이 없었고, 그 부부는 둘 다 손가락에 그냥 소박한 골드 밴드를 끼고 있었기 때문이다. 서울의 어머니가 겨울과 여름용 이불 세트 몇 벌을 해 보내셨다. 눈물겨운 엄마의 선물이었다.

뒤늦게 내가 나이가 들면서, 그 이불들을 볼 때마다, 그 이불 몇 벌을 혼수라고 해 보내신 어머니의 심정을 생각하곤 했다. 딸의 시댁에 다른 부모들처럼 제대로 혼수조차 해 보내지 못한 그 심정이 어땠을까? 이전에 나의 어머니는, 사업을 하시며 공장에서 일하던 고용인들이나, 주변의 어려운 이들에게 늘 넘치게 베풀던 분이었고, 씀씀이가 큰 여사장으로 소문 난 분이었기 때문이다.

44

강의 어머님

이제부터는 강을 충이라고 부르려 한다. 그 형님들과 구별이 되어야 할 것 같아서…. 충의 부모님은 원래 겨울이 오기 전에 미국에 들어오실 예정이셨다. 그런데 자꾸 그 여행 날짜가 뒤로 연기되고 있었다. 이유인즉, 감기처럼 아프기 시작하신 충의 어머니가 좀처럼 호전이 안 되신다고 했다. 체중도 내려 점점 내려가고 자주 피곤해하셔서, 상태가 호전되길 기다리고 계시는 모양이었다. 병원에도 여러 번 다녀오셨다는데, 감기 기운이 떨어지지 않는 이유를 정확히 찾아내지 못하고 있단다.

결국 부모님은 일단 한국을 떠나, 미국 오하이오의 둘째 형님에게로 먼저 도착해서 의사인 아들의 진찰을 받아 보기로 결정했다. 그래서 드디어 늦가을, 부모님께서 클리블랜드 오하이오로 도착하셨다. 둘째 형은 곧 어머니를 병원으로 모시고 가서 검사를 받았는데, 검사 결과가 서울에 남은 누이들과 미국의 우리들 모두를 놀라게 했다. 어머니는 림프종 암에 걸려 있었고, 이미 많이 진행된 좋지 않은 상태였다. 둘째 형과 큰형님은 이 사실을 어머니에게 차마 알릴 수가 없어서, 형님들은 어머니의 독감 증세가 암이었다는 사실을, 어머니에게 말하지 않기로 결정을 했단다.

얼마 후, 둘째 형 부부는 부모님을 클라렌스 센터에 있는 큰형의 집으로 모셔왔다.

둘째 형과 형수가 다시 오하이오로 돌아가신 후, 나는 충의 부모님을 만나 뵐 마음으로 긴장하고 있었다.

특히 충의 어머님께서 암 진단을 받은 놀라운 사실로 더욱 황당하고 갈피를 잡을 수 없는 심정이었다. 충은 매우 슬퍼했다. 특히 어머니에게 우리의 감정을 드러내지도 못하고, 아무렇지도 않은 척 대면을 해야 될 일이 너무도 괴롭고 힘들었다. 우리가 큰형 집에 도착했을 때, 모두가 거실에 모여 있었다.

“웰컴 홈! 다시 만나서 반가워요!” 힐디가 부엌에서 나와 두 팔을 벌려 나를 안으며 맞아 주었다.

“초대해 주셔서 감사합니다.” 나는 그녀에게 대답하고 돌아서서 충의 부모님 앞으로 다가갔다.

“그래 어서 와, 드디어 만나게 돼서 반갑다!”

어머니는 작은 체구에 다정한 얼굴로 나를 맞아 주셨다. 나는 곧 시어머니가 되실 분을 처음 뵙는 자리에서 어떻게 인사를 드려야 할지 모른 채, 얼떨결에 깊숙이 허리를 굽히며 두 분께 인사를 드렸다. 충의 아버님도 조용하시고, 큰형님처럼 온화한 인상이셨다.

"인사드립니다! 먼 여행 하시느라 얼마나 힘드셨어요?"

"아니야, 미안하다. 너무 오래 기다리게 해서, 내가 좀 아팠어."

어머니는 독감 때문에 오래 지체되었다고 말씀하셨다. 그 말씀이 우리 마음을 더욱 아프게 했다. 그렇게 인사를 주고받는 동안, 어머니의 한 손은 계속 어머니의 한쪽 가슴께를 누르고 계셨다. 통증 때문인 듯싶어 말할 수 없는 심정이었다.

"아니에요. 이제는 좀 푹 쉬세요."라고 말하는데,

"자, 모두 식당으로 오세요. 점심 준비됐어요!" 힐디가 부엌에서 우리 쪽을 향해 말했다. 우리는 식당으로 옮겨가 식탁에 둘러앉았다. 나는 힐디를 도와 음식을 날라 왔다.

"감사합니다. 요리하시느라 늘 수고가 많으셔요!" 내가 힐디에게 인사를 했다.

"야, 너도 어서 와서 앉아라!" 충의 어머니가 나에게 말씀하셨다.

힐디는 옛날식 불고기와 국과 채소 등을 준비했고, 우리는 다 함께 식사를 하며 화기애애한 시간을 보냈다. 충의 아버지는 말수가 적은 분이셨지만 결코 엄격한 느낌은 아니었다. 식사 후, 큰형은 식기를 식기세척기에 넣었고, 힐디는 남은 음식을 냉장고에 정리하면서 나에게는 그냥 자리에 앉아 있으라고 했다. 잠시 후, 어머니는 방에서 쉬고 싶다고 하셔서 우리도 곧 자리를 떠야 했다. 큰형이 우리를 메인 스트리트까지 태워 주셔야 했고 다시 또 먼 길을 돌아와야 했기 때문이다.

그로부터 며칠 후, 충의 어머님은 곧 버팔로 제네럴 병원에서 통원 치료를 받기 시작하셨다. 큰형은 어머니를 병원으로 모시고 오가는 일로 더욱 바빠졌고, 우리가 부모님을 뵈러 갈 때마다 우리까지 태워 주고 오가느라 늘 분주했다. 어머니는 자주 피곤해하셨고, 어떤 날은 얼굴이 붓기도 하셨다.

어느 날, 우리가 큰형 집을 방문했을 때, 어머니는 나를 방 안으로 부르셨다. 내가 방에 들어가자, 어머니는 몇 개의 보따리를 보여 주시며 풀어 보라고 하셨다. 보따리를 풀어 보니, 거기에는 결혼을 위해 준비한 내 한복 세 벌이 들어 있었다.

"이건 네 결혼을 위해 준비한 한복들이야. 겨울용, 봄용, 여름용 한 벌씩. 많이는 못 했어… 내가 아픈 바람에, 그리고 여긴 한복 입을 일이 많지도 않을 것 같아서. 그렇지?"

나는 그 순간 마음이 벅차서 한참 입을 열지 못했다.

"어머니, 편찮으신데 제 옷까지 이렇게 신경을… 정말 입을 기회도 별로 없는데."
"게다가, 저는 어머니나 아버님께 아무 예단도 준비 못했어요…."

나는 그동안 마음속에 담아 두었던 부담을 솔직히 털어놓았다.

"아이고, 걱정하지 마. 요즘 예단 안 하는 사람들 많아!"

어머니는 나를 편하게 해 주려고 그렇게 말씀하신 것이 분명했다. 고통 속에서도 나를 위로하려는 어머니의 마음이 나를 또 울컥하게 했다.

45

결혼식

3월 21일, 바로 우리의 결혼식 날이다! 전날 밤, 나는 도무지 잠을 이룰 수가 없었다. 특별히 무슨 생각이 있었던 것도 아니면서, 마치 한없는 구름 속에 휩싸여 떠 있는 듯한 기분이었다. 결혼 전날의 불면증이 이런 것일까?

아침에 일어나니, 약간 싸늘한 공기와 함께, 가늘게 봄비가 흩날리고 있었다. 달력에는 봄의 첫날이라고 적혀 있었는데, 첫 봄비인가 싶었다. 결혼식은 UB 캠퍼스 바로 맞은편, 메인 스트리트에 있는 미국 제1장로교회에서 열렸다.

쌀쌀한 날씨임에도 불구하고, 많은 하객들이 모였다. 한인교회의 교인들뿐 아니라, 충의 형님의 지인들과 오빠의 오케스트라 동료들, 그리고 새언니의 병원 친구들이 나타나기 시작했다. UB에서 친해진 학생들뿐 아니라, 다른 도시에 유학 중인 충의 친구들 몇몇도 찾아왔다. 오랜만에 치러지는 결혼식이었던 탓일까, 새 신랑, 새 신부를 축복하고 싶어 하는 분위기였다.

나는 오하이오에 사는 둘째 형수의 친구가 빌려준 웨딩드레스를 입었다. 약간의 화장을 하고, 짧은 머리는 평소대로였다. 예식이 진행되는 동안, 나는 우리를 축복하기 위해 모인 많은 사람들의 따뜻함에 마음이 벅차 왔다. 우리는 반지를 교환했고, 목사님은 우리를 '부부(husband and wife)'로 선포했다! 그 말이 너무 낯설고 어색했지만, 한편 행복함이 가슴을 채웠다.

1970년 3월 21일, 우리의 결혼식

"우리는 허니문을 뉴욕주 북부의 나이아가라 폭포로 갔어요!"

누군가 우리 허니문 여행지를 물으면, 나는 지금도 이렇게 말한다. 물론 우리가 이미 버팔로에 살고 있었다는 사실은 덧붙이지 않았다!

결혼식 점심과 교회 지하에서의 하객들과의 짧은 담소가 끝난 뒤, 가족들과 손님들은 하나둘씩 떠났다. 그때 나는 오빠가 우리를 나이아가라 폭포까지 태워다 주려고 기다리고 있다는 것을 알았다.

날씨는 맑게 개었고, 나는 충의 친구들 중 누군가가 우리를 데려다줄 거라 생각했기 때문에 오빠가 직접 태워 줄 줄은 몰랐다. 아마 오빠는 마지막까지 '여동생을 남편에게 맡기는 건 자신의 의무'라고 생각했던 것 같다. 아직도 기억난다. 오빠가 내 작은 여행 가방을 들고 호텔 방 문 앞까지 올라와서, 문 앞에서 돌아서던 그 순간의 표정을. 충과 나는 호텔 문 앞에서 오빠로부터 가방을 건네받으며 작별 인사를 했는데, 조금은 어색했던 순간이었다.

46

버팔로 제너럴 병원

결혼식 후, 어머니의 병세는 눈에 띄게 악화되었다. 결혼식 사진에서도 어머니의 창백한 얼굴에서 고통을 참는 모습이 역력했다. 어머니가 버팔로 제네럴 종합병원을 찾기 시작한 것도 그 무렵이었다. 우리는 차도 없었고 수업 일정도 있어서, 어머니가 머물던 큰형님의 클라렌스 댁으로 생각만큼 자주 방문을 할 수도 없었다.

큰형은 어머니를 병원으로 모시고 다니느라 점점 더 바빠졌다. 어느 날, 병원 진료 후 어머니와 아버지가 학교 근처의 우리 작은 아파트를 방문하셨다. 어머니는 집 안을 둘러본 뒤 냉장고 문을 여시고 안을 들여다 보셨다. 나는 정돈 안 된 냉장고 안을 생각하고 찔끔해져서 긴장했는데, 어머니는 뜻밖에도, "아이고, 김치도 있네? 용타!" 하고 말씀하셨다. 그 순간 나는 '휴' 소리없이 숨을 내쉬었다.

처음부터 어머니는 나에게 너그럽고, 후한 점수를 주셨던 것 같다. '눈에 넣어도 아프지 않다'는 표현이 딱 어울릴 만큼 명석하고 든든한 첫째 형이나, 서울대 출신의 자랑스러운 의사였던 둘째 형들로 만족하셔서, 그냥 장학금을 받은 유학생인 것만으로도 만족한 셋째 아들이었던 까닭일까.

충은 고려대학교 출신으로, 60년대 학생 시위로 유명한 학교 분위기 속에서, 늘 데모를 하며 게다가 막걸리를 마시고, 형님들은 생각지도 않는 담배까지 피웠던 강씨 집안의 돌연변이 같은 문제아였던 것 같다.

그런데 어머니를 놀라게 한 일이 생겼다. 충이 약혼 후 담배를 끊은 사실이었다. 어머니가 오랫동안 그렇게 애타게 금연을 권했지만 소용이 없던 아들이, 나를 만나고 얼마 안 되었을 때 쉽게 담배를 끊었던 것이다. 어머니는 물론 기뻐했지만, 속으로는 서운하기도 하셨던 것 같다. 그 후로, 어머니는 뭔가 부탁할 일이 있으면 먼저 나에게 말했다. 하지만 사실 나는 충에게 금연을 요구한 적이 없었다. 어느 날 그가 스스로 "이제 담배 끊을 거야"라고 말하더니, 일주일 만에 아무 어려움 없이 끊어 버렸다. 결과적으로는 모두에게 정말 좋은 일이었다!

그 시절 우리는 각자 모두 바쁘게 살았다. 나의 약혼 즈음 때에 오빠가 아빠가 되면서, 갓 돌이 된 조카 성일이가 우리 가족의 삶을 완전히 뒤바꿔 놓았다. 우리들의 삶은 새로 태어난 성일로 인해 삶의 속도와 색감이 달라진 듯 모든 게 빠르고 밝게 느껴졌다.

그때는 또한 내가 결혼 준비에 정신이 팔려 있을 때이기도 했다. 한편 나는, 조카가 태어나면서 미묘한 감정을 느끼기도 했던 것 같다. 뭐라고 설명하기 어려운 허전함이랄까, 내 자리를 잃은 듯한 외로운 느낌. 갑자기 새 동생을 맞을 때 느끼는 외로움 내지는 질투심 같은 것일까? 오빠와 새언니는 온통 아기에만 몰두해 정신이 없었다. 나도 새로 태어난 조카 성일이를 많이 사랑했지만, 그런데도 한편 왠지 모르게 발 디딜 곳이 없어진 기분이었다. 이런 부끄럽고 애매한 느낌은 누구에게도 말할 수 없는 민망한 감정이었던 것 같다. 조카 성일이가 태어날 무렵까지, 나는 오빠 집에서 2년 반을 살았다. 생각해 보면, 내 인생에서 누군가의 보살핌을 독차지하며 살았던 유일한 시기이기도 했다.

얼마 전, 이 메모아를 쓰면서 조카 성일이의 아기 때 사진을 다시 들여다보았다. 결혼식 사진 한가운데서 새언니의 품에 안겨 있는 아기 때 모습이다. 제삼자가 보기엔 어색한 장면일지 몰라도, 그때 우리에겐 자연스러운 일이었다. 만약 성일이가 지금 이 사진을 본다면, "뭐야! 세상에!" 하고 하하 웃었을지도….

47

아버님의 60 생신

6월, 우리는 큰형님의 집에 모였다. 시아버님의 환갑을 축하하기 위해서였다. 그 시절, 환갑은 큰 경사였다. 사람들의 기대수명이 지금처럼 길지 않았던 시절이라, 그 의미는 더 깊었다. 어머니는 몸이 많이 편찮으셨지만, 이날을 위해 세 며느리의 한복을 한국에서 맞춰 오셨다. 화려하진 않아도 고운 블루 빛깔의 한복이었다.

둘째 형님 부부도 클리블랜드에서 올라왔고, 우리는 전날부터 여러 가지 음식을 준비해 상을 차렸다. 특별한 날을 기념하기 위해 사진도 찍었다. 그런데 나는 사진 촬영이 끝나자마자 어머니께 조심스럽게 물었다.

"어머니, 이 옷 갈아입어도 될까요? 너무 조여서 불편해 죽겠어요."

어머니는 잠시 나를 바라보시더니, 웃으시며 허락하셨다. 그때는 그저 편하고 싶다는 생각뿐이었다. 하지만 세월이 흐른 지금, 그날의 사진들을 볼 때마다 마음 한구석이 찔린다. 왜 그 특별한 날, 시아버님의 환갑을 기념하는 그 자리에, 끝까지 한복을 입고 있지 못했을까. 돌이킬 수 없는 사소한 아쉬움이다.

48

어머니의 입원

아버님의 60회 생신을 축하했던 기쁨이 사라지기도 전에, 충의 어머니께 고통의 시간이 찾아왔다. 어머니는 마침내 버팔로 제너럴 메디컬 센터에 입원을 하셨다. 호흡은 점점 더 힘들어졌고, 하루 대부분을 통증 속에서 보내셨다.

미국으로 오시기 전, 시부모님은 한국에서 살던 집과 포도밭, 그리고 갖고 있던 땅을 모두 정리하셨다. 할아버지로부터 아버님께 유산으로 주어진 원래의 땅은 아무런 쓸모없는 돌투성이 자갈밭이었다고 한다. 그 험한 자갈 밭을 작은 체구의 시어머니께서 수년에 걸쳐 맨손과 무릎으로 일구어 내셨고, 드디어 그 땅을 일구어 포도원으로 가꾸셨다고 한다. 시아버님은 23세에 은행 지점장이 되셨던 분이었다. 경기고등학교를 졸업하고, 서울대학교 농과대학을 수석으로 졸업한 엘리트였다.

언젠가, 시어머니가 충의 일기를 읽으셨다는 이야기를 들은 적이 있다. 그 일기에는 "아버지는 이 학력과 능력으로 충분히 교수가 되거나 정부 요직에 오를 수 있었을 텐데…"라고, 아버지가 능력에 비해 못 미치는 은행 지점장으로 일생을 보내신 데 대한 아쉬움을 적었던 일기였다. 어머니가 아들이 쓴 그 일기를 읽은 것을 알았을 때, 충이 얼마나 당황했을까 상상이 갔다. 예전 한국 어머니들이 자녀의 일기장을 슬쩍 보는 일이 종종 있었던 모양이다.

시아버님은 독실한 크리스천이자 존경받는 장로님이셨다. 목사님의 부재 시 설교를 맡으실 때마다 명확하고 힘 있는 말씀으로 교인들을 감동시켰다고 한다. 이야기가 잠시 옆길로 나갔지만, 결국 그 황무지 같은 땅을 일군 사람은 학식 있는 아버님이 아니라 체구가 작고 부지런한 어머님이였다.

여섯 자녀는 모두 장성했고, 세 아들은 미국에, 그중 두 아들은 이미 가정을 꾸리고 자리를 잡았다. 막내딸만 학교에 다니고 있었고, 넷째 유순이도 영양사로 곧 미국으로 올 예정이었다. 그런데 어머니가 심하게 아프셔서 병상에 누워 계시게 된 것이다. 미국으로 오기 전, 충이 결혼하겠다고 했을 때, 그의 부모님은 미국 유학을 시작한 지 얼마 되지도 않은 시기에 결혼이라니 망설이셨을 것이다. 하지만 큰아들과의 경험으로 "자식은 이길 수 없다"는 걸 아셨기에 결국 미국에 오셔서 막내의 혼사에 참석하시고, 새 출발을 축하해 주시기로 마음을 정하셨던 것 같다. 그리고 다시 귀국하면 장녀인 큰누님과 함께 사시려고 압구정 현대아파트를 미리 마련해 두셨었다.

하지만 지금, 어머니는 먼 이국 땅 미국의 병원에 누워 계신다. 서울에서의 새 현대식 아파트의 삶을 다시 누리게 될 수 있을지 알 수 없게 된 것이다. 우리는 모두 그 사실을 뼈저리게 느끼고 있었기에 너무 가슴이 아팠다.

어머니 입원 생활이 시작되면서, 나와 충은 각각 과목을 하나씩 드롭시켜야 했다. 수시로 어머니를 보러 병원에 가기 위해서였다. 아버님은 거의 격일로 병원을 찾으셨지만, 클라렌스 센터에서 병원 방문을 위해 왕복으로 아버님을 모시고 오가시는 일은 큰형님에게 적지 않은 부담이었다.

어느 날, 나는 병원에서 커다란 대야 가득 차도록, 어머니의 흉부에서 물을 빼내는 장면을 보았다. 폐에 물이 차서 숨을 쉬시기가 힘드셔서 드디어 물을 뽑아내셔야 했다. 그날 오후, 가슴이 좀 편안해지셨는지 어머니가 혼잣말처럼 내게 말씀하셨다.

"미국에 문이 닫히면 자동으로 잠기는 도어 손잡이가 있다지? 그런 걸 구해서, 서울에 사 놓은 현대 새 아파트에 달면 좋을 텐데…."

나는 짐짓 놀랐지만 태연하게 대답했다.

"네, 요즘 그런 거 많아요, 어머니."

하지만 어머니는 그날 이후, 그 도어 손잡이에 대해 더 이상 언급을 안 하셨다. 어느 날, 어머니는 또 우리에게 이런 말씀도 하셨다.

"너희들 이렇게 매일 오느라 힘들겠다. 신혼인 데다 학교도 바쁠 텐데…."

어머니의 힘없는 그 말씀에, 목에 메어 와 대답을 못했던 기억이 난다. 그날 병원을 나서면서, 나는 가로수의 나뭇잎들이 갈색으로 변한 걸 새삼스레 느꼈다. 이미 보도엔 갈잎들이 뒹굴고 있었고, 몰아 온 바람이 차갑게 얼굴을 때렸다. 어머니가 병원에서 통증으로 시달리시는 동안 계절이 훌쩍 바뀌어 있었던 것이다.

어머니는 자신의 병에 대해 더 이상 구체적으로 묻지 않으셨지만, 그 심각함을 느끼시는 듯했다.

"처음엔 너희 결혼이 걱정됐는데, 이제는 너희들이라도 결혼한 게 안심이 돼."

어느 날, 두 딸의 혼기를 걱정하시다 불쑥 어머니가 하신 말씀이다.

49

가족 간의 마찰

나는 사실 이 이야기를 글로 남길지 한참 망설였다. 강(康) 씨 집안 사이에서 벌어진 이 분쟁을 알게 되었을 때, 충격과 안타까움이 뒤섞였기 때문이다.

어느 날, 병실에서 나와 시어머니 단둘이 있을 때였다. 어머니는 깊은 한숨을 내쉬며 내게 말했다.

"이제부터 하는 이야기는 충욱이에게도 말하지 말아. 그냥 내 가슴에 맺힌 멍을 풀어내고 싶어. 나도 이런 부끄러운 일이 강씨 집안에서 벌어질 줄은 꿈에도 몰랐어."

어머니는 잠시 숨을 멈추시더니 말을 이어 갔다.

"우리가 한국에서 미국 오기 전에 시아버지한테서 물려받은 땅을 팔았어. 그 땅은 처음엔 아무짝에도 쓸모없는 자갈밭이었어. 처음엔 누구 하나 거들떠보지도 않았어. 몇 년을 내가 정말 기다시피 해서 일궈 낸 자갈

밭이었는데, 나중에 포도밭으로 만든 거야. 그런데 막상 그 포도밭을 팔고 돈이 생기니까, 그때야 시댁 형제들이 나타나서 모두 자기 몫을 달라고 하는 거야! 맨 처음 땅이 주어졌을 때는 정말 누구 한 명 신경도 안 쓰던 사람들이….”

어머니의 얼굴에는 억울함이 가득했다.

“원래 넉넉지 못한 막내 고모한테는 나눠 줄 생각이었어. 그런데 다들 사는 형편도 괜찮으면서… 결국 모여서 법적 서류까지 작성하고 법원에 우리를 고소했어! 그 서류를 봤을 때, 숨이 막히더라. 아마 내가 이 병에 걸린 것도 그때 받은 충격으로 걸린 화병인 것 같아.”

그리고는 낮게, 그러나 떨리는 목소리로 재차 말씀하셨다.

“이 이야기를 너만 알고 있어야 돼. 아이들 세대까지 이 앙금이 번지게 하고 싶진 않아. 충욱이하고 사촌 김의 사이가 틀어지는 건 절대 원치 않아. 무슨 말인지 알겠지?”

그 말을 힘겹게 끝낸 어머니는 한동안 힘이 빠지신 듯 조용히 눈을 감으셨다. 나는 뭐라고 대답해야 할지 몰랐다. 이런 민감한 집안 문제를, 그것도 한결같이 좋게만 보였던 그의 집안에서 있었다는 사실이 믿기지 않았다. 어머니의 병이 이 일과는 아무런 상관이 없다는 걸 알고 있으면서도, 어머니의 가슴에 쌓인 깊은 상처를 어떻게 위로해야 할지 몰랐다.

물론, 나는 그날 밤 충에게 이 이야기를 털어놓았다. 어머니는 입단속을 당부했지만, 나는 충도 알아야 한다고 생각했다. 그런데 나중에 알고 보니, 사촌 김도 이미 이 일들을 다 알고 있었다. 그 무렵, 나의 오빠가 나에게 물었던 말이 새삼스레 기억났다.

"왜 김이 충네 집안 얘기만 나오면 그렇게 날카롭게 말하니? 둘이 원래 친한 사이 아닌가."

김은 솔직하고 직설적인 성격이라 표현이 거칠게 들릴 때가 있었지만, 본심은 그렇진 않았다. 어쨌든 충과 김은 여전히 가장 가까운 사촌 사이였다. 결국, 이것은 그 강씨 집안에서 잠깐 불거진 작은 분쟁에 불과했다. 하지만 그날 병실에서 나에게, 가슴에 쌓인 것들을 쏟아 내야만 했던 어머니의 얼굴은 쉽게 잊지 못할 것 같다.

50

어머니의 고통

어머니는 좀처럼 편히 쉬시지를 못하셨다. 열이 떨어지지 않았고 병세는 날이 갈수록 악화되었다. 결국 우리는 일찍이 나의 오빠가 충고했던 대로, 어머니 곁에 머물기 위해 모든 과목들을 다 드롭시켜야 했다. 병실은 날마다 침묵과 긴장이 감돌았고, 드디어 아버님께서 병실 안에 있는 커다란 긴 의자에서 며칠씩 밤을 지내시곤 하셨다.

어느 날, 병실에 나와 어머니 단둘이 남았을 때, 그녀가 고통에 찬 목소리로 나를 불렀다.

"나…며칠째 변을 못 보고 있어. 이 변비가 나를 죽이려 드는구나…."

나는 순간 당황했지만, 곧 어머니의 뼈만 남은 어깨를 붙잡고 물었다.

"얼마나 힘드세요, 어머니? 제가 어떻게 도와드릴까요?"

나는 변비가 얼마나 견디기 힘든지 잘 알고 있었다. 나 또한 만성 변비로 고생한 적이 많았기 때문이다.

"숨이 막히는 것 같아…."

어머니는 고통에 몸을 비틀며 신음하셨다. 나는 더 이상 망설이지 않았다.

"제가 도와드릴게요, 어머니."

급히 화장실로 달려가 비누로 손을 씻고 돌아왔다. 그리고 어머니의 여윈 몸을 조심스럽게 옆으로 돌린 뒤, 엄지 손가락을 그녀의 항문에 조심스레 밀어 넣었다. 혹시나 굳은 변이 항문을 막고 있으면 손가락으로 굳은 변을 부수어 조금씩 꺼내려고 했었는데, 놀랍게도 항문 안엔 아무것도 없었다. 직장 안은 뜨겁게 달아 있었지만, 비어 있었다.

"아무것도 없어요, 어머니. 안은 뜨겁지만 깨끗해요."

그 말을 듣자, 어머니는 조금 진정이 되신 것일까, 눈을 감으신 채 조용해지셨다. 내 뜻밖의 행동 때문인지, 아니면 이제는 더 할 수 있는 게 없다는 사실에 체념을 하신 것인지 알 수 없었다.

"고맙다…."

그녀는 힘겹게 옆으로 돌아 누우시며 나지막이 속삭였다.

며칠 뒤, 정확한 날짜는 기억나지 않는다. 마침내 충의 여동생 유순이 미국에 도착했다. 병원에 누워 계신 어머니와 재회하는 둘째 딸 유순 고모의 마음이 얼마나 애틋하고 슬펐을지 옆에서 보기에도 애처로웠다. 그러나 유순 고모는 큰오빠 집, 클라렌스 센터에 머물러야 했기에, 병원에 자주 오지 못했다.

놀랍게도 유순은 나와 같은 숙명여고 2년 후배였고, 대학도 같은 이화여대 가정학과의 영양학 전공이었다. 그녀는 성격이 차분하고 온순해 보였다. 게다가 영양사 자격증을 갖고 있었으므로, 의사나 간호사 자격증 소지자 외에는 막일을 해야만 했던 70년 대에, 쉽사리 어린이 병원 식당에 보조 영양사로 일자리를 얻었다.

직장 관계로, 유순은 메인 스트리트 UB 캠퍼스 근처로 이사했다. 사촌오빠 김이 살고 있던 아파트였다. UB에 다니는 여러 학생들이 세 들어 살고 있던 큰 아파트였다. 도미해서 얼마 되지도 않아 직장을 갖게 된 유순을 보면서, 전공이 이렇게 삶의 길을 다르게 열어 주는구나 절실히 느꼈던 걸 기억한다.

도미 후, 언어도 채 익숙해지기 전에 미국 병원에서 일하면서 겪었을 어려움이 많았겠지만, 유순의 온순하고 참을성 있는 성품 때문에 그런대로 잘 지내는 듯했다. 유순은 직장을 다니면서, 쉬는 날이면 병원으로 어머니를 방문하곤 했다.

51

어머니의 운명

그 겨울은 유난히 길고도 잔혹했다. 어머니는 병원 침대에서 끊임없이 고통에 시달리고 계셨고, 우리는 그녀의 고통을 어떻게 덜어 줄지 몰라 너무도 무기력하게 느끼며 함께 힘들어했던 걸 기억한다.

아버지 또한 점점 약해지셨고 어머니만큼이나 쇠약해 보였다. 아버지는 마침내 어머니와 함께 지내시려고 어머니의 병실로 잠자리를 옮기셨다. 드디어 병실 안 팔의자에서의 아버지의 삶이 시작되었다.

어떤 날은 병원 의자에 앉아 계신 아버지의 쇠약한 모습을 보며, 누가 환자인지 구분하기가 힘들게 느껴져서, 병실을 떠나 오는 우리들의 가슴이 무겁게 내려 앉곤 했다. 며칠 동안이나 어머니의 혼수상태가 계속되었고, 거의 종일을 주무시기만 했다.

그러던 어느 날 밤, 병원에서 돌아와 겨우 잠들었을 무렵, 큰형에게서 전화가 왔다. 어머니께서 주무시다가 드디어 돌아가셨다는 소식이었다.

다음 날 새벽, 우리가 병원으로 급히 달려갔을 때, 어머니의 몸은 아직 따뜻하셨다. 어머니의 얼굴 표정이 너무도 편안해 보여서, 돌아가셨다는 사실이 믿어지지가 않을 정도였다. 그날은 1971년 3월 15일, 막내 경순 고모의 생일 하루 뒷날이었다. 아버님은 지난 17일 동안 병실에서 어머니와 함께 지내셨는데, 완전히 기력이 다 빠진 상태여서, 커다란 병원 의자에서 일어나지도 못하시고 말도 제대로 못 하셨다.

나와 충은 각각 어머니의 팔과 손을 매만지며 울기 시작했다. 나는 본능적으로 계속 어머니의 팔을 쓰다듬기 시작했다. 마치 그렇게 하면 어머니가 조금이라도 편안해지실 것 같았다.

그때, 큰형이 병실 안으로 들어섰다.

"아, 벌써들 와 있었구나."

"아버지 그동안 너무 고생 많으셨어요." 하고 큰형이 아버지에게 인사한 뒤, 어머니에게 다가가 조용히 팔을 만지며 말했다.

"어머니, 정말 고생 많으셨어요. 이제 편히 쉬세요."

형님의 태도가 너무나 침착하고 담담해서, 울고 있던 우리는 순간 멋쩍은 느낌이 들어, 울음을 멈추고 정신을 차린 후, 아버지를 부축해 일으켜 세웠다. 그러는 와중에, 병원의 오피스 직원이 방 안으로 들어와, 형님과 함께 필요한 절차에 대해 이야기를 나누는 것 같았다. 곧 오피스 직원과 이야기가 끝난 후, 우리는 아버지를 모시고 어머니의 몸을 병실에 남겨 둔 채 앞장서 나가시는 형님을 따라 병실을 떠나야 했다.

그때 나는 참으로 미국의 방식은 냉정하고 모든 걸 사무적으로 처리하는구나 생각했다. 어제까지 두 달 가까이 누워 계셨던 어머니의 병실에, 아직 체온이 따뜻하게 남아 있는 어머니를 남겨 둔 채, 그렇게 떠나 온 것이 너무도 서운하고 아쉽게 느껴졌다.

그 순간, 문득 수십 년 전 고등학교 시절의 한 장면이 떠올랐다. 여름방학이 끝나 갈 무렵, 우리 학교 음악 선생님이 갑자기 돌아가신 일이 있었다. 그분은 내 친구의 아버지였는데, 그 친구는 칠 남매 중 장녀였고 바이올린을 켰다. 교장선생님의 배려였는지, 여하튼 나는 몇몇 학생 중 한 명으로 친구 아버지의 하관식까지 동행하게 되었다.

나는 그날을 지금도 생생히 기억한다. 장지로 가는 버스 안에서부터 관을 땅에 내려놓을 때까지, 나는 감정을 주체하지 못하고 울고 또 울었었다. 마침내 그 친구의 미망인 어머니가 나에게 다가와 안아 주며 달랠 정도였다.

친구의 아버지가 세상에서 영영 사라진다는 사실이 너무도 충격적이고 슬펐다. 뒤돌아보면, 그 울음은 어쩌면 너무 어린 나이에 돌아가신 내 아버지의 죽음에 대한, 가슴속 깊이 응어리 져 있던 나 자신의 슬픔이 그 순간 터져 나왔던 것일까 생각된다.

반세기도 더 지나, 내가 한국을 방문했을 때 그 친구를 다시 만날 기회가 있었다. 나는 속으로 궁금했다. 그 친구는 그날, 자기 아버지의 장례식에서 오열하며 완전히 무너졌던 친구, 찬옥이를 기억하고 있을까?

52

어머니의 장례식

어머니의 시신은 마지막으로 큰아들이 사는 클라렌스 센터로 옮겨졌지만, 그분의 집이 아니라 장례식장이었다. 나는 자원해서 어머니의 얼굴에 화장을 하고, 수의를 입혔다. 심지어 장신구 상자에서 반지를 골라 그녀의 약지에 끼워 드렸다. 어머니는 작은 체구에 깨끗하고 동그란 얼굴을 가진 아담한 분이셨다. 나는 어머니가 가장 좋아하셨던 한복을 입혀 드리고, 한국식 양말인, 버선도 신겨 드렸다. 마지막으로, 오래 사용하시던 성경책을 품에 안겨 드리기로 했다.

며칠 후, 아버지는 어머니의 관과 함께 비행기를 타고 한국으로 떠나셨다. 나는 지쳐 버린 아버지가 그 믿기 힘든 슬픈 여정을 혼자서 어떻게 감당했을지 상상이 되지 않았다. 누가 동행했는지 확실하지 않지만, 큰형이 어머니의 병원비와 관을 한국으로 보내는 비용 때문에 거의 은행 잔고를 다 써 버렸다는 사실만은 알고 있었다.

충과 나는 깊은 빚을 진 듯한 마음을 떨칠 수 없었다. 어머니와 아버지가 미국까지 오신 가장 큰 이유는 우리의 결혼식에 참석하기 위해서였기 때문이다. 특히, 오랜 세월 어머니 자신의 피땀 흘려 일군 포도 과수원을 처분하시고 마침내 드디어, 최신식 현대식 아파트에서 새로운 삶을 큰따님네와 함께 누릴 꿈을 고대하시던 참이었다. 그런데 미국으로 막내 아들의 결혼식에 참석하러 오셨다가, 관에 실려서 한국으로 돌아가시게 되신 것이다. 그때 어머님의 연세 고작 쉰일곱의 젊은 나이였다.

53

시티 프로젝트

우리는 어머님이 병원에 입원과 퇴원을 반복하시던 동안 시티 하우징 프로젝트에서 살고 있었다. 대부분의 유학생 부부들이 그곳에 살았고, 일부 저소득 백인과 대부분 흑인들이 거주하는 지역이었다. 물론 주거 환경이 좋은 곳은 아니었지만, 우리 학생들에게는 감사한 곳이었다. 왜냐하면 월세가 매우 저렴했기 때문에 1년에 2,000달러 남짓한 장학금으로도 생계를 유지할 수 있었던 까닭이다.

그 프로젝트는 낡은 붉은색 목조 건물들이었고, 켄싱턴 고속도로(Kensington Expressway) 가까이에 위치해 있었다. 낮보다는 밤이 더 시끄러운 곳이었다. 낮에는 아이들이 학교에 가고, 우리도 대부분 캠퍼스에 나가 있었으니까. 그러나 밤이 되면 온갖 소리가 들려왔다. 끝없이 이어지는 아기 울음소리, 이웃집 부부의 다툼 소리, 때로는 묘한 신음 소리와 함께 삐걱거리는 침대 소리까지… 하지만 시간이 지나자 그런 소음에도 익숙해져 별로 신경을 쓰지 않고 지냈다.

맞은편에는 약학 박사 과정을 밟고 있는 미스터 정이 살고 있었고, 두 줄 뒤쪽에는 공학 대학원에 다니는 미스터 김 내외와 어린아이가 살고 있었다. 또 다른 미스터 정, 화학공학과 박사 과정 학생 등 모두 근처에 살고 있었다. 그래서 우리는 프로젝트에서 사는 것을 별다르게 느끼지 않았다.

하지만 친척들에게는 전혀 다른 문제였다. 특히 한국에서 갓 오신 충의 어머니에게는 더욱 그랬다. 우리는 이미 충의 어머니가 살아 계실 때부터 이 프로젝트에서 살고 있었다. 나는 아직도 그날을 기억한다. 내가 충의 어머니에게 참다 못해 이렇게 말했던 날을.

"제발, 형님들에게 우리를 도와주라는 말씀하지 마세요. 우리는 학생이고, 모든 학생들이 다 우리처럼 살아요."

나는 어머니가 오하이오에 있는 작은형님 댁을 방문할 때마다 그들에게 우리를 도와주라고 부탁했다는 사실을 알게 된 후, 정말 화가 났었다. 충의 둘째 형님과 형수님도 그때는 막 결혼해서 미국 생활에 정착하려고 나름대로 쉽지 않았던 시기였던 걸 알고 있었으므로.

프로젝트 생활과 관련된 잊을 수 없는 한 가지 사건을 언급하지 않을 수 없다. 어느 날, 충이 정치학 대학원 백인 교수님 내외분을 집으로 저녁 초대를 했다. 그날 내가 어떤 한식을 준비했는지는 기억나지 않지만, 나는 하루 종일 청소를 하고 음식을 준비했다.

교수 부부가 주차장에서 우리 집으로 들어오는 길은 부엌 뒷문으로 바로 이어져 있었다. 부엌 선반에는 문이 없어 모든 것이 훤히 드러나 있었다. 그 모습은 마치 초기 이민자들의 작은 한인 교회 부엌을 연상케 했다.

켄싱턴 시티 프로젝트(버팔로, 뉴욕)

부엌 문 앞에 멈춰 선 그 교수님 내외의 표정을 나는 아직도 생생히 기억한다. 그러나 충은 여느 때와 마찬가지로 천진난만하고 밝게 웃으며 말했다.

"저희 초라한 집에 와 주신 걸 환영합니다. 어서 들어오세요!"

그들의 표정을 보자마자 내 속이 뒤틀렸다. 남편 교수의 엉거주춤해진 난처하고 당황스러운 미소와, 교수 부인의 창백하게 핏기가 가신 불쾌한 표정이 겹쳐졌다. 그리고 나는 그때서야, 음식이 아무 장식도 없는 나무 식탁 위에 그대로 놓여 있는 것을 보았다.

나는 그날 저녁, 그들이 우리 집 식탁에 앉아 식사를 하기는커녕, 우리 부엌에 발을 들여놓았었는지조차 전혀 생각이 안 난다. 그 백인 교수 부부에게는 이 모든 광경이 도저히 받아들일 수 없는 상황이었던 것 같다. 식탁, 식기, 덮는 문이 없는 부엌 선반, 그리고 시끄러운 프로젝트 단지 한가운데의 더러운 집. 그 교수 부인의 표정은 이렇게 말하는 것 같았다.

“어떻게 감히 이런 더러운 곳에 짱깨들이 우리를 초대해?”

그들은 몇 마디 어색한 변명을 남기고, 앉지도 않은 채 떠났던 것 같기도 하다. 나는 속으로 외쳤다.

“바보, 멍충이, 바보, 멍충이!”

나는 충에게 너무 화가 났다.

“어떻게 그렇게 멍청하고 순진해? 그런 오만하고 추악한 백인들을 초대하다니!”

그 사건 이후, 충과 교수는 수업 시간에 어떻게 서로 마주했을지, 지금도 알 수 없는 일이다. 어쨌든, 그 일은 미국 프로젝트 생활 중 가장 굴욕적이고 잊지 못할 사건이었다. 그러나, 그 교만한 백인 교수와의 사건 외엔, 프로젝트 생활에서 심각하게 나쁜 기억은 없었던 것 같다.

아, 한 가지는 기억난다. 프로젝트로 이사 온 후, 어느 날 큰형님이 우리 집에 선물로 사 주셨던 레코드 플레이어! 그것은 우리 집에서 유일하게 새것이었고, 약간의 사치스러운 느낌을 주는 물건이었다. 그러나 그 고급스러운 기계는 오래 우리 집에 머물지 못했다. 누군가 우리보다 음악을 더 사랑하거나 혹은 상황이 우리보다 더 절박했던 사람이 그 기계를 훔쳐가 버렸던 것! 그것이 켄싱턴 프로젝트에서의 소박한 생활 중 내가 기억하는 몇 가지 사건이다. 그리고 지금도 나는 그 시절을 특별히 나빴다고 느끼지 않는다.

54

새 비즈니스

1972년이 빠르게 다가오고 있었고, 우리 두 사람은 졸업을 앞두고 있었다. 그 무렵, 충은 고등학교 시절의 절친 미스터 정에게 전화를 걸었던 것 같다. 그는 서울대학에서 수학을 전공했었고, 미국에 와서는 처음에 캔사스(Kansas) 대학에서 통계학을 공부하다가 나중에 뉴헤이븐 코네티컷(University of New Haven) 대학교로 옮겼던 유학생이었다. 그런데 놀랍게도 미스터 정은 이미 1년 전에 대학원 공부를 접어 버리고 사업을 시작했다는 소식을 보내왔다. 그는 버지니아 노포크(Virginia Norfolk)이란 도시에서 가발 상점 두 곳을 운영하고 있었다.

당시 가발 사업은 미국 내 한인들 사이에서 급속히 성장하는 새 사업이었다. 미스터 정은 말 그대로 돈을 쓸어 담고 있다고 말했다. 심지어 대학에서 정치학을 가르치던 그의 형님도 교수직을 때려 치우고 가발 사업에 뛰어들었다고 했다. 그의 형은 박사 학위를 받고 조교수로 일했지만, 매년 반바지에 슬리퍼를 신고 다리를 흔들거리며 앉아 있는 신입생이나 2학년 학생들에게 강의를 되풀이하는 삶에 환멸을 느끼며 심신이 지쳐가고 있었다. 그는, 더 이상 도전도 보람도 없다고 생각하게 되었고 결국 술까지 마시기 시작했다. 그러던 중, 동생 정이 가발 사업으로 큰돈을 벌기 시작하자, 그 형님마저 망설임 없이 조교의 삶을 내동댕이치고 사업의 길로 뛰어들었다는 얘기였다.

마침 우리가 학업을 막 마친 시점이라, 충은 정에게 여름 동안 무슨 할 일이 있는가 해서 연락을 했었다. 정은 우리에게 버지니아로 내려와 자기 상점에서 두어 달 일해 보고, 생각이 있으면 직접 사업을 시작해 보라고 제안했다. 솔직히 말해, 정이 대학원을 그만두었다는 소식도 충격적이었지만, 정치학 교수였던 형마저 비즈니스에 뛰어 들었다는 이야기는 놀라운 소식이었다.

"잃을 게 뭐가 있겠어?" 우리는 당장 해야 할 일도 없었고, 서둘러야 할 이유도 없었다. 무엇보다 도시를 벗어나 새로운 곳으로 떠나 보는 여행이 아닌가! 그렇게 우리는 버지니아 비치를 향한 신나는 자동차 여행을 해 보기로 결정했다.

며칠 뒤, 우리는 중고차 닷지(Dodge) 440을 타고 길을 나섰다. 오래된 차였지만 시내에서는 문제없이 잘 달려 우리 생활을 여러모로 편하게 해준 고마운 차였다. 하지만 버지니아 노포크까지의 긴 여행은 전혀 다른 이야기였다. 고속도로에 들어서고 난 후에야 우리는 그 차가 시속 50마일 이상으로는 속도를 낼 수 없다는 사실을 알게 됐다. 장거리 여행에 치명적인 문제였지만, 서두를 이유가 없었기에 우리는 그저 풍경을 즐기며 천천히 가자고 마음을 편하게 먹었다.

다른 차들이 우리를 추월하며 짜증난 얼굴로 경적을 울릴 때마다, 우리는 민망한 웃음을 지으며 팔을 들어 올리며 미안함을 표시했다. 그런데 믿을 수 없는 일이 벌어졌다. 백미러에 경찰차가 따라 오는 게 아닌가! 그러더니 곧 그 경찰차가 우리에게 갓길로 차를 세우라는 신호를 보냈다. 가슴이 철렁 내려앉았고, 충은 조심스럽게 차를 멈췄다. 차에서 내린 경찰은 다소 비만한 중년 남성이었다.

"고속도로에서 뭐 하는 거야? 소풍이라도 나온 건가?" 경찰이 울리는 큰 목소리로 말했다.

"죄송합니다. 저희 차가 시속 50마일 이상 속도가 안 나서요." 충이 공손하게 답했고, 나는 얼굴이 화끈거렸다.

"그게 사실이야? 목적지가 어디야?"

"버지니아 노포크입니다."

"농담해?"

"오늘 고속도로에 올라와서야 이 사실을 알았어요, 정말입니다!"

"맙소사, 당신 같은 사람들은 처음 보네, 체포는 안 하겠지만, 오른쪽 차선에만 머물고 조심 또 조심해서 가요! 뒤에 오는 차 잘 보고, 알았지?"

그는 고개를 절레절레 흔들며 차로 돌아갔고, 우리는 연신 고개를 숙여 고맙다는 표시를 했다. 그리고 충은 시속 50마일로 끝까지 운전해 마침내 노포크에 도착했는데, 이미 해가 저물고 있었다.

정과 그의 아내 홍이 가게 문을 닫으려던 참에 우리를 반갑게 맞이했다. 작은 체구에 유머러스한 정에 비해 성악 전공인 아내 홍은 겉모습만 봐도 진지한 성품 같았다. 두 사람은 겉으로 보기에 너무도 다른 스타일이었으나, 외국 무슨 그룹 활동에서 만나 사랑에 빠지게 되었고, 결혼 후 지금은 이 가발 사업에 함께 뛰어 든 것이다.

다음 날 아침, 우리는 모두 함께 상점으로 나갔다. 상점은 잘 꾸며지지도 않은 엉성한 몰골이었지만, 문을 열기가 바쁘게 손님들이 몰려오기 시작했고, 종일 손님들의 발길이 끊기지 않았다. 진열대 위에 놓인 마네킹 머리마다 다양한 길이와 스타일의 가발이 씌워져 있었고, 손님들은 들어오자마자 원하는 스타일의 가발을 골라 머리에 써 보고, 돈을 지불했다. 거래는 단순하고 신속했다. 저녁 무렵이 되자, 상점을 닫으며 그날 하루 동안 벌어들인 현금을 정의 아내 홍이 낡은 마대자루에 쓸어 담았다. 정말 정이 말했던 대로 돈을 긁어모으는 장사였다. 정은 우리에게 속삭였다.

"어때? 쉽지?"

실제로, 가발 가격은 원가의 4배 이상이었다. 비즈니스에 대해 아무것도 모르는 내 눈에도 너무 수월하고 믿을 수 없을 수 없는 장사 같았다. 우리는 며칠 사이에 별 다른 스킬이 요구되지 않는 이 비즈니스를 다 배운 것 같았다. 2주쯤 지났을 때, 정이 충을 데리고 새로운 가게 자리를 찾아보기 시작했고, 차로 2시간 반 남짓 거리의 노스캐롤라이나 윌슨(Wilson, North Carolina)이란 도시에서 매장을 발견했다. 그 새 상점에서 정이 우리에게 상점을 운영해 보라고 권했다.

우리는 곧 멀지 않은 곳에 단기로 세가 가능한 아파트를 구했다. 집 주인은 친절한 그리스 노인이었는데, 우리가 정착하는 데 여러모로 도움을 주었던 걸 기억한다. 윌슨 노스캐롤라이나는 뉴욕 동북부 국경도시인 버팔로와 많이 달랐다. 사람들은 친절했고, 말 끝을 길게 끌며 사투리를 썼다. 우리는 그곳에서 새 가게를 시작했다. 가게는 빠르게 자리 잡았고, 두 달도 안 되어 안정적인 수입을 올리기 시작했다. 그때 그곳에서 우리는 미국 군인과 결혼한 '선미'란 한국 여자를 알게 되었다.

그녀는 발이 넓고 성격이 활달해서 그 지역에서 잘 알려진 것 같았다. 어느 날 '선미'가 '쎌리'란 미용사를 우리에게 소개했다. 곧 '쎌리'가 우리의 새 가게에서 일을 하기 시작했다. 아마 우리가 두 달 반 정도 윌슨에서 지냈던 것 같다. 길지 않은 시간이었지만, 우리가 시작했던 가발 가게는 많은 손님들을 가지고 있었고, 윌슨에서 탄탄한 비즈니스로 자리를 잡았다. 이제 우리가 버팔로로 돌아갈 때가 다가왔다. 마침 쎌리를 소개해 주었던 '선미' 씨가 윌슨의 새 가게를 정으로부터 샀다. 나는 아직도 버팔로로 떠나려는 우리에게 정이 했었던 당시의 일을 잊지 못한다. 정이 작별 인사와 함께 충에게 백지 수표 한 장을 건넸다.

"네가 가게를 열 때 써. 그리고 자리 잡히면 갚아."

그의 우정과 믿음에 우리는 깊이 감동했다. 세 달 만에 버팔로로 돌아가는 길은 처음 내려올 때와 얼마나 달랐는지. 세상에 대한 우리의 견문도, 우리의 생각도 많이 변해 있었다.

우리가 버팔로로 다시 돌아왔을 때, 우리가 적잖게 실망했던 걸 기억한다. 일찍이 텍사스로 이민 왔었다는 충의 고등학교 친구 한 명이 버팔로로 이주해 와서 메인 스트리트에 이미 가발 가게를 열고 있었던 것이다. 불과 3달 전까지만 해도, 우리는 이렇게 초기 이민 사회에 새 가발 사업이 급격히 번져 가고 있다는 사실에 문외한이었다. 가발 사업은 말 그대로 미국 전역, 특히 흑인들이 많이 거주하는 지역에서 버섯처럼 번져 가고 있었다. 우리가 떠나 있던 그 3개월 사이에 버팔로 다운타운을 비롯하여 근교의 쇼핑 플라자 등에 이미 몇 개의 가발 상점들이 들어와 있었다. 석 달 전까지 학교에 있었던 우리들, 그리고 남쪽에 가서 그 가발 비즈니스를 답습하는 사이에, 이렇게 세상이 달라져 버렸던 것이다.

그때, 로체스터(Rochester)에서 동양 기프트 가게를 운영하던 한 부부를 알게 되었다. 그 부부의 남편은 바이올리니스트였고, 내 오빠의 친구였다.

짧게 이야기하자면, 우리는 가발 상점을 오픈 할 기회를 놓쳐 버렸기 때문에, 급한 대로 '동양 기프트 가게'를 열기로 했다. 상품들은 뉴욕시에서 로체스터의 그 오빠 친구 내외를 통해 공급받았고, 가게의 뒷부분에는 가발들을 함께 진열했다. 그때, 한국으로 어머니의 시신을 모시고 나가서 어머니의 장례를 치르신 후, 다시 미국으로 들어오신 시아버님(충의 아버지)께서 내 가게에 나와 나를 도와주셨다. 비즈니스는 노스케롤라이나 윌슨에서 했던 가발 장사에 비하면 아무것도 아니었지만, 나에게는 할 일이 생겼고, 특히 시아버지께도 시간을 보내실 곳이 생긴 셈이었다.

하지만 짧았던 그 사업 기간 중, 결코 잊지 못할 불쾌한 사건이 하나 있었다. 그 일이 왜 생겼는지 정확히 기억에도 없지만, 어느 날 중년 백인 여자가 내 가게에 들어와 뒤에서부터 이것 저것 들척이며 함부로 아무데나 내던지듯 내려놓는 게 아닌가. 내가 따라가며 물건들을 선반 위에 다시 올려놓았는데, 무엇 때문인지 그 여자가 인상을 쓰면서 들으라는 듯 나를 힐끗 돌아보며 한마디 내뱉었다.

"네 나라로 돌아가 버려(Go back to your country)!"

온순한 시아버지는 무슨 일이 일어났는지 전혀 몰랐지만, 나는 그 순간 피가 거꾸로 솟는 것 같았다. 나는 즉시 그 여자를 따라가며 소리쳤다.

"당신 지금 뭐라고 했어? 네 나라로 돌아가라고?"

그 여자는 당황한 표정으로 나를 쳐다보며 멈춰 섰다.

"그런 너는 어디서 굴러 왔는데? 천치 같은 당신이나 굴러 온 곳으로 되돌아가. 그리고 다시는 그 추한 백인 얼굴 내 가게에 얼씬도 하지 말아!"

내 입에서 쏟아져 나온 이 격한 말들은 나 자신조차 놀랄 만큼 분노에 차 있었다. 그 일은 1972년, 내가 처음으로 인종차별을 겪었던 사건이다. 그 여자는 충격을 받은 얼굴로 허둥지둥 사라졌고, 나는 분노로 떨었다. 시아버지는 내 격앙된 표정과 목소리에서 무언가 좋지 않은 일이 있었다는 걸 눈치채셨지만, 아무것도 묻지 않으셨다.

어쨌든, 그 '동양 선물 가게'는 오래 가지 못했다. 쇼핑 플라자 자체도 사람이 많이 몰리는 위치가 아니었고, 동양 선물 사업 자체가 매력적인 비즈니스가 아니었다. 돈을 잃지는 않았지만, 그렇다고 돈을 벌지도 못했다

그런데 전화위복이었을까? "1년 안에 백만장자가 될 거야!"라고 장담을

하던, 521 메인 스트리트에 가발 상점을 오픈했던 충의 친구가 일년이 지나면서 조급해지기 시작했다. 그는 더 빨리 큰 돈을 벌기 위해 다른 지역, 더 큰 도시로 빨리 옮겨 가야겠다고 서둘렀다.

마침내 우리가 521 메인 스트리트의 가발 가게를 인수하게 되었던 이야기다. 간판은 그대로 두고, 이름만 바꿔 'Kay's Jewelry'에서 'Kay's Wigs'로 바꿨다. 이유는 간단했다. 간판을 새로 교체하는 데 드는 비용을 아끼기 위해서였다. 'Kay's Jewelry'라는 간판은 커다란 빌딩의 앞부분을 수직으로 온통 차지했던 엄청나게 큰 간판이어서, 그 간판을 뜯어서 내리는 것 자체가 큰 공사였기 때문이다. 그렇게 'Kay's Wigs'란 이름으로, 우리의 첫 가게가 시작됐다! 그 가게는 규모가 컸고, 원래는 고급 보석 체인점이었던 관계로, 위치도 최고였다.

사업은 잘 되었고, 점점 성장했다. 우리는 두 명의 풀타임 미용사를 고용했다. 체격이 큰 흑인 여성 샌디와, 젊은 백인 여자였다. 우리는 동시에 마침내 프로젝트를 떠나, 비교적 새 아파트 단지였던 윌리엄스타운 아파트 단지로 주거지를 옮겼다.

55

세연

다음 해 봄, 나는 두 달째 생리가 없다는 것을 깨달았다. 의사에게 진료를 받으러 갔을 때, 이미 임신 3개월이라는 예상치 못한 소식을 들었다. 놀라웠지만, 우리 부부에게는 기쁜 소식이었다!

우리는 결혼한 지 3년이 되어 가고 있었고, 그 즈음에는 우리보다 늦게 결혼한 부부들이 하나둘씩 아기를 낳기 시작했었다. 임신 기간은 매우 순탄했지만, 나는 체중이 크게 늘지 않았다. 돌이켜 보면, 입덧이 심하지는 않았지만 임신 내내 매일같이 그릴드 치즈(Grilled Cheese) 샌드위치만 먹었던 걸 기억한다. 8개월이 될 때까지 겨우 18파운드가 늘었고, 9개월이 되어서야 겨우 23파운드 정도 늘어났다. 임신 중 유일한 음식이었던 그릴드 치즈 얘기는 출산 후 농담이 될 정도다. 나도 이즈음 그릴드 치즈 샌드위치에 별로 눈이 안 가지만, 뱃속에서 9달 동안 받아 먹은 탓인지, 딸 세연이도 그릴드 치즈 샌드위치는, 쳐다보지도 않는다!

나는, 아이를 낳는다는 일이 그렇게 힘들고 고약한 작업인 줄은 상상도 못했었다. 나의 힘든 분만 때문에, 그때 그 분만실에서 남편과 내가 "다시는 아기 갖지 않기로!" 다짐을 했었다.

세연이가 태어난 지 겨우 30일 만에 나는 다시 일을 시작해야 했다. 충이 메인 플레이스 몰(Main Place Mall) 안에 아담한 가발 부티크를 또 오픈했기 때문이다. 그 몰은 우리의 첫 번째 비즈니스인 521 메인 스트리트 가게에서 5~6분 걷는 거리였다. 매일 아침, 우리는 아기를 담요에 싸 안고 갓난아기를 받는 보육원에 맡기기 시작했다. 지금도 그때를 떠올리면, 생후 한 달 된 아기를 떼어 놓고 일을 다녔던 일이 너무 미안하고 가슴 아프다.

그때는 가발 사업이 말 그대로 황금기였다. 나는 주 6일 일을 했다. 다행히 몰 안의 가게는 오전 10시부터 오후 5시 30분까지만 문을 열었다. 메인 플레이스 몰 내의 모든 상점은 다운타운 사무실들이 문 닫는 시간과 똑같이 문을 닫았다.

"짧은 영업시간 때문에 수입이 그만큼 줄어드는 거 아니냐"고 더러는 말했지만, 다른 교외 쇼핑몰의 가게들은 주 7일 문을 열고, 밤 9시까지 영업해야 했으며, 12월에는 밤 11시까지 문을 연다고 했다. 아무리 돈을 더 벌 수 있어도, 주 7일 밤 9시까지 문을 열어야 했었다면 나는 절대 버티지 못했을 것 같다. 그 시절을 돌아보면 아직도 마음이 무겁다. 한 달 된 아기가 하루 종일 보육원에 있었다는 사실이 나를 괴롭혔다. 어느 날 보육원에서 일하는 아주머니가 이렇게 말했다.

"아기들은 하루 종일 거의 자요. 먹을 때랑 기저귀 갈 때 빼고는요."

그 말이 조금 위로가 되었던 것일까, 그때는 그 말을 믿고 싶었다. 얼마 후, 나는 아기를 같은 몰 안에 있는 보석 가게 매니저 아내에게 맡기기 시작했다. 우리들은 같은 윌리엄스타운 아파트 단지에 살았고, 그 아내는 상냥하고 따뜻한 젊은 분으로, 그 집에도 어린 아들이 있어서 우리 세연이와 함께 놀게 한다고 했다. 보육원에 매일 데려다줄 때와 비교할 수 없이 마음이 편하고 안심이 되었다. 그렇게 우리는 아기를 기르며, 정말 바쁘고 숨 가쁜 세월을 보냈다.

56

엘렌

두 번째 오픈 한 메인 플레이스 몰(Main Place Mall)에 있는 가발 부티크에는 린다라는 흑인 여자와 엘렌이란 백인 처녀가 일했다. 린다는 독실한 기독교인 싱글맘(Single Mom)이었는데, 강간으로 태어난 딸을 혼자서 조용히 기르고 있었다. 나는 처음 그 일을 알았을 때 너무 놀라서 사건의 자세한 내용을 묻지 않았던 걸 기억한다.

린다는 신체적으로나 정신적으로 누구와도 싸우는 모습을 상상도 할 수 없는 온순하고 조용한 성품이었다. 그런 그녀가 잔혹한 가해자에게 저항한다는 것은 상상도 할 수 없었다. 게다가 린다의 아버지는 침례교 목사였는데, 아마도 그 때문에 더욱 침묵하며 조용히 살아가는지도 몰랐다. 그때 나와 린다는 같은 가톨릭 수녀님들이 운영하는 데이케어(어린이집)에 각각 우리 아이들을 데려가곤 했었다.

그러면서 몇 년 동안 우리 가게에서 조용히 일했는데, 린다가 언제 가게를 떠났는지, 그 후 그녀와 딸의 삶이 어땠는지는 정확히 모르지만, 그녀가 독실한 신앙인이었기에 그런대로 평화로운 삶을 살아가지 않았을까 믿고 싶다. 다른 한 명, 키가 크고 예쁜 엘렌은 겉보기에는 평범해 보였지만 그녀의 삶 또한 평탄치 못했다.

그녀는 쌀쌀한 새어머니 밑에서 살았고, 아버지는 전혀 그녀에게 관심을 주지 않았던 것으로 기억한다. 엘렌과 관련해 기억에 남는 사건이 하나가 있다. 어느 날, 그녀가 금전 기계에서 20달러 지폐 한 장을 가져갔고, 그녀는 내가 그 사실을 알고 있는 것을 알아 차렸다. 그녀는 해고를 당할까 봐 두려워 떨고 있었다. 나는 그 일을 어떻게 처리해야 할지 몰랐지만, 그 일로 그 애를 내보내고 싶지 않았다.

린다도 그랬었고, 엘렌도 꽤 오랜 기간 함께 일했었는데, 린다가 떠난 후, 나는 아끼던 두 사람 모두를 잃고 싶지 않았다. 솔직히 나는 엘렌이 훔친 사실을 부인해 주기를 바랐다. 그날, 가게에는 우리 둘뿐이었다. 한동안 침묵을 지키던 엘렌이 불쑥 입을 열고 낮은 소리로 속삭이듯 말했다.

"아임 쏘리, 내가 잘못했어요!"

그녀의 간단한 고백은 너무나 예상 밖이어서, 나도 간단히 말했다.

"습관이 되지 않도록 해. 그건 안 좋은 일이니까!"

그녀의 짧은 자백 덕분에 나는 안도했고, 그 사건은 거기서 그렇게 깨끗하게 끝났다. 이후로 금전으로 관련된 문제는 더 이상 없었다. 사실은 악명 높은 버팔로의 겨울, 폭설이 몰아치던 날들 덕분에 엘렌은 우리와 더 가까워졌다. 폭설이 심하면, 먼 집으로 돌아갈 수 없었던 엘렌을 여러 번 우리 집으로 데려와 지내곤 했고, 갑작스레 온 시내가 마비되었을 때는, 메인 플레이스 몰(Main Place Mall) 2층 '뉴룩(Nu-Look)' 옷 가게 매장에서 우리와 함께 밤을 지냈던 적도 몇 번 있었다.

그 엘렌이 드디어, 롭(Rob)이라는 남자를 만나 결혼하며 가게를 떠났다. 그녀가 떠나는 것이 서운하고 아쉬웠지만, 남편을 만나 행복한 삶을 찾아 떠나는 엘렌을 진심으로 축복해 주었다. 우리는 계속 연락을 주고받았고, 나는 그녀가 아이를 하나둘씩 낳으며 바쁘고 행복한 가정을 이루고 있다는 소식을 전해 듣고 있었다.

그런데 안타깝게도, 몇 년 후 롭이 가게를 찾아와 충격적인 소식을 전했다. 엘렌이 폐암으로 세상을 떠났다는 믿기 힘든 소식이었다. 그때 그녀는 다섯 명의 어린아이들이 있었다고 했다. 그녀가 가게에서 일할 때 가끔 담배를 피웠던 것을 기억하지만, 너무도 젊고 건강했었기에 믿기가 힘들었고, 가슴이 아팠다.

수많은 직원들이 오고 갔지만, 내게 엘렌은 가장 정을 주었던 사랑스럽고 애처로웠던 소녀였다. 나는 엘렌을 단순한 직원 그 이상으로 아꼈던 것 같다.

57

새로 부상하는 의상 비즈니스

뉴욕에서 또 다른 한인들의 새로운 비즈니스 붐이 일기 시작했다. 이번에는 유대인들을 따라 시작된 남성 의류 사업이었다. 우리는 이미 남성 의류 사업을 하고 있는, 충의 대학 동문 중 한 명을 소개받았다. 그런데 의류 사업은 가발 사업과는 달랐다. 상품을 구입하려면 반드시 신용거래가 가능해야 했다. 충의 대학 동문은 자신의 신용으로 우리를 대신해 상품을 구입해 주었고, 우리는 나중에 그에게 돈을 지불했다. 이런 일은 친척 간에도 쉽게 하기 어려운 엄청난 호의였다. 돌이켜 생각해 보면, 우리는 미국 초기 이민 생활에서 몇몇 놀라운 친구들의 도움을 크게 받았던 걸 새삼 느끼게 된다.

충은 즉시 새로운 사업에 뛰어들었다. 그는 메인 플레이스 몰(Main Place Mall) 2층에 남성 의류 매장인 "Nu-Look Fashions"를 열었다. 이 매장은 부티크 스타일의 가발 상점에 비할 수 없이 큰 스케일이었다. 먼저 언급했듯이 남성 의류 사업은 가발 사업과는 많이 달랐다. 예를 들어, 일부 한국 개별 제작자의 상품을 제외한 대부분의 브랜드 상품이 현금으로는 구입이 불가능했다. 그리고 상품이 출고된 날로부터 30일 이내에 대금을 지불해야 했다.

RIT(Rochester Institute of Technology)에 다니던 조카 연석이와
또 다른 대학에 다니던 Mark 그리고 기조(영리했던 스페인 청년)

물건이 도착하고, 배송에서 실제 개봉까지 일주일은 걸렸다. 그리고 겨울철 버팔로의 악명 높은 눈보라가 몰아쳐 도시 전체가 마비되고, 심지어 다운타운 자체가 2~3일, 길게는 일주일씩 문을 닫아야 했을 때도 있었다. 하지만 청구서 기한은 연기가 되지 않았다. 각 회사에서 오는 청구서가 삽시에 쌓이기 십상이었다.

한마디로, 의류 사업은 가발 사업처럼 쉬운 사업이 아니었다. 게다가 시즌에 몇 개월 앞서 트레이드쇼에서 주문한 옷이 매장에 도착했을 때에 유행을 타지 못하면, 그 옷들은 팔리지 않고 매장에 그대로 걸려 있게 된다.

그 당시, 한국으로 귀국했던 큰오빠가 한국에서 적응을 못하고 다시 미국으로 돌아왔다. 그는 한국의 어느 대학 음악 교수로 초청받아 귀국했었으나, 미국 생활 후 다시 한국의 문화적 차이를 극복하지 못했던 것 같다. 4년간의 음악 공부와 10년간의 필하모닉 활동까지 합쳐 오랜 세월을 미국에서 보냈던 그는 결국 한국에 적응이 어려워, 여름방학 중 교수직을 때려 치우고 다시 미국으로 돌아오고 말았다. 놀랍게도 그는 평생 해 온 음악 대신 사업을 하겠다고 했다. 즉, 우리를 통해 남성 의류 사업을 시작하고 싶었던 것이다. 그래서 충은 자신의 신용 계좌로 우리와 내 오빠의 상품까지 함께 주문해야 했다. 그러나 현실은 쉽지 않았다. 물건이 우리 가게에 도착하면, 직원들이 하던 일을 멈추고 내 오빠의 물건을 따로 포장해 오빠의 상점이 있는 시라큐스(Syracuse)로 배송해야 했다. 오빠는 우리보다 며칠 늦게 물건을 받았고, 그는 물건을 받은 날짜로부터 30일 될 때에 충에게 대금을 지불했다. 이는 충의 청구서에 대한 부담을 더 어렵게 하는 결과를 가져왔다. 나는 한참 지난 후 충이 청구서 때문에 얼마나 힘들어했는지 알았다. 특히 겨울철 폭설로 인해 상황은 더 악화되었다. 게다가 믿기 어려운 일은, 내 오빠가 우리에게 불평까지 시작했던 일이다. 보낸 의류가 빨리 팔리지 않으면, 우리가 잘 팔리지 않는 상품을 자기에게 보냈다고 불평도 했다. 하지만 그가 몰랐던 것은, 유행을 안 타면 그 의상들은 우리 가게에서도 팔리지 않는다는 사실이었다.

어쨌든 충은 현금 흐름을 돕기 위해 몰 밖의 메인 스트리트 거리에 두 번째 의류 매장을 열었다. 그 후 인근 도시 로체스터(Rochester)에도 또 하나의 의류 매장을 열었는데, 안정된 직장을 구하지 못하고 있던, 생화학(Bio Chemistry) 전공이었던 사촌 형인 김이 안정적인 직장을 찾을 때까지 그곳에서 일을 하게 했다. 놀랍게도 사촌 형이 일하게 된 로체스터 매장의 첫날 매출은 인상적이었다. 모든 것이 잘 굴러가는 듯 보였다.

하지만 앞서 말했듯, 의류 사업은 만만한 사업이 아니었다. 모두가 히트 상품이 될 거라 확신했던 상품이 전혀 팔리지 않았던 기억이 난다. 바로 마이클 잭슨의 블랙 & 레드 스릴러 재킷이었다! 그러나 전 세계가 마이클 잭슨에 열광하던 시절, 이 재킷은 어디에나 있었다. 심지어 K마트에도 있었다. 아이들은 이 재킷을 좋아했지만, 굳이 메인 플레이스 몰의 "Nu-Look Fashions"까지 와서 비싼 가격을 주고 살 필요가 없었다. 결국, 이 재킷들은 우리 몰 가게뿐 아니라 메인 스트리트 매장, 로체스터 매장에서도 눈에 가시가 되었다. 아마 시라큐스에 있는 내 오빠의 가게에서도 마찬가지였을 것이다. 우리 얌전한 아들 세진이조차도 그 재킷을 입고 신나게 브레이크댄스를 췄던 걸 기억한다.

그때 우리는 세 개의 가발 가게와 세 개의 남성 의류 매장을 운영하고 있었다. 그 사이, 내 둘째 형부 홍과 그의 두 자녀가 한국에서 버팔로로 이주했다. 홍도 일자리가 필요했다. 그래서 우리는 그에게 베일리 애비뉴(Baily avenew) 가발 가게에서 일하도록 제안했다. 그러나 얼마 되지 않아 로체스터 의류 매장과 베일리 상가의 가발 매장들이 어려움을 겪기 시작했다. 또한 메인 스트리트 상단의 의류 매장도 잘 되지 않았다. 우리는 처음에 메인 플레이스 몰에서 함께 일했던 토니라는 성실한 직원에게 메인 스트리트 상단의 새 매장을 맡겼다. 왜 매장들이 시간이 지나면서 어려움을 겪는지 파악하려고 노력한 결과는, 결국 수표를 쓰는 사람과 수표를 받는 사람의 절박함이 완전히 다르다는 사실인 것 같았다.

충은 여섯 개 매장의 임대료, 상품 대금, 종업원들의 급여 등을 감당하기 위해 최선을 다 했다. 첫날 매출이 2,000달러를 넘었던 로체스터 도시의 매장이 어느 날은 하루 종일 옷 한점도 판매하지 못하는 지경에까지 이르렀다.

그래도 충은 그 2년 동안 매장을 채우기 위해 계속 새 상품을 사 보내야 했고, 종업원들의 급여와 임대료를 힘겹게 보냈지만, 더이상 버틸 수 없는 지경에 이르렀다. 마침내 매장을 닫았을 때 그 가게를 맡아 일하던 사촌 형님이 불만을 나타내서서 속이 상했던 걸 기억한다.

충은 종종 임대료를 늦추기 위해 선일자 수표를 작성하고, 특히 가장 비싼 두 매장의 임대료는 월 단위 대신 주 단위로 네 장의 수표를 나눠 작성했다고 한다. 당시 몰 측은 이를 허용해 주었는데, 나는 이렇게까지 충이 힘든 상황에 있는 것을 당시에는 몰랐고, 한 참 후에야 알았다.

결국, 베일리 상가의 가발 매장은, 조카 둘을 데리고 이민 와 있던 둘째 형부에게 넘겼고, 메인 스트리트 위쪽 거리에 열었던 옷 상점은 닫아 버렸다. 그리고 521 메인 스트리트의 최초의, “Kay’s Wigs” 상점은 결혼 후 뒤늦게 도미한 충의 막내 여동생 부부가 인수했다. 우리는 너무 홀가분했고, 마침내 스트레스에서 벗어나 기분 좋게 비즈니스에 임하게 되었다. 더 이상 수많은 직원과 매장을 관리하며 속을 썩힐 필요가 없었고, 마침내 빌(Bill) 문제에서도 자유스러워졌다. 이제 우리는 메인 플레이스 몰 안의 부티크형 가발 가게와 2층 의류, 2매장만 운영하며 편안하게 일할 수 있게 된 것이다.

58

베이비 시터

Attending the Magic Fashion Show(international trade show)in Las Vegas.

그동안 내 딸 세연이는 몇몇 주변 베이비 시터들에게 맡겨져 돌봄을 받았다. 한동안은 한국인 박사 과정 유학생의 아내가 맡아 주었고, 그 후엔, 자기의 아들을 돌보기 위해 직장을 쉬던 폴란드 의사의 아내 베티가 돌봐 주었다. 베티는 간호사 출신으로 매우 똑똑하고 성품도 좋은 분이었다. 나는 세연이가 베티의 손에 맡겨져 있을 때가 어느 때보다 편안했던 것을 기억한다.

우리는 뉴욕으로 학기 초 혹은, 학교가 시작하기 전의(back to school) 대목 때이거나, 매년 국제 매직 스포츠웨어 쇼에 참석하기 위해 며칠 동안 집을 떠나야만 했다. 그럴 때면 특별히 가까이 지내던 남편의 고등학교 동창 친구의 집에 세연이를 맡기기도 했었다. 그분들께는 지금도 고마운 마음이다.

한 번은 그 친구가 내게 이렇게 말해 주었다. 세연이가 5분마다 화장실을 가겠다고 해서, 혹시라도 옷에 실수를 할까 봐 불안해하는 것 같았다고. 나는 그것이 박사 과정인 한국 대학원생 아내에게 맡겨졌을 때의 일인 것을 알고 있다. 어느 날 저녁, 세연이를 픽업하러 갔을 때 그녀의 엉덩이가 이상하게 불룩해 보였다. 알고 보니 난데없이 기저귀를 차고 있는 게 아닌가. 왜 기저귀를 차고 있냐고 묻자, 낮잠을 자다가 그 집 소파에 오줌을 싸서 어쩔 수 없이 기저귀를 채웠다고 했다.

그 일을 떠올리면, 40여 년이 지난 지금도 가슴이 미어진다. 거의 배변 훈련이 되어 기저귀를 떼고 한참 되었던 아이였는데, 한번의 실수로 다시 기저귀를 차야 했다는 불안이 세연이로 하여금 그렇게 안절부절하게 만들었던 것이다. 혹시 또 실수를 해서 기저귀를 차게 될까 두려워서… 거의 노이로제에 걸렸던 어린 세연이.

그러나 다행히, 얼마 후 같은 윌리엄스타운 아파트 위층에 살던 폴란드 의사의 아내 베티가 세연이를 맡아 주면서 상황이 달라졌다. 베티는 따뜻하고 다정했으며, 그 손에 맡겨진 후로 세연이는 눈에 띄게 활발해졌고 다시 행복하게 지내게 되었던 걸 기억한다.

59

정아

20여 년 동안, 아래 층의 부티크 가발 가게를 자기 가게처럼 일해 주었던 한국인 정아를 언급하지 않을 수가 없다. 엘렌 이후에 몇몇 다른 직원들을 데리고, 부티크 상점을 운영해 준 분으로 우리가 가게를 매각할 때까지 함께 있었다. 한편, 이층에 있는 옷 상점 '뉴룩'은 믿음직한 흑인 신사 네이트 윌리엄스(Nate Williams)가 매니저로 일하고 있었는데, 그는 베트남 전쟁 해군 참전용사로 점원들의 존경을 받으며, 우리 가게에서 20년 넘게 일했다. 베트남 전쟁 이후 그는 베들레헴 철강이었는지 포드 자동차에서 일한 것으로 들은 것 같은데, 확실치는 않다. 어쨌거나, 한국인 정아와 커뮤니티에서 존경받는 네이트가, 부티크 숍과 "뉴룩 패션"에서 일하게 된 것은, 우리에게는 정말 감사한 일이었다.

언젠가, 충이 네이트와 함께 버팔로 빌스(Bills) 풋볼 경기를 보러 갔을 때, 네이트가 지역 사회에서 얼마나 유명하고 인기가 많은 사람인지 알게 되었다고 했다. 경기가 진행되는 동안, 네이트를 중심으로 주위의 관중들과 함께 경기 내내 파티 같은 분위기였다고 한다.

'네이트' 외에도, 린다의 동생이자 지역 뮤직 그룹의 싱거 모리스 메이스가 이층 옷 상점 '뉴룩'에서 일했는데, 그의 밴드 기타리스트인 '리키'까지 소개해서, 오랫동안 '뉴룩'에서 함께 일했다. 우리의 두 비즈니스는 아주 성실하고 유능한 사람들, 그리고 가족 같은 멤버들로 운영되었다. 지금도 우리는 그 사람들이 마치 자기 가게처럼 정성을 다해 우리 사업을 지켜 준 것을, 특별한 축복으로 생각하고 있다.

그리고 매니저인 네이트 이전에 일했던 또 다른 신실한 직원, 안토니란 청년을 언급하지 않을 수 없다. 늘 심각한 편이었던, 인물이 출중하고 성실했던 안토니는 잠시 메인스트리트 상가 새 옷 가게를 맡겼던 청년인데, 나중엔 버팔로 공항에서 일하게 되면서 헤어졌지만 전문직을 가졌던 총명한 아내와 결혼을 했던 청년으로 오랫동안 성실하게 우리를 도와주었던 좋은 추억들이다.

60

초기 이민자들

70년대 초, 비즈니스를 하던 당시의 잊히지 않는 에피소드 하나가 있다. 그 친구의 코멘트는 유감스럽게 아직도 내 마음 한 구석에 남아 있다. 나를 뼛속까지 흔들어 놓았던 유감스러운 한마디 말, 어쩌면 친구는 심각하게 의도하지 않았을지도 모르는 그 말 한마디가, 얼마나 상대방을 흔들어 놓을 수 있는지를 그때 절실히 깨달았다.

"미세스 강, 대단하게 보았었는데, 다운타운에서 가발을 판다죠?" 그녀가 웃음을 섞어 농담처럼 내 던진 그 말 한마디는 날카로운 칼날처럼 내 가슴속을 아프게 찔렀다. 그 친구가 특별히 어떤 감정을 가지고, 언급하지는 않았으리라고 생각하면서도, 그 말 한마디가 나의 가슴속을 뒤흔들어 놓았던 사실은 부인할 수가 없다.

그렇다. 70년대 초기의 이민자들은, 의업에 종사하거나, 교수 혹은 특종의 전문 직종으로 도미한 경우가 아니면, 먹고 살기 위해 한국에서라면 생각도 안 해 본 종류의 여러 일에 뛰어들어야 했다. 당시 많은 사람들이 가발 장사에 뛰어 들었고, 그 후에 뷰티 서플라이 비즈니스로, 혹은 메뉴펙쳐(Manufacture)로 혹은 수출입 비즈니스로 뛰어들었고, 그중엔 성공한 사례도 많다. 처음 붐을 일으킨 가발 비즈니스에 뒤이어, 남자 의류사업이 유대인의 뒤를 이어 크게 부상했다. 한국에서나, 유학 당시 꿈꾸던 전공과 아무런 연관도 없이 종사했었던 초기 이민자들의 삶이었다. 장사에 몸담았던 교육받은 한인들의 이야기를 꺼낸 김에, 민망한 이야기 하나가 있다. 다른 아시안 비즈니스 종사자에 대해선, 접할 기회가 없어 생략한다.

이상하게도 한국인 상점 주인들은 거의 직원들에게 현금 거래 레지스터를 맡기지 않았다. 가게 주인이나 그 가족만이 레지스터를 핸들했다. 따라서 하루 종일 레지스터 옆에 서서 혹은 앉아서 꼼짝을 못하고 지냈다. 당시 우리는 비즈니스를 시작할 때부터, 파트 타임(Part time) 세일즈 직원까지 다 레지스터를 핸들하게 했었으므로, 후에 어떤 분의 얘기를 듣고 놀랐었다.

서울에서 K 법대를 졸업하신 고학력자의 이야기이다. 그분은 자기 혼자서만 현금 레지스터를 핸들하기 위해, 종일 변소에도 안 갔다고 한다. 앉은 자리 밑에 큰 깡통을 가져다 놓고, 소변을 그 자리에서 처리하곤 했다는 웃지 못할 이야기이다. 그분은 서울의 K 대학교 법대를 최고 학점을 받고 들어갔었던 분인데, 그의 큰 형님이 이북으로 월북을 하신 이유로, '연좌제(Collective Punishment)'로 인해 또 다른 형제들과 더불어, 공무원은 물론 직장을 얻는 것이 쉽지 않았다는 분이다. 도미 전에 그분은 서울의 이름 있는 학원(Privatory Institute) 강사로 유명세를 탄 분이었다. 다행히도 이 연좌제는 지금은 헌법 조항(Constitution Article 33)에 의해 폐지되었다. 이분의 딸 중 하나는 존스 홉킨스 대학에서 영문학을 전공했고, 나중에 시카고에 있는 이름 있는 대학의 영문과 교수가 되었다.

그 당시 초기 이민자 중에는, 대학에서 화공학을 가르쳤던 분이나, 혹은 한국에서 육군 대령을 역임했던 분 등이 뉴욕 시티의 빌딩 코너에서 청과상 일에 뛰어 들기도 했다. 그들은 싱싱한 채소나 과일을 구입하려고, 꼭두새벽에 지하철 도매상으로 달려 갔고, 당일에 그 채소들을 매진하기 위해 고군분투했다. 이 청과상 일은 새벽부터 밤 늦게까지 매달려야 했던 힘겨운 업종이었는데, 70년대 초기에 한국의 고학력 자들이 매달렸던 업종 중의 하나로 알려진 사실이다.

당시에 상처 받았던 이야기를 이제는 잊고, 열심히 살아온 스스로를 돌아보며 감사하는 마음으로, 더 이전인 60년대 초 수많은 교육받은 한국의 젊은 남녀들이 서독의 광부로 혹은 간호사로 나갔던 이야기까지는 언급하지 않겠다.

61

내 어머니의 입원

어느 날, 한국에 있는 큰언니로부터 전화가 걸려왔다. 내가 한국을 떠난 지 7~8년쯤 된 시점이었다. 언니는 엄마가 병원에 입원했다는 소식을 전했다. 엄마는 이미 오래전부터 외할머니처럼 혈압이 높았다. 외할머니는 39세에 중풍을 맞고 4년 뒤 세상을 떠난 분이었다. 우리는 두 비즈니스를 네이트와 정아에게 맡기고 급히 한국으로 떠났다.

한국에 도착했을 때, 엄마는 영등포 시립 병원에 입원해 있었다. 여유가 있는 사람들은 가지 않는 병원이었다. 다음 날 아침 병원에서 엄마를 만났을 때 충격이 컸던 걸 기억한다. 훌쩍 큰 키에 늘 에너지가 넘치던 그 엄마가 아니었다. 깡마르고 초췌해진 모습으로 혼자 일어서지도, 걷지도 못했다. 믿을 수가 없었다. 눈앞에 앉아 있는 쇠잔한 노인이 내가 기억하고 있던 그 씩씩한 사업가 엄마라는 사실이 도무지 받아들여지지 않았다. 그러나 엄마는 내 얼굴을 알아보고 눈에 눈물을 가득 채우며 말했다.

"찬옥아, 먼 길 왔구나."

남편이 어린 세연이를 엄마 곁으로 데려왔다. 세연은 세 살이 조금 넘었을 때였는데, 병든 외할머니를 만나러 아주 먼 곳에서 왔다는 걸 알았는지, 조심스레 엄마의 손을 잡았다. 엄마는 세연에게 한국말로 말씀하셨다.

"할머니가 아파서 미안해."

우리는 잠시 이야기를 나누었고, 대화가 길어질수록 엄마의 표정이 조금씩 살아나는 걸 느낄 수 있었다. 엄마는 침대에서 일어나고 싶어 했다. 나는 엄마의 어깨를 감싸 안아 일으켜 세우고 화장실 쪽으로 엄마를 조금씩 이끌었다.

"엄마, 우리 복도 조금만 걸어 볼래요? 내가 붙잡고 같이 걸어 봐요."

엄마는 내 어깨에 몸을 기대고 두세 걸음을 떼었다. 그러나 네 걸음도 걷지 못하고 맥없이 그대로 주저앉고 말았다. 나는 엄마 귀에 속삭였다.

"엄마, 일어나 걸을 수 있으면 우리하고 같이 미국 와서 살 수 있어요. 어때요?"

그 순간 엄마의 눈빛이 반짝이는 것 같았다. 그날 이후로 엄마는 점점 회복되기 시작했다. 기적 같은 변화였다. 오래지 않아 엄마가 차차 걸음을 떼기 시작했고, 2년 뒤 정말로 미국에 와 우리와 함께 살게 되셨다.

그 후 엄마는 미국에서 15년을 더 행복하게 사셨다. 처음엔 우리 집에서 함께 지내다가, 나중에는 한인 교회 어르신들이 모여 사는 최 현대식 장로교 노인 아파트에서 독립적으로 지내셨다. 하지만 말년에 중풍으로 휠체어 생활을 하게 되면서 마지막 7년은 요양원에서 지내야 했다.

그럼에도 불구하고, 엄마는 버팔로의 세인트 피터스(Saint Peter's) 카톨릭 요양원에서 직원들의 극진한 사랑을 받으며 행복하게 지내셨다. 특히 물리치료사 아담은 정말 하늘이 보낸 천사 같은 분이었다. 내가 몇 번이나 사례금(Tip)을 주려고 했지만 끝까지 거절했다. 무엇보다도, 엄마의 주치의였던 한국의사 닥터 백은 요양원에 들어가기 전부터 엄마의 주치의였던 분이셔서 엄마를 끝까지 성심껏 돌보아 주셨던 잊을 수 없는 고마운 분이시다.

62

세진

세연이가 태어난 후, 거의 5년 만에 우리에게 둘째 아들 세진이가 태어났다. 1978년 8월, 끔찍하게 더웠던 잊을 수 없는 여름이었다. 점점 해산 날짜가 다가오면서 나는 온몸에 심한 발진이 돋아나서, 가렵고 괴로워서 매일 차가운 물이 담긴 욕조에 앉아 지내야 했다.

우리가 미국에 와서 처음으로 살었던, 게츠빌(Getzville) 뉴욕 몽블루 드라이브(Montbleu Drive)의 집에는 에어컨이 없었다. 그래서 더 그렇게 심한 땀띠로 온몸이 발진했는데, 그러나 그때 산부인과 의사였던 닥터 슐만이, 해산이 끝나면 발진이 다 사라질 거라며 달래 주었다. 그 당시엔 그 끔찍한 발진이 정말 사라질까 믿기지가 않았는데, 출산과 함께 정말 몸이 거짓말처럼 깨끗해졌던 걸 기억한다.

간호사가 갓 태어난 아기를 안고 왔을 때, 세진의 얼굴은 깨끗하고 평온했다. 눈도 뜨고 있었고, 다섯 해 전 세연이처럼 집게(forceps) 자국으로 멍이 들었던 무시무시한 검붉은 상처도 없었다.

5년 전 태어난 세연의 첫 출산이 너무 힘들었던 난산의 히스토리 때문에, 둘째 아이가 생기면 제왕절개 가능성을 언급했었는데, 정말 세진이는 제왕절개로 태어났다. 그래서 그렇게 깨끗하고 평온한 태아의 모습이었다. 만약 선택의 여지가 있다면 나는 누구에게라도 제왕절개를 권하고 싶다.

하지만 그날은 기쁨만으로 끝나지 않았다. 슐만 박사는 "아들입니다!" 하고 말한 뒤 잠시 말을 멈추더니, "그런데 손에 기형이 있습니다"라고 말했다. 우리는 순간 무슨 말인지 이해가 되지 않았다. 내가 의아한 눈길을 남편에게로 돌렸는데, 남편 충의 안색이 달라져 있는 걸 발견했다. 그는 말없이 팔을 뻗쳐 내 손을 꼭 잡았다. 의사가 설명하는데, 세진이는 오른손에 엄지손가락 하나만 있고 네 손가락은 온전히 발달하지 못한 채 흔적만 남았다고 말했다.

슐만 박사 본인도 충격을 받은 상태였다. 그의 긴 의료 경력 중에 거의 같은 시기에 기형아 출산을 두 번째 경험한다고 했다. 그렇게 우리 아들 세진은 오른손이 온전하지 못한 상태로 태어났다. 무엇이 원인이었을까 곱씹어 생각해 보았다. 임신 2개월쯤 되었을 때 걸렸었던 '러시안 독감' 말고는 떠오르는 게 없었다. 임신 3개월째에 독감에 걸렸던 다른 친구는 건강한 아들을 낳았으니, 아마 2개월째가 태아 발육에 더 중요한 시기인가 뒤늦게 생각했다. 우리는 그저 아이에게 가장 좋은 길을 택하고 싶었다.

소아과 의사는 아기를 가능한 한 정상적으로 키우라고 조언했다. 장갑을 끼게 하거나 특별히 다르게 대하지 말라고 조언했다. 장갑을 끼게 하는 것은 아이를 위한 게 아니라 부모의 눈을 가리기 위한 것이라고 덧붙였다. 필요하다면 네 손가락 흔적을 절제해 손 모양을 고르게 할 수 있지만, 우리는 그대로 두기로 했다.

세진이는 건강했고, 세연과는 성격이 달랐다. 내성적이고 조용한 아이였다. 그것이 손 때문인지, 아니면 원래 기질인지는 알 수 없었으나, 나는 깊이 생각하지 않으려 했다. 그는 어려서부터 착하고 모범적인 소년이었다. 우리는 처음부터, 가리지 않고 다른 아이들이 하는 건 다 하게 했다.

당시 나의 엄마가 우리와 함께 살고 있어서, 세진이는 세연이가 자랄 때처럼 어린 나이에 어린이집이나 베이비시터 집으로 전전하지 않아도 되었다. 나는 세연에게 느꼈던 미안함 때문에 주 6일 대신 4일만 일을 했고, 집에서 아이와 시간을 보냈다.

나는 그를 체조 교실에도 보냈다. 못한 건 철봉 위에서 공중제비를 도는 기술뿐이었다. 코치가 옆에서 붙잡아 도와주며 그 외의 모든 동작을 가르쳤다. 그러나 체조 클래스는 3~4학년쯤 되었을 때, 또래의 다른 남자애들처럼 체조를 그만두었다.

그 무렵 레이덤 오크스(Ransom Oaks) 빌리지에는 세진이 또래의 귀여운 한국 여자아이 그레이스가 살고 있었다. 같은 학교에 다니던 그레이스와 세진이는 친구였고, 세진이는 언젠가 그녀와 결혼하겠다고 말한 걸 기억한다. 그런데 나는 어느 날, 그 꼬맹이 소녀가 세진이에게 이렇게 속삭였다는 말을 들었다.

"새 친구들을 만나면, 네 손을 바지 주머니에 넣어."

그녀는 자기 친구를 지켜 주려 했던 것이다.

자기도 피아노를 치고 싶다며 피아노 건반을 만지려고 발돋움을 하는 세진

세진이가 세 살이나 네 살쯤 되었을 때, 나에게 피아노를 배우고 싶다고 말했다. 세연이의 피아노 레슨이 끝난 직후였다. 그 말은 나를 깜짝 놀라게 했다. 아직 세진이에게 음악을 시켜야겠다는 생각을 하기 전이었기 때문이다. 그 전에도 몇 번, 손이 미치지도 않는 피아노 건반에 손을 뻗던 모습을 본 적이 있었지만 대수롭지 않게 넘겼다. 그러나 이제는 직접 피아노 이야기를 꺼냈으니, 더는 무시할 수가 없었다.

어떤 악기가 가능할까 생각해 보았다. 피아노는 관심을 보였지만 무리였다. 바이올린은 어떨까? 그러나 취미로 하기에 너무 힘든 악기였다. 내 오빠가 전문 바이올리니스트로 살아가는 모습을 평생 보아 왔기에, 밤낮으로 바이올린 통 하나에 매달려 연습만 하며 살던 오빠가 생각났기 때문이다. 그럼 첼로는 어떨까?

나는 스즈키 방법으로 첼로를 가르치는 여선생님을 찾아냈다. 그녀는 세진이의 이야기를 듣자, 마치 사명을 받은 사람처럼 열정을 다해 세진에게 첼로를 가르치겠다고 나섰다. 즉시 크리스를 스즈키 교실에 데려가기 시작했다.

엄지 외에는 제대로 손가락이 자라지 않은 탓으로, 처음에는 활을 제대로 붙잡지 못하고 자꾸만 활을 떨어뜨렸다. 오른손은 빨갛게 달아오르고 아프기까지 했겠지만, 점차 손에 힘이 붙으면서 활을 제대로 잡게 되었다. 나는 그 어린것이 첼로를 포기하지 않고 계속 배우려고 노력하는 모습을 보고 너무 기뻤다.

일 년 반쯤 지난 어느 여름날, 선생님은 스즈키 교실의 발표회를 열었다. 나는 무척 긴장됐다. 첫 무대에서 잘하면 정말 다행이지만, 만약 긴장하거나 불안해서 연주를 망치면 끝장이었다. 나는 이미 오빠의 제자들 중 몇몇 학생이 첫 발표회에서 얼어붙은 뒤, 그 후로는 계속 무대에 설 때마다 제대로 발표를 못하게 된 경우를 보아 왔었다.

그 무렵, 어머니는 셰리던(Sheridan) 드라이브에 새로 지어진 시니어 아파트에서 교회 권사님들과 함께 살고 계셨다. 어머니와 몇몇 친구분들이 세진이의 첫 스즈키 발표회에 꽃다발을 들고 찾아오셨다. 그날 세진이는 통통한 얼굴에 단정한 곤색 양복을 입고 있었다. 나는 세진이보다 더 긴장했었는데, 세진이는 한 번의 실수도 없이 끝까지 연주를 잘 해냈다. 우리는 기쁘고 감격해서 모두 자리에서 일어나 손뼉을 쳤고, 어머니와 친구 권사님들이 꽃다발을 안고 무대 앞으로 달려 나와 세진이를 격려해 주셨던 걸 기억한다.

세연이와 엄마와 함께, 세진이의 콘서트에서

세진이는 부끄러워하면서도 얼굴 가득 환한 미소를 지었다. 나는 지금도 그날 세진이를 응원해 준 할머니들께 감사한 마음을 잊지 못한다. 크리스의 첫 번째 무대를 환영해 주었기 때문이다.

나는 스즈키 선생님께 감사했다! 그분이 아니었다면 세진이가 첼로를 시작하지 못했을 것이다.

세진이는 점점 첼로에 능숙해져서, 나중엔 학교 오케스트라에서 첼로 수석 자리를 맡았었고, 그뿐 아니라 이웃 지역의 중학교나 고등학교 오케스트라에도 자주 불려 다니며 연주했고, 연주비까지 받곤 했다. 한 가지 첼로 활동이 잦아지면서 가라테 수업과 시간이 겹쳐, 결국 브라운 벨트까지 받고 카라테를 더 계속할 수 없었던 것을 아쉬워했던 걸 기억한다.

4학년이 되었을 때, 우리는 세진이에게 동네에서 신문 배달 일을 해 보라고 제안했다. 세연과는 달리 조용하고 내성적인 성격이었기에, 억지로라도 좀 쉽지 않은 일을 시켜서 세진이가 강해졌으면 싶어서였다. 놀랍게도 그는 그 일을 성실하게 해냈다. 5월에 시작한 신문 배달은 10월까지 계속되었다. 버팔로의 아침 공기는 이미 몹시 춥고 싸늘했기에, 나는 겨울이 오기 전에 그만두길 바랐었다. 그런데 세진이는 성탄절이 될 때까지 악천후 속에서도 계속 그 일을 계속했다. 그는 겉보기와 달리 조용하기만 한 소년이 아니었다. 끈기와 의지가 놀라웠다. 그리고 크리스마스가 되었을 때, 많은 이웃들로부터 후한 팁이 그에게 값진 보상으로 날아왔다. 한 번은 세진이가 아파서 신문을 돌리 수가 없었는데, 아버지인 충이 대신 새벽 신문을 배달하기도 했다.

세진이가 아파 누웠을 때, 대신 신문을 배달해 주던 아빠

세진이는 결국 온유하면서도 의지가 굳은 소년으로 자라났다. 뉴욕시티에서 버팔로 UB로 공부하러 왔던, 우리 한인 교회의 청년부 리더였던 롭(Rob)이 한때, 우리 '뉴룩' 상점에서 아르바이트를 할 때 얘기다.

우리는 종종 예전 교회 청년부 아이들 이야기를 나누곤 했다. 어떤 아이들은 당시, 사춘기때 머리를 빨강, 초록으로 염색하고, 모히칸(Mohikan) 스타일로 빗어 올리거나, 긴 검은 코트를 휘날리며 다니기도 했다. 나는 롭에게 말했다.

"그래도 난 운이 좋았어. 적어도 세진이는 모히칸 머리나 빨간 머리를 하고 돌아다니지는 않았잖아!"

그러자 롭이 대답했다.

"아, 세진인 그런 걸 할 필요가 없는 아이였어요. 그는 생각이 뚜렷한 아이였고, 방황할 필요가 없던 아이였으니까요!"

청소년부 리더였던 롭의 코멘트에 놀랐고 진심으로 기뻤던 기억이다. 조용한 세진이가 겉모습만이 아니라 속까지도 바른 아이였다는 걸 확인한 순간이었기 때문이다. 그러나, 한 가지 애석한 것은… 그 모든 노력을 쏟았음에도 불구하고 지금 세진이의 첼로는 그의 지하실 방 벽에 장식처럼 걸려 있을 뿐, 손도 대지 않고 있다.

63

톰의 기도

네이트를 비롯해, 뮤직 그룹 모리스와 리키의 시대가 지나서 우리는 '뉴룩 패션(New Look Fashions)'에 새로운 젊은 직원들을 고용해야 했다. 두 명은 여자 종업원이었는데, 한 명은 라틴계 소녀 매기였고, 다른 한 명은 흑인 소녀 앤지였다. 그리고 또 한 명은 래리라는 청년이었는데, 며칠 전까지 아래층의 다른 남성 의류 체인점에서 부매니저로 일하다가 우리에게로 온 청년이었다.

네이트나 모리스 같은 원숙한 직원들은 아니었지만, 그래도 모두 유능한 세일즈 그룹이었는데, 당시 어떤 연줄을 탔는지, 충에게 청소년 보호 시설(Under Care Home)을 운영하던 한 흑인 전도사가 집요하게 찾아오면서, 본인이 함께 주거하며 데리고 살고 있다는, 백그라운드가 의심스러운 두 청소년에게 한번 '기회'를 주어 달라는 간곡한 부탁을 하기 시작했다. 마음에 내키지 않는 면이 없지 않았지만, 그 당시 우리는 이미 비즈니스에 익숙해져 있었고, 그 집요하고 성실한 전도사의 "한번 기회를 줘 보자"는 간곡함이 충의 마음을 움직였던 것 같다.

당시 '뉴룩' 옷 가게는 오후 3시경 학교가 끝나면, 젊은 틴에이저들이 집으로 가기 전에 꼭 한 번 휩쓸고 가곤 했던, 유행을 타는 옷 상점이어서, 특히 오후 그 몇 시간(Rush hour) 때문에 여러 명의 세일즈 맨들이 필요했다. 어쨌든 그 전도사의 진실한 면모와 충의 간곡함에, 나도 문제의 그 두 소년에게 기회를 줘 보기로 했다.

예상 외로, 둘 중에 키가 큰 쌤은 나름대로 일을 잘했고, 손님 응대도 자연스러워서 곧 "뉴룩"에서 인기 있는 세일즈맨이 되었다. 반면에, 톰은 달랐다. 일하러 와서도, 정신이 딴데 가 있어서인지, 어색하고 매사에 서툴렀다. 제 딴엔 함께 섞이려고 노력을 했었는지 알 수 없지만, 자존감이 없어서인지, 물 위에 뜬 기름처럼 아무와도 어울리지를 못하고 힘들어했다.

그들은 주 2, 3일 정도 일했는데, 그들을 보호하던 그 전도사가 잊을 만하면 한 번씩 상점으로 찾아와, 그들이 어떻게 일하고 있는지 묻곤 했고, 내게 고마워하며 돌아가곤 했다. 우리가 그런대로 쌤과 톰을 계속 데리고 있은 것도 그 전도사님의 간곡한 정성을 내칠 수 없었던 이유였던 것 같다.

당시, 지금도 고소를 금치 못할 일들이 있었는데, 특히 작은 녀석 톰에 관한 일이다. 짧지 않은 비즈니스 기간 중, 이런저런 일들이 적지 않게 있었지만, 톰에 관한 일들은 너무 기가 막히고 어처구니가 없어 지금도 돌이켜 보면 쓴 웃음을 자아내게 했던 일이라 기록에 남긴다.

우리 가게 뒤쪽에 상점의 1/3 정도 사이즈의 스토리지(Storage) 룸이 있었다. 가게 안의 뒷문을 열고 들어가면, 그 곳엔 운동화나 패션 부츠 혹은 옷들이 거의 천장 높이까지 가득히 쌓여 있었고, 그 사이로 우리의 작은 오피스로 연결되었다. 점원들은 고객이 원하는 옷의 사이즈나, 특정 운동화나 부츠 사이즈를 찾기 위해 종종 뒤쪽의 창고로 들락거렸다.

톰과의 일들도 그 뒷방에서 생겼던 일이다. 내가 그 뒷방으로 들어섰을 때, 몇 번인가 그 창고에서 톰과 마주치곤 했는데, 그때마다 톰이 갑작스레 겉옷을 뒤집어쓰고, 창고 바닥에 엎드려 소리를 높여 기도를 시작하는 황당한 몰골을 봐야 했던 일이다. 톰이 무엇을 하고 있었는지, 그 짓을 감추기 위해, 벌이는 수작이 뻔히 보였지만, '가짜 기도' 연기를 하다니! 성을 낼 수도 없고, 기가 차고 어처구니가 없어, 우뚝 멈춰 서곤 했던 걸 기억한다. 기가 찬 노릇이긴 했지만, 기발한 녀석의 발상이긴 했다. 소위 기도를 하고 있는 애 앞에서 화를 낼 수도, 더구나 웃음을 터뜨릴 수도 없는 일이 아닌가! 기가 막힌 사실은 톰이 나를 그 가짜 기도가 통하리라고 생각할 만큼 멍청한 아시안 여자로 보았다는 사실이다.

돌이켜 생각해 보면, 톰의 가짜 기도가 먹혀 들어갔다고도 볼 수 있다. 톰이 여러 번 그렇게 웃지 못할 행동을 했지만, 나는 너무 어이가 없어서, 그 우스꽝스럽고 황당한 상황을 어떻게 대처할지 몰랐고, 톰은 자기의 그 장난에 내가 넘어간 줄로 알고, 몇 번이나 더 그 짓을 즐겼던 것 같다. 당시에 그 상황을 심각하게 다룰 수 없었던 이유는 톰이 다른 짓도 아니고, '가짜 기도'로 나를 속이려고 했다는 사실이, 어쩌면 나를 멈칫하게 만들었던 것일까 싶기도 했다.

그런데, 톰의 '가짜 기도' 액션보다 더 나를 흔들어 놓았던 일이 생겼다. '뉴룩'에 들어와, 얼마 되지도 않아 인기 세일즈맨으로 두각을 나타냈던, 다른 녀석 쌤의 일이다. 어느 날 나는 쌤이 입은 진 바지가, 우리 상점에 바로 하루나 이틀 전에 도착한 고가의 최신 유행의 새 상품인 것을 알아챘다. 그런데 그 진바지 뒤쪽 포켓 옆이 큼직하게 찢어져 있는 게 아닌가. 바로 우리가 시큐리티 태그(Security Tag)를 꽂아 놓는 위치였다. 쌤이 그 최신 유행 진 바지에 대한 유혹을 못 이겨 내고, 집으로 가져가서 그 시큐리티 태그를 집에서 기계가 없이 억지로 뜯어내느라 찢어진 것이 분명했다.

"와우, 쌤 네 새 진 바지가 찢어졌네. 어쩌다가 그렇게 찢어졌어?" 내가 시침을 떼고 쌤에게 물었고, "집에서 벽에 박힌 못에 걸려서 찢어졌어요" 라고 쌤이 벌겋게 웃으며 대답했다. "정말? 야 다치지 않은 게 다행이다" 내 대답에 우리 둘은 함께 하하 웃었지만, 나는 좀 실망이 되었고, 쌤도 마음이 편치만은 않았을 것이다.

그 젊은 나이에 얼마나 새 유행하는 진 바지를 입고 싶었을까, 쌤이 유혹을 이기지 못한 것이 그렇게 큰 죄일까, 이상하게도 미워할 수만 없었던 그 두 소년의 이야기이다.

다운타운에서 비즈니스를 운영하는 일이 쉬운 일은 아니었지만, 나는 지금도 우리가 그 오랜 기간을, 험한 스트리트가 아닌, 안전한 몰(Mall) 안에서 운영할 수 있었던 걸 감사한다. 그 몰은 다운타운 주변의 오피스가 닫히는 시간인 5시 반이면 몰의 상가들도 다 닫았고, 휴일이나 일요일 특히 연말 크리스마스 시즌까지도 주 6일 동안은 아침 10시부터 오후 5시 30분까지 그리고 목요일에만 밤 9시까지 열었었다. 다른 몰은 주 7일에 연말이면 밤 11시까지 영업을 해야 했던 걸 기억한다. 더러는 같은 비싼 임대료를 내면서, 비즈니스 시간이 너무 짧아서 그만큼 수입이 적지 않느냐고 염려하는 분들도 있었다. 그렇다고 하더라도, 우리는 그 이상의 시간은 감당할 수가 없었을 것 같다.

64

버팔로 코리안 남성 중창단

"버팔로 코리안 브라더스" 합창단은 1979년에 탄생했다. 단원들은 대부분 우리 한인 교회의 멤버였지만, 가톨릭 교회에서 합류한 사람도 한두 명 있었다. 당시지휘자는 내과의사였던 이은모 씨였는데, 그는 우리가 속한 버팔로 미주 장로교회의 장로님이었다. 합창단은 단원들의 집에 돌아가며 모여 함께, 외국 땅에서의 외로움을 밤 늦도록 노래로 쏟아 냈던 것 같다.

모임은 점차 정기적으로 만나 활성화되면서, 버팔로 시내에서 열린 재향군인의 날 행사나 캐나다, 그리고 여러 한인 커뮤니티 행사에 출현하기 시작했다. 그러던 중, 1994년에는 한국의 대형교회 '명성교회'에서 초청을 받았다. 그때 서울로의 여행은 단원들뿐만 아니라 우리 몇몇 아내들에게도 기쁘고 흥분되었던 고국의 여행이었다. 내가 아직도 그 여행을 잊을 수 없었던 것은 그 여름의 지독한 무더움 때문이었던 것 같다.

어느 교회에서는 그 교회의 목사님이 에어컨의 소음이 합창단 소리에 방해가 된다며, 에어컨을 껐었던 걸 기억한다. 관객도 죽을 지경이었지만, 공연이 끝났을 즈음에는 합창단 단원들의 유니폼인 재킷이 쥐어 짜면

물이 흐를 정도로 땀으로 흠뻑 젖어 있을 지경이었다. 당시, 명성교회에서는 큰 전세 버스와 운전 기사까지 마련해 주었고, 중창단은 한국 전역을 돌며 여러 도시의 교회에서 공연을 했었다.

이 중창단은 십여 년이 넘도록 함께 노래하며, 의미 있는 버팔로의 삶을 함께 누려왔는데, 한가지 잊지 못할 슬픈 기억 하나가 있다.

중창단의 피아노 반주자였던 김수명 선생님에 관한 일이다. 그는 한국에서 다른 이들에 비해 좀 나중에 이민하셔서 합창단에 합류한 작곡가였다. 김 선생님과 그의 아내는 모두 서울대학교 음악대학을 졸업했으며, 그는 뛰어난 피아니스트이자 작곡가였다. 그가 합창단의 반주자로 합류하며 한층 중창단이 더 활발해졌었다.

우리는 그들이 미국에서 자리 잡기 위해 일을 찾고 있다는 것을 알고 있었다. 그들에겐 딸 하나와 아들 하나가 있었다. 결국 그들은 켄모어 애비뉴(Kenmore Avenew)의 옛 한인 교회 근처에 아시아 식료품점을 열기로 결정했다.

그러나 믿을 수 없는 일이 가게를 연 지 얼마 되지 않아 일어났다. 우리는 저녁 뉴스에 아시아 식료품점 주인이 가게에서 총격을 맞았다는 소식을 들었다. 그런데 그 사람이 바로 피아니스트 미스터 김이었다. 그날 아내는 외출 중이었고, 그는 가게에 혼자 있었다. 범인은 그 동양식품점에 걸어 들어와 카운터 뒤에 서 있던 미스터 김의 이마에 총을 쏘았다고 한다. 나중에 우리는, 그 범인이 버팔로 대학교에서 석사 학위를 받은 정신질환자였다는 사실을 알았다. 범인은 그날 저녁 뒤 늦게, 지금은 없어진 대형 이스턴 힐스(Eastern Hills)몰 근처 트랜짓(Transit) 로드에 있는 또 다른 주류(liquor)상 주인까지 살해했다는 놀라운 뉴스였다.

이 충격적인 소식은 한인 사회뿐 아니라 버팔로 전역에 큰 파장을 일으켰다. 경찰이 미스터 김을 계산대 뒤에서 발견했을 때, 그는 너무 가까운 거리에서 총을 맞아 피 한 방울 흘리지 않은 상태였다고 한다.

나는 아직도, '나이아가라 폴스 몰(Niagara Falls Blvd Mall)' 건너편에 있는 가톨릭 교회에서 열렸던 그분의 추도예배를 잊지 못한다. 합창단 멤버들은 추도식이 계속되는 동안 목이 메어 추모곡을 끝내 부르지 못했다. 준비한 곡은 "나 가나안 땅 귀한 성에 들어가려고…"였는데, 그날 추도 예배 내내, 미리 녹음했었던 레코트를 틀어 놓고 예배를 진행해야 했던 걸 기억한다. 특히 "나 길이 살겠네, 나 길이 살겠네…"라는 구절에 이르렀을 때는 참석했던 우리들 모두 오열을 했었다.

그의 죽음 이후, 그 아내가 홀로 두 아이와 살아가려고 애썼던 뒷이야기는 차마 옮기기도 힘들다. 음악이 전공이었던 그녀가, 잠시 여행사 일을 시작했었는데, 그 일도 제대로 잘 풀리지 못했다. 우리는 97년도에 인근 도시 올바니로 떠났었기 때문에, 그 후 그녀가 두 아이들과 함께 말할 수 없는 어려운 삶을 거쳐 가다가, 결국 심각한 치매에 걸려 요양원에 들어갔다는 소식을 듣게 되었다. 더 안타까운 일은, 버팔로 2세들이 크게 성공한 사례가 많았는데, 그 두 아이가 어떻게 자랐는지는 소식조차 모르고 있다.

나중에 남편을 통해 들은 미스터 김에 대한 또 다른 아이러니가 있다. 남편이 PCUSA 노회 회의에 참석했을 때, 미스터 김의 살인 사건이 화제로 떠 올랐다고 한다. 그런데 그 자리에서 한 여성이 일어나, 바로 자기의 오빠가 미스터 김을 죽인 범인이라고 말했다. 그러면서 정신이 온전했을 때, 그녀의 오빠는 머리가 비상했고 석사학위까지 받은 청년이었다고 했다. 그녀는 회중에게 지금 정신병으로 감옥에 갇혀 있는 불쌍한 자기 오빠의 영혼을 위해 기도해 달라고 간청을 했다는 믿기 힘든 이야기다.

우리는 우리들의 가까운 친구와 그의 가족의 허무한 죽음을 애도했고, 동시에 또 다른 이는 우리 친구의 생명을 앗아 간 또 다른 한 영혼을 위해 애통해하고 있었다는 아이러니한 이야기이다.

65

소명감(The Calling)

1987년 말쯤이었다. 언제나처럼 남편과 나는 메인 플레이스 몰 푸드코트(Food Court)에서 점심을 먹고 있었는데, 그가 갑자기 나에게 물었다.

"내가 신학교에 가는 거 어떻게 생각해?"

너무 갑작스러워서 나는 음식을 씹던 채로 그저 그를 바라보았다.

"신학을 공부하고 싶은데, 못하게 되면 평생 후회하게 될 것 같아." 그가 말을 멈추고 나를 바라보았다.

"교회에서 대학생들에게 성경을 가르칠 때만큼 행복한 때가 없는 것 같아. 그래서 성경을 더 깊이 공부하고 싶어."

당시 그는 교회의 대학부를 맡은 장로였다. 그는 전에도 이런 말을 하곤 했지만, 이번에는 뭔지 다르게 진지했다.

"그렇게 신학 공부를 하고 싶으면, 해 봐요. 단지 목회만 하지 않는다면!"

나는 속으로, 그렇게 간절히 원한다면 안될 이유가 없지라고 생각했다. 솔직히, 비즈니스는 그의 소질(Forte)이 아니었다. 결국 그는 다음 해인 1988년 9월에 로체스터에 있는 콜게이트 로체스터 디비니티 스쿨(Colgate Rochester Crozer Divinity School, CRCDS)에 지원서를 냈다. 그 신학교는 우리 집에서 72마일 떨어진 곳이었는데, 그는 합격했고, 마침내 그렇게 원했던 그의 신학 공부가 시작되었다. 신학교 생활을 시작하면서, 그는 세 가지 경우가 생기면 신학 공부를 중단하겠다고 말했다.

1. 가족 중 누군가 병에 걸리면
2. 학업에서 성적이 좋지 않으면
3. 사업이 어려워지면

그렇게 일말의 주저함(Reservation)을 품은 채, 그는 신학 공부를 시작했다. 그는 매 화요일 아침에 로체스터를 향해 떠나 목요일 밤 늦게 돌아왔다. 우리는 셰리던 드라이브에 있는 맥도날드에서 함께 아침을 먹고 각각 헤어지곤 했다. 그는 로체스터로, 나는 메인 플레이스 몰을 향해.

모든 것이 원만하게 흘러갔다. 사업은 감당할 만했고 몰 안의 두 상점은 원활히 돌아갔다. 나는 세세한 거래에 얽매이지 않고 두 비즈니스를 관리하는 것이 즐겁고 재미있었다. 남편의 학업도 무사히 계속되고 있었다.

만약 우리가 아직도 6개의 상점(세개의 가발 상점과 세개의 남자 의류

점을, 심지어 인근 도시 로체스터)에 얽매여 있었더라면, 남편이 다시 학교를 시작한다는 것은 꿈도 못 꿀 일이었다. 지금 생각해 보아도, 우리에게 주어진 숨겨진 축복이었던 것 같다(Blessings in disguise).

나는 단지 부티크 가발 가게와 '뉴룩 패션(Nu-Look Fashions)'만 관리하면 되었다. 그때 우리의 '뉴룩' 상점은 절정이었던 것 같다. 학교가 끝날 즈음이면, 근처의 많은 고등학생들이 메인 스트리트를 지나야 했고, 그래서 몰에 들러 인기 있는 남자 옷 가게인 누룩으로 몰려 들곤 했다. 앞에서도 언급했지만, 그 당시 주변의 대부분 한인 가게 주인들은 직원들에게 계산대를 맡기지 않았다. 그러나 우리는 비즈니스 초기부터 파트타임 직원들까지 모두 계산대를 핸들하게 했었다. 많은 한인 상인 분들이, 직원들이 계산대에 손을 대면 반드시 돈을 훔쳐가게 된다고 충고했다. 하지만 우리는 이미 모두 현금 레지스터를 핸들해 왔었기 때문에 이제 와서 다른 시스템으로 바꾸는 일을 상상할 수 없었다.

심지어 나의 오빠와, 다른 도시에 부모님이 사업을 하는 젊은 목사까지 계산대 시스템을 바꾸라고 조언했다. 그래서 어느 날 나는 매니저와 나만 계산대를 핸들하기로 결정하고 시도했다. 하지만 나는 단 하루도 그 일을 감당해 내지 못했다. 너무도 힘들고 불편했기 때문이다. 우선 계산대 옆에서 떠날 수가 없었고, 종일 한 자리에 서서 캐시 레지스터에 붙들려 있다는 일이 끔찍했다. 그건 장기적으로 나의 심신을 갉아먹을 것 같았고, 무엇보다 그렇게까지 하면서 돈을 벌어야 한다면, 비즈니스의 재미가 어디에 있을까 싶었다.

그래서 다시 레지스터를 전 직원, 심지어 피트 타임 직원까지 다 핸들하도록 했다. 그러면서, 우리는 매년 가족 여행을 떠날 수 있었고, 해마다 몇 차례 '매직(Magic)' 의류 박람회로 출장도 다녔다. 그럴 때면 가게는 매니저와 직원들에게 맡겼다.

오케스트라를 떠난 뒤, 시라큐스에서 의류 사업을 시작했던 나의 오빠도 늘 새 언니와 두 사람만 계산대를 직접 관리해야 한다고 고집하며 고달프게 살았다. 나는, 우리 가게 직원들이 크게 속이거나 훔치지 않았다고 믿고 싶다. 물론, 몇몇 사건들이 있었음을 알고 있다. 하지만 어떤 직원들은 차비조차 없어, 지각하지 않으려고 땀을 뻘뻘 흘리며 몰 안에 있는 상점까지 뛰어오곤 하던 것도 알고 있었다. 아마도 그들 눈에는, 동양인 인 내가 미국에 와서 돈을 엄청 버는 것으로 보았을지도 모른다. 그래서 20달러나 40달러쯤은 절실한 자기들이 슬쩍한들 무슨 흔적이 날까 생각했을 수도 있었으리라.

나중에 알게 된 일이지만, 그들이 옷가지를 훔쳐 낸 기막힌 방법이 있었다. 정확히 어떤 세일즈맨들의 짓이었는지는 아직도 모른다. 그들은 일하는 낮 시간에 쓰레기로 버려질 빈 박스에 몇몇 자기들이 원하는 옷가지들을 넣어 두었다가, 상점을 닫을 시간에 상점 뒤 복도 쓰레기통들과 함께 표시를 해 놓은 그 박스들을 함께 내놓았다고 했다. 그리고 몰 청소부가 오기 전에 그 박스를 다시 챙겨 가는 식이었다.

어느 정도는 내 탓도 있었다. 나는 종종 피곤해서, 또 아이들과 함께 있으려고 오후 3시쯤 가게를 떠나곤 했다. 아래 층 가발 부틱 숍은 거의 정 아씨가 운영하고 있었고, 이 층도 3시 이후는 직원들에게 맡긴 셈이었다. 그때 세진이는 중학생, 세연은 고등학생이었다. 돌이켜 보면, 얼마나 주인이 없는 그 시간이 그들 중 몇에게 유혹을 주었을지 상상이 된다. 그럼에도 불구하고 우리는 편안한 집과, 두 명의 건강한 아이들을 기르며 살았다. 앞서 언급했듯이, 매년 가족 여행도 다녔고, 무엇보다 25년 동안 단 한 번도 파산하지 않았다.

가족 여행

66

세연의 대학 생활

남편이 아직 로체스타 신학교(Colgate Rochester Crozer Divinity School)에서 3학년일 때, 세연이는 윌리엄스빌 노스(Williamsville North) 고등학교를 졸업하고 두 대학, UC 버클리와 미시간 대학에서 각각 장학금을 받으며 입학 통지서를 받았다. 두 학교 중에 세연이는 버클리에 가고 싶어 했는데, 아직 17세인 어린 나이에 너무 멀리 떠나보내기가 망설여 졌다. 결국 세연이는 우리의 뜻을 따라, 1991년 가을 미시간 대학으로의 진학을 결정했다.

마침내, 입학 시기가 다가와서, 늦은 여름 우리는 차를 몰고 캐나다를 거쳐 미시간으로 향했다. 미시간에 도착하여 캠퍼스 타운을 둘러보고 나는 앤아버(Ann Arbor) 미시간 대학교에 완전히 매료되었다. 학교도 크고 넓은 캠퍼스도 훌륭했지만, 무엇보다 캠퍼스 타운의 버성기는 분위기며 그곳 사람들의 친절함이 좋았다. 멀지 않은 곳에 "Coffee Break"라는 작은 한국 식당이 있었는데, 우리는 미시간에 세연이를 방문하러 갈 때마다 그곳에 꼭 한번은 들러 식사를 했던 것 같다.

드디어 우리의 첫째가 대학생이 된 것이다. 언제나 세연이를 생각하면 마음이 착잡하다. 지금도 세연이가 갓난 아이 때부터 데이케어에 맡겨져야 했던 일이며, 수많은 보모들 손에 돌봄을 받아야 했던 것이 마음 아프다. 그럼에도 불구하고 그녀는 총명하고 밝은 아이로 잘 자라 주었다. 아주 어린 시절부터 우리를 자랑스러운 부모로 만든 아이였다.

우리는 세연이가 대학에서도 잘 해낼 것이라 굳게 믿고 기숙사에 그 아이를 남겨 두고 되돌아왔다. 그때, 세연이가 원했던 건 단 한가지, 차를 갖게 해 달라는 것이었다. 그래서 내가 타던 올즈모빌 칼레스(Oldsmobile Calais)를 주었다. 세연이는 주말마다 한국식당에서 아르바이트를 하려고 하는데, 그때 차가 필요하다고 했다.

그후, 우리가 앤아버(Ann Arbor)에 방문을 갈때마다, 딸 아이가 눈에 띄게 성숙해져 가고 있는 걸 느꼈다. 사춘기 시절의 반항적인 태도는 더 이상 보이지 않았고, 안정되고 편안한 숙녀로 달라져 갔다. 무엇이 그녀를 이렇게 바꾸었을까 감사했고 동시에 궁금했다. 그 당시 세연이는 좀 떨어진 지역에 있는 고급 한국 식당에서 주말마다 일하고 있었는데, 짐작건대 그 식당의 여주인에게서 한국언어와 한국의 관습과 소중한 삶의 교훈을 많이 배웠던 것 같다. 지금도 그 식당 여주인에게 감사하는 마음이 크다.

한편, 남편은 신학교 마지막 학년에 들어가고 있었다. 그런데, 그가 학교를 시작할 당시의 처음 목표가 점차 달라지고 있는 것 같았다. 교회의 담임이신 김 목사님이 남편에게 "일단 공부를 시작했으면, 목사 안수까지 받으라"고 조언을 한 것이다. 남편은 당시 버팔로 장로 교회의 지원(금전적 지원은 아니었고, 기도의 후원)과 서부 뉴욕 PCUSA 노회의 인도 아래 공부하고 있었다.

67

부목사

마침내, 남편은 콜게이트 로체스터 신학교를(With Distinction) 졸업했다. 그리고 졸업과 동시에 그는 PC(USA)의 목사가 되는 모든 시험에 통과되었다. 우리는 그 시험들을 통과하는 것이 당연한 일로 알고 있었는데, 여러 사람들이 졸업과 동시에 모든 시험을 한 번에 통과하는 것이 쉬운 일이 아니라고 말했다. 졸업을 하면서, 곧 버팔로 장로교회에서 남편을 부목사로 청빙했다.

그 무렵 버팔로 교회가 2세 젊은이들을 위해 청년부 전담 부목사님을 새로 청빙했었다. 그 결과 리드해 줄 담당자가 없었던 대학원생들은 소외감을 느꼈던 것 같다 이로 인해 대학원생들과 담임목사님 사이에 갈등이 생기기 시작했고, 결국 대부분의 대학원생들이 교회를 떠나는 이변이 생겼다. 이 불만스러운 대학원생들을 달래기 위해, 교회가 강목사를 대학원 학생들을 전담하는 부목사로 청빙한 것이다.

남편은 간혹 부목사로서 첫 출근을 하던 날을 잊지 못한다고 했다. 부목사로 부름을 받고 금요일 저녁, 대학원생 모임에 처음으로 갔는데 단

두 명의 학생만 나타났단다. 그래서 바로 그다음 주부터 강목사는 교회에서 학생들을 기다리는 대신 매주 금요일마다 UB 캠퍼스로 직접 대학원 생들을 찾아 나서기 시작했다. 그는 학생회관이나 대학원생들이 자주 모이는 라운지로 시작하며 캠퍼스를 돌며 학생들을 찾아 나섰다. 이러한 시도가 한동안 계속되면서, 마침내 자연스럽게 학생들과 교내 라운지나 학생회관에서 만나기 시작했고, 세 명으로 시작했던 모임이 점차 늘어 가기 시작했다던 초창기의 사역 이야기다.

세연이와 세진이가 아빠의 부목사 청빙 예배에서 연주하고 있다.

1~2년이 지나면서 대학원생들이 주일 예배나 금요 모임에 모여들기 시작했고, 점점 학생수가 늘어났다. 지금도 기억하는 특별한 모임은 학생들이 각자의 전공 분야에 대해 특별 발표 시간을 가졌던 일이다. 공학 박사과정 김의 지진에 관한 발표, 곤충학 전공 학생의 곤충에 관한 발표, 또

다른 박사과정 미스터 킴의 흑인 문학 발표 등은 지금도 소중한 추억으로 남아 있다. 그중 몇몇 학생들은 후에 한국에서 두각을 나타낸 숭실대 총장을 역임한 김 교수 외 저명한 학자들이 있다.

따라서 대학원생들의 가정도 함께 성장하며 교회에서 활발히 활동했다. 가족 수련회도 가졌고, 국경을 넘어 캐나다 토론토로 대학원 학생 가족들이 함께 나들이도 갔다. 그때 나는 일 때문에 그 토론토 가족 나들이에 함께하지 못한 것이 지금까지 아쉽다.

결국 대학원생 모임은 크게 성장했고, 그들의 가족까지 합하면, 주일 예배 후 교회 지하 친교실이 그 그룹 멤버로 가득하곤 했다. 나는 여전히 몰 상점일에 얽매여 있어서 생각만큼 대학원생 그룹을 위해 봉사하지 못한 걸 미안하게 생각한다. 그러나 교회의 최 장로님과, 심 장로님을 비롯한 몇몇 장로님들이 추수감사절이나 특별한 날에 대학원생들의 가족들을 댁으로 초대하여 극진히 대접해 주곤 했던 것을 잊지 못한다.

68

세연의 대학 졸업

한편 세연의 대학 졸업이 시시각각 다가오고 있었다. 세연이는 대학을 3년에 마치려고 했다. 나는 너무 서두르지 말고, 한 번밖에 없는 대학 생활을 즐기라고 말렸다.

세연은 '뉴 서울 가든'이란 미시간 남쪽 도시의 고급 한국식당에서 주말마다, 때로는 주중에도 아르바이트를 계속 해 오고 있었다. 따라서 다른 친구들처럼 대학 생활을 즐길 시간도 별로 많지 않았을 터였다.

세연의 말에 의하면, 아파트 메이트인 다른 여섯 명(세연이를 제외한)은 모두 미시간 주 출신이라고 했다. 따라서 그들의 학비 수업료는 미시간 주 밖에서 온 자기의 학비보다 훨씬 저렴하다고 하면서, 자기의 AP학점까지 하면 3년에 넉넉히 졸업할 수 있는데, 왜 비싼 수업료를 일 년이나 더 내느냐고 했다. 세연의 아파트 메이트 6명들은 주말이면 카드 놀이를 하며 시간을 보냈고, 그들 중 더러는 4년 대신 5년까지 시간을 끌며 대학 생활을 지내는 친구들도 있다고 했다. 세연은 1994년 6월, 우수학생(Honor Student)으로 미시간 대학을 졸업했다. 그 아이의 나이 20살이었다.

세연의 친구들이 세연의 이른 졸업식을 축하해 주고 있다.

세연이는 너무 어린 나이에 대학을 졸업한 탓인지, 대학원에 지원하기 전에 일 년을 쉬고 싶다고 했다. 곧 우리 옷 상점, '뉴룩'에서 일하며 나를 도와주고 싶다고 했다.

나는, 그때 세연이가 일 년 동안이나 우리 옷 상점에서 일했던 걸 엔조이 했는지, 아니며 후회를 하진 않았는지 가끔 생각하게 된다.

마침내, 일 년이 지나면서 세연이가 대학원에 갈 생각을 했다. 그 아이는 법대와 비즈니스(MBA) 진로를 놓고 생각하는 듯했다. 법대에 가기 위해, 이미 LSAT(Law School Admission Test)도 보았다고 했다. 그러나 나는 예전부터 법대에 가는 걸 좋아하지 않았다.

"왜 인간의 가장 안 좋은 면을 날이면 날마다 다루는 일을 직업으로 택하려고 해? 게다가 아빠는 영원한 구원의 나라를 추구하려고 나선 마당에? … 하하.”

나는 나의 속에 담고 있던 내 생각을 농담처럼 딸에게 알렸다. 그러고 나서, 세연이가 GMAT(Graduate Management Admissions Test)을 몇 주 후에 치른 걸 알았다. 나의 코멘트 때문이었는지 아니면 스스로 두 가지 길을 저울질한 결과인지는 알 수 없지만…. 대부분의 한국 부모들은 자녀가 의사나 변호사가 되기를 바랐다. 하지만 나는 세연이가 마음을 바꾼 것이 기뻤다. 그녀는 예일과 버클리(Yale과 Berkeley) 두 대학원에 지원서를 보냈다.

그러나 세연의 늦은 11월 생일과, 3년 만의 대학 생활로, 우리 옷 상점에서 일 년간 일을 하며 쉬었는데도, 아직 스물한 살의 나이였다. 세연은 Yale로부터 “너무 어려서 MBA 과정을 시작할 수 없지만, 23세가 되면 다시 지원할 수 있다면서, 대신 $300를 내면 자리를 보류”해 준다는 통보를 받았다.

나는 세연이가 처음부터 Berkeley를 원했던 걸 알았지만, 그래도 Yale에 보증금을 보냈다. 아직 대학원에 들어가기까지 2년의 시간이 남았던 세연이는, 캘리포니아에 살고 있던 큰삼촌을 방문하고 싶다고 했다. 상욱 삼촌은 원래 버팔로 근교 도시 클라렌스 센터에 사시다가, 1976년 무렵 로렌스 리버모어 국제 랩(Lawrence Livermore International Laboratory)에 근무하게 되면서 캘리포니아로 이사를 가셨던, 남편의 큰형님이시다. 어른 아이 할 것 없이 온 가족이 존경하며 사랑했던 삼촌도 방문할 겸, 세연은 캘리포니아로 떠났다.

캘리포니아에 도착한 세연은 삼촌을 만난 이후, 버팔로로 돌아오는 대신 친구들과 함께 일자리를 찾았다. 함께 미시간에서 공부했고 일년 후 미시간을 졸업했던 여섯 명의 친구들과 함께 샌디에이고(San Diego)에서 임시직 데이터 입력 일을 시작했단다. 그 직장에서 1년쯤 지나자 다른 다섯 명은 모두 떠났지만, 세연이는 계속 그곳에 남아 일을 계속했다. 누군가가 세연이의 잠재력을 알아보고 기회를 주었던 것 같다. 회사는 그녀에게 컴퓨터를 제공했고, 그녀가 원하는 곳에서 일할 수 있도록 San Francisco로 이주까지 허락해 주었다.

그때, 세연이가 San Francisco의 언덕 지대에, 친구와 함께 살고 있던 아파트로, 우리가 방문했던 기억이 난다. 얼마나 오래 거기 살았는지는 모르지만, 어쨌든 세연이는 그 후 다시 동부로 돌아오지 않았다. 결국 17살 미시간 대학으로 떠난 후, 아주 집을 떠난 셈이다.

샌디에고 직장 일 이후에, 세연이는 예일 비즈니스 스쿨을 접어 두고, 버클리 비즈니스 스쿨 하스(Haas)을 선택했다. 내가 지불한 보증금 $300은 그렇다치고, 예일을 내팽개치다니! 그렇게 세연이는 멀고 먼 서부에서 대학원 생활을 시작했지만, 우리는 걱정하지 않았다. 다행히 우리 모두가 사랑하고 존경하는 큰 상욱 삼촌이 캘리포니아에 살고 계셨으므로.

3년 후, 세진이도 누나의 길을 따라 앤아버 미시간 대학으로 진학했다. 우리는 그의 선택이 마음에 들었다. 그런데 세진이는 3학년이 되던 해 여름, 그레이트 할로우 야생학교 캠프(Great Hollow Wilderness School Camp)에서 3개월 동안 아르바이트를 한 뒤 그의 전공을 바꾸는 큰 변화를 가져온다. 그 캠프는 대부분 뉴욕시 출신의 어려운 형편의 아이들을 위한 여름 캠프였다.

그 여름이 끝난 뒤, 세진이는 의사가 되겠다던 오랜 계획을 접고 교육 분야로 진로를 바꾸겠다고 했다. 나는 놀라서 말했다. "아시아 남자애가 세상을 다 바꿀 수는 없잖니?" 하지만 세진이는 이렇게 대답했다. "세상을 다 바꿀 수는 없어도, 단 한 아이의 인생이라도 바꿀 수 있다면 누군가는 시작해야 하지 않나요?"

그때 이미 세진이는 의대에 가는 대신 교육 분야로 마음을 정한 상태였고, 우리는 그의 굳은 결심을 바꿀 수 없음을 깨닫고, 그의 뜻을 존중해 주기로 했다.

69

올바니 한인 장로교회(PCUSA)

남편이 마침내 올바니 한인 장로교회의 담임목사로 청빙을 받았다. 1997년이었다. 그때 나는 여전히 두 개의 가게를 운영하고 있었다. 결국 사업과 집을 팔아야 할 때가 온 것이다. 어느덧 남편이 부목사로 사역을 시작한 후 6년째가 되어 가고 있었고, 나는 담임 목사 아내가 된다는 사실을 감당할 수 없어 주저하며, 그냥 부 목사의 아내로서 안주하고 싶었지만, 차츰 남편이 그의 소명을 향해 나아가야 할 때에 이른 것을 더 이상 미룰 수 없는 상황에 이르렀다.

이 깨달음은 1996년 송구영신 예배에서 더 확실해졌다. 그 송구 예배에 세 명의 목사들이 각각 맡은 순서가 있었는데 김 목사가 강단에 있었고, 대학 청년부 전 목사와 강 부목사(충)는 자기 차례를 기다리며 맨 앞자리에 앉아 있었다. 그런데 어찌 된 일인지, 담임인 김 목사가 강 부목사(충)의 차례를 깨끗이 잊어버렸다. 충의 순서가 건너뛰어진 것이다! 겉으로는 송구영신 예배가 매끄럽게 진행되었다. 아무도 강 부목사의 순서가 완전히 무시되었다는 것을 눈치채지 못했을지도 모른다. 단순히 김 목사의 실수였을 수도 있다. 그러나 그날 밤의 사건이 주저하던 나를 바꾼 계기가 되었다.

집에 돌아와서 우리는 진지하게 이야기를 나누었고, 이 교회를 떠나야 할 때가 왔다고 결심했다. 나는 남편에게 당장 두 상점들과 집을 시장에 내놓자고 했다. 혹시 팔리지 않더라도, 이제는 새로운 교회를 찾아야 할 때라고 말했다.

하나님의 역사는 참으로 신비하다! 며칠 뒤, 김 목사가 충에게 전화를 걸어 뉴욕의 주도인 올바니 한인 장로교회에 대한 소식을 알려 주었다. 그 교회는 버팔로에서 약 300마일 떨어진 곳에 있으며, 새로운 담임목사를 찾고 있다는 소식이었다. 우리는 로체스터나 시라큐스 한인 교회들에 대해서는 친구들과 오빠를 통해 어느 정도 알고 있었지만, 올바니 한인 장로교회에 대해서는 들어 본 적이 없었다. 김 목사는 그 교회가 약 23년 된 교회인데, 7명의 목사가 거쳐간 교회라고 했다. 목사 평균 재임 기간이 약 3년이라는 뜻이었다. 3년마다 목회자가 바뀌었다면, 그 교회가 어떤 곳인지 상상이 되었지만, 안정적인 교회를 찾을 선택권이 우리에게 있었을까? 김 목사는 남편이 원한다면 좋은 추천서를 써 주겠다고 말했다.

며칠 동안 기도하며 고민한 끝에, 우리는 도전해 보기로 했다. 마침내 남편은 올바니 미주 한인 장로 교회에 지원했고, 1997년 1월에 교회로부터 청빙을 받았다.

70

자동차 사고

1997년 4월, 부활주일부터 올바니 한인 장로교회에서 강목사의 담임 목회가 시작될 예정이었다. 그때까지 약 3개월 정도 남아 있었다. 우리는 우선 남편만 올바니에 아파트를 얻고, 나는 비즈니스와 집이 팔릴 때까지 버팔로와 올바니를 오가며 지낼 수밖에 없게 되었다.

이 별거와 긴 드라이브의 삶이 반년이 넘도록 계속되었다. 버팔로에서 올바니까지의 거리는 편도 5시간이 조금 넘는 운전 거리였다. 나는 월요일 아침 일찍 버팔로로 출발해서 5일 동안 일하며 62 이브닝우드(Eveningwood)에 있는 버팔로 집에서 혼자 머물렀다. 그리곤 금요일 오후 상점이 닫기 몇시간 전, 3시쯤 상점을 떠나 올바니를 향해 출발하곤 했다. 너무 피곤할 때는 토요일 아침에 출발하기도 했다. 그래서 우리의 두 상점은 월요일 오전 시간과 토요일 하루 동안은 주인이 없는 상태로 운영되었고, 장거리를 오가며 지내야 했던 나는 육체적으로나 정신적으로 탈진 상태에 이르렀던 걸 잊지 못한다. 게다가, 비즈니스는 물론 팔려고 내놓은 집 문제까지 감당하기 어려운 스트레스에 휩싸인 삶이 시작됐다.

어느 토요일 아침, 무슨 마음이었는지 모르지만 나는 며칠째 쫄깃쫄깃

한 찐 옥수수 생각을 저버릴 수가 없었다. 그래서 그 주 금요일 밤을 버팔로에서 자고, 토요일 아침 일찍 상가에 가서 옥수수를 사서 전자레인지에서 쪘다. 그리곤 시장에서 준 커다란 브라운 종이 백(Bag)에 갓 쪄 낸 옥수수 두어 개를 넣어, 조수석 발치 바닥에 내려놓고 올바니를 향해 출발했다.

초봄의 날씨는 맑고 화창했다. 금요일 저녁에 출발할 때와 달리 몸도 상쾌했고, 교통도 한결 한가했다. 나는 오랜만에 창밖의 광경까지 즐기며 여유 있게 차를 몰았다. 시라큐스 근처였으니 이미 절반 이상은 달려온 셈이다. 점심시간 전이었지만 나는 찐 옥수수 생각이 났다. 그래서 운전을 계속하며 조수석 바닥의 봉지를 향해 팔을 뻗었다. 아이 참! 조수석 좌석에 놓아 둘걸… 후회하며 팔이 닿지 않아 몸을 오른쪽으로 더 깊게 기울이며 팔을 최대한 뻗었다. 순간 차가 걷잡을 수 없이 심하게 흔들리며 좌우로 요동을 치는 게 아닌가! 그 작은 몸의 동작이 이렇게 엄청난 요동을 몰아오다니! 믿을 수 없어, 순간적으로 놀라며 백미러를 확인했는데, 다행히 몇 대의 차가 멀리서 달려오는 게 눈에 들어왔다. 그런데 아무리 애를 써도 차의 요동이 제어되지 않았다. 차는 곧, 빠른 속도로 내 의지와 상관없이 왼쪽 차선 끝까지 미끄러지더니 눈 깜짝할 사이에 완전히 180도 반대 방향으로 돌면서, 걷잡을 수 없이 중앙 분리대의 깊은 풀밭으로 돌진해 들어가 박히며 멈춰 섰다. 짧은 순간이었지만, 차가 중앙 분리대 사이의 깊은 풀밭에 멈춰 서고 난 후에도 나는 충격으로 몸을 움직이거나 차 안에서 나올 엄두가 안 났다.

얼마 후 주 경찰관이 창문을 두드렸다. 나는 멍한 얼굴로 창문을 열었다. "괜찮으세요?" 그의 부드러운 말이 나의 긴장을 좀 풀어 주었다.

"그런 것 같아요."

"무슨 일이 있었나요?"

"제가 잠시 몸을 옆으로 움직였나 본데, 차가 중심을 잃었나 봐요" 나는 차마 옥수수 때문이라고 말할 수는 없었다.

"혹시 졸았던 건 아닌가요?"

나는 대답하지 못하고 그냥 앉아 있었다.

"차에서 내리실 수 있으세요? 제가 차를 빼내서 돌려 드릴 테니 잠시 진정한 후 다시 운전해 보시죠".

나는 천천히 차에서 내렸다. 산 지 얼마 안 된 내 녹색 Toyota Camry는 풀로 덮여 있었고, 조수석 쪽 바퀴의 휠캡(wheel cap) 하나가 어딘지로 날아가고 없었다. 그 경찰은 차를 몰아 도로 위로 빼내고, 완전히 방향이 바뀐 차를 되돌려서 오른쪽 차선 가에 주차해 주었다. 나는 그 친절한 주 경찰관이 너무 고마웠다.

"조심해서 드라이브 하세요."

"감사합니다."

그가 떠난 후, 나는 한동안 차 안에서 진정한 후 천천히 운전하기 시작했다. 그리고 다음 휴게소가 나타나자 마자 차를 세우고, 차에서 내렸는데, 사람들의 놀란 시선이 느껴졌다. 내 차는 마치 깊은 정글에서 달려나

온 것처럼 온통 초록색 풀잎으로 뒤덮여 있었다.

얼마 후, 힘겹게 올바니에 도착했는데, 남편이 집에 없었다. 그래서 나는 다시 차를 몰고 교회로 향했다. 교회까지의 그 짧은 20분이 그렇게 길게 느껴진 것은, 아마도 너무 실망이 컸던 탓일까.

71

집과 비즈니스가 드디어 팔리다

드디어 우리의 작은 가발 부티크 상점은 당시 가깝게 지내던 청년 목사님의 어머니가 인수했다. 그녀는 아주 활발하고 비즈니스에 적합한 분 같았다. 하지만 우리의 주된 사업인 옷 상점 '뉴룩 패션'은 쉽게 팔리지 않았다. 작은 비즈니스가 아니었기 때문이다.

어느 날, 한 부부가 가게에 관심을 보이며 찾아왔다. 그런데 그 남편은 대화가 시작되기도 전에 버팔로 다운타운과 메인 플레이스 몰에 대해 이런 저런 불평을 늘어놓기 시작했다. 옷 가게에 관심이 있어서 온 분의 태도라고 믿기가 어려웠다. 사실 비즈니스에 종사하는 많은 분들이 상가 거리보다는 안전한 몰에서 비즈니스를 운영하기를 원하는 것이 사실이었다. 단지 임대료가 비싼 것이 문제라면 문제이긴 했으나, 몰이란 이유로 불평을 하는 것은 좀 사리에 맞지 않았다.

이 부부 중, 남편 되는 사람은 바로 우리 담임 목사의 처남이었다. 즉 우리 사모가 그분의 누나였다. 그 남편 되는 분의 태도는 대화를 시작하기 전부터 나를 불쾌하게 만들었다. 그들은 강목사가 이미 올바니 장로교회로 부름을 받아 떠난 상태였고, 사모의 직분을 감당해야 될 내가 아직도 버팔로와 올바니를 힘겹게 오가고 있다는 형편을 잘 알고 있었다. 사실 그의 아내는 예전에 나의 가발 부티크에서 한동안 일까지 했던 분이었다. 모두가 우리가 가능한 한 빨리 이사를 가야 한다는 것을 알고 있었기에, 그는 우리의 상황을 이용하려 했던 것이다. 그것이 내 마음을 완전히 돌아서게 만들었다. 나는 그가 우리 옷 상점 구입을 원하더라도 더 이상 마주서서 이야기도 하고 싶지 않았다.

나는 그들에게 말했다. "와 주셔서 감사하지만, 이 비즈니스는 당신들에게 맞지 않는 것 같습니다. 여기서 그만하죠." 그리고 나는 그들을 가게에 남겨 두고 사무실로 들어가 버렸다. 나중에 그들은 그의 누나와 목사님을 내세워 다시 나와 거래를 하려 했지만, 나는 전혀 그들과 만날 생각이 없었다.

마침내, 같은 교회에 다니던 성실한 청년 내외가 관심을 보였다. 하지만 그는 충분한 자금이 없었다. 그러나 우리는 그 청년 내외의 성실함을 믿고, 매달 조금씩 갚아 나가는 조건으로 그들 부부와 계약을 맺었다.

이로써 두 가게는 가까스로 인수가 되었지만, 아직도 집을 팔 일이 남아 있었다. 집은 부동산 자격증을 가진 교회 친구 두 분이 맡았다. 나는 시간이 없어 집을 정리하거나 청소도 하지 못한 채였다. 그래서 교회의 대학원생들이 도와주었던 걸 기억한다. 나는 그들에게 지하실의 모든 물건을 앞마당으로 내놓아 달라고 부탁했다. 날이 어두워지자 이웃들과 몇몇 사람들이 트럭을 몰고 와서 대부분을 가져갔다. 나중에 보니, 필요한 내 겨울 부츠도 사라지고 없었다.

그때, 부동산 친구가 매매하기 전에 집 화단에 일년생 꽃까지 심어 주었고, 집 안팎을 잘 정리해서 꾸며 주었던 걸 기억한다. 그 시절에는 '스테이징(Staging)'이라는 것이 아직 없었기 때문에 나는 아직도 늘 그 친구에게 감사한 마음을 가지고 있다.

집을 매물로 내놓고 난 후, 나는 빈 집에서 2층 방 카펫 위에 베개와 담요 하나로만 잠을 자며 올바니까지 장거리 운전을 하면서 지내야 했다. 집에서 요리도 하지 않았고 아무것도 하지 않았다. 단지 씻고 잠만 잤다.

그렇게 힘들었던 탓일까. 나는 애들과 달리 정작 우리가 1979년에 지은 4베드룸 잉글리시 튜더(Tudor) 스타일의 집에 특별한 애착이 없다. 그 집은 두 아이가 행복하게 18년이란 짧지 않은 어린 시절을 보낸 집이었지만, 나는 가장 중요한 시기에 몇 달 동안이나 두 비즈니스와 그 집에 얽매여 근 300마일의 거리를 오가며, 엄청난 스트레스에 빠졌던 씁쓸한 기억의 집이었던 까닭이다.

아이들이 어린시절을 보낸 버팔로 Ransom Oaks 단지내의 집

드디어 한 미국인 부부가 집에 관심을 보였다. 당시 부동산 시장이 어떠했는지 나는 알지 못했다. 그들이 제시한 금액은 시세보다 훨씬 낮았지만, 나는 이미 육체적으로, 정신적으로도 지쳐 있었고 속히 버팔로를 떠나 남편과 합류하고 싶었다. 마침내 우리의 집도 팔렸고 나는 그렇게 버팔로를 떠났다.

그러나 아쉬운 마음이 아니라, 안도의 숨을 내쉬며 떠났던 것이, 지금 돌이켜 보면 적지 않게 아쉽기도 하다. 23살에 미국으로 날아와, UB에서 남편을 만나 결혼했고, 두 사랑스러운 아이와 함께 29년 동안 남부럽지 않은 삶을 살아온 곳이 바로 이 버팔로란 도시와 우리들의 보금자리인 이 집이 아니었나 싶어서다!

72

위임예배

내가 두 도시를 오가며 힘들게 지내는 동안, 새 목사로서의 남편의 삶도 미지수였던 것 같다. 그의 삶도 허니문은 아니었다. 교회의 분위기도 교회의 장로들도 냉담했고 새로 부임한 목사와 거리를 두었던 것 같다.

순진한 나는 우리가 온 교회 교인들의 간절한 기도에 의해 선택된 줄만 알았다. 그러한 생각은 우리를 축복받은 자로 감격해야 한다고 느끼게 했고, 더 나아가 내가 두 도시를 오가며 지내야 했던 나 개인의 어려움에만 너무 몰두해 있었음을 자책까지 했었다. 남편이 냉랭한 첫 부임지에서 외롭게 혼자 감당해 내야 했던 상황에 대해 전혀 모르고 있었다.

나중에서야 알게 된 일이지만, 그가 혼자 아파트에 지내던 몇 달 동안 장로님들을 위시하여 아무도 그를 집으로 초대하지 않았다고 한다. 결국 어느 날, 남편은 장로들을 한 사람씩 따로 만나 교제하기로 결심했고, 한 분씩 먼저 전화를 걸어 만나며 조금씩 관계를 쌓아 갔다. 그러면서 서서히 서로를 알아가게 되었던 것 같다. 그런 가운데, 드디어 1997년 5월 18일, 위임 예배날이 다가왔다.

강목사의 위임 예배식

위임 예배에 참석한 버팔로 남성 중창단

주일이었음에도 불구하고, 58명의 버팔로 장로 교회 교인들이 예배 중에, 280마일 떨어진 올바니까지 강목사의 위임예배에 참석하기 위해 달려왔다. 강목사가 멤버였던 남성 합창단 '버팔로 남성 중창단'도 먼 길을 달려 와 찬양을 불러 주었다. 강목사도 목사 가운을 입은 채 함께 합창에 참여했다.

세연이와 세진이도 아빠의 목사 취임식에 참석하려고 각각 샌프란시스코와 미시간에서 달려왔다. 나는 멀리서 달려온 그들의 모습을 바라보며, 잠시 아버지가 목사로 취임되는 것을 그 아이들이 어떻게 받아들이는지 짐작해 보았었다.

특히 얼마 전 봄 방학 중에, 앤아버(Ann Arbor, Michigan)에서 세진이의 친구, 목사의 아들(PK) 한 명이 스스로 목숨을 끊었다는 소식을 들었던 까닭이다. 막상 본인도 PK가 되려는 시점에 일어났던, 이 비극을 어떻게 받아들였을지 가늠이 되지 않았다. 이 슬픈 사건이 세진에게 너무 깊은 타격을 주지 않기만을 바라며, 예배에 집중하려 애를 썼던 기억이 난다. 그럼에도 불구하고 위임예배는 버팔로와 올바니 교회에 속한 여러 교인들의 축복 속에 무사히 끝났다.

73

올바니 집

우리는 올바니 아파트에서 네 달 정도 지낸 후 집을 찾아보기로 했다. 그래서 렌트 오피스를 찾아가서 이사할 수 있는지 물었다. 계약은 1년이었지만, 직장 전근이나 결혼 등의 이유로 중간에 나가는 사람들도 있다고 하면서, 가능하다고 했다.

그래서 집을 찾기 시작했다. 우리 교회에 한 집사님이 부동산 일을 하고 있었는데, 결국 그녀가 레이덤(Latam) 지역에 있는 깔끔한 3베드룸 집을 찾아주었다. 레이덤은 교인들이 사는 트로이(Troy), 클리프턴 파크(Cliffton Park), 그리고 길더랜드(Guilderland)의 중간쯤에 위치한 주택가였다. 무엇보다도 그 집은 마치 모델하우스처럼 정원이 아름답게 가꾸어져 있었다. 버팔로에서 우리가 지었었던 튜더 하우스에 비해, 밝고 아담했고, 집 안팎이 모두 깔끔해서 더 이상 손이 갈 데가 없는 아름다운 집이었다. 그래서 우리는 그 집을 샀다.

집 앞에는 봄이 되면 눈이 부시게 붉게 타오르는 아름다운 메이플 트리가 있었고, 집 주변에는 버팔로 집과 다르게 진기한 나무들과 꽃들이 곳곳에 가득히 심겨져 있었다.

아이들이 방문했을 때 찍은 올바니 집

목사 위임식 후 얼마 지나지 않아 열린 환영 만찬에서 한 의사 장로님이 이렇게 말했다. "벌써 집을 사다니 용감하시네요?" 그분의 뜻은, '우리가 당신들을 계속 원할지도 알 수 없고, 당신들도 여기가 마음에 안 들 수도 있는데'란 말이었다. 다른 장로님들도 모두 조용히 어색한 얼굴로 웃었던 것 같다. 모두들 그 장로님의 말뜻을 이해했고, 마음속으로는 같은 생각을 했을지도 모른다. 새 목사 부부가 위임되자마자 좋은 동네에 반짝이는 집을 산 것이 전임자 목사님들과 달라서 그들에게도 의외였던 모양이다. "우리는 여기서 오래오래 살려고 생각했는데요!" 하고 내가 웃으며 농담처럼 넘겼었다. 우리에게 집을 소개했던, 부동산업의 집사님은 의과 대학 교수이신 장로님의 아내였는데, 그분을 위시해서 모두가 내 말에 웃음으로 받았다. 그때 나는 정말로 순진하게 우리가 올바니에서 오랫동안 살 줄 알았다.

무엇보다, 위임 되자마자 번듯한 집을 산 일로 그들은 우리가 전임 목사님들과 다르게 느끼는 걸 알았다. 또한 그들이 나에 대해, 이전 대부분의 목사 사모님들과도 다르게 느끼는 것도 깨닫고 있었다. 대부분의 한국 교회 사모들은 겸손하고 온순했으며, 목사님 뒤에서 있는 듯 없는 듯 조용한 존재였기 때문이다.

나는 솔직히 사모로서의 준비도 안 되었고 훈련을 받은 적도 없었기에, 담임 목사의 아내 역할이 무엇인지도 모르는 채였다. 아마 장로님들도 그것을 알고 있었을 것이다. 장로님 한 분이 처음 우리를 초청한 모임에서 나에게 물었던 걸 기억한다. "사모님이 되는 느낌이 어떠신가요?"

나는 솔직하게 대답했다. "잘 아시겠지만, 저는 아직 준비도 안 되었고 훈련받은 적도 없습니다. 그래서, 여러분들께 그냥 갑자기 담임 목사의 사모가 된 언니나 동생처럼 생각해 주시고, 그냥 강 목사의 아내로, 이해하고 도와주셨으면 좋겠습니다." 모두가 내 솔직한 대답에 웃었지만, 그들이 속으로 어떻게 생각했는지는 알 수 없는 일이다.

강목사가 로체스터 크로저 신학교에서 만나 알게 되었던, 내가 존경하는 젊은 오 목사님이 계시다. 그분이 올바니 위임지로 떠나기 전 우리를 만났을 때, 내게 해 주신 조언이 있다.

"사모님, 성격을 누르시고, 늘 조심하셔야 합니다. 목사님이 교인들과 갈등을 겪는 건 어떻게든지 풀어 갈 수 있지만, 사모님이 교인과 싸우면, 바로 짐을 싸야 합니다." 나는 농담으로 들었는데, 그분은 진지하게 말씀하셨다.

어쨌든, 강목사는 담임 목사님으로서의 삶을 시작했고, 나는 준비되지 않은 채로 사모의 역할을 맡게 되었다. 불과 몇 주 전까지 사업을 하다가, 졸지에 담임 목사의 아내가 된 나를 교인들은 어떻게 받아들이며 감당했을까, 돌이켜 생각해 보면 지금도 아뜩한 느낌뿐이다.

74

사모

우리 사역이 막 시작되었을 때, 한 은퇴한 사모님이 나에게 K라고 하는 특정 집사에 대해 조심하라고 일러 주었다. K는 우리가 아직 아파트에 머물고 있을 때 우리를 처음 방문했었던, 세 명의 여 집사님들 중 한 사람이었다. K는 나보다 한 살 어렸고 피아노를 전공했던 의사의 부인이었다. 다른 분인 방 집사님은 나와 같은 고등학교의 일년 선배였고, 클라리넷 전공을 했던 분이었다. 세 번째 신 집사님은 소아과 의사 장로님의 아내였다. 그 장로님은 올바니 교회가 오랫동안 이끌어 왔던 무지개 캠프와 입양아 부모 모임을 함께 이끌어 오시던 분이다.

세 사람 모두가 의사 아내들이었다. 그러나 K와 선배 방집사님의 남편들은 우리 교회 정기 출석 교인은 아니었다. 그들은 교회에 호감을 갖고 있긴 했지만, 소위 말하자면 계절 교인이었던 것 같다.

무슨 연유에서인지, 올바니에 있는 대부분의 한인 의사들은 교회를 멀리했다. 우리가 29년간 살았었던 버팔로 도시는 올바니보다 훨씬 많은 한인 의사들이 있었고, 국제적으로 알려진 조가경 철학 교수님 등을 비롯해, 의사들 중에도 명성이 알려진 분들이 여러분 있었는데, 대부분 교회에 출석하며 교회가 커뮤니티의 중심으로 되어 있어서, 2세들도 모두 교회를 중심으로 성장했던 걸 기억한다. 그런데 유감스럽게도 올바니 교회엔 무지개 캠프를 이끌어 왔던 이 장로님과 의과대학 교수님이신 김 장로님 외엔, 정규적으로 참석하는 의사 교인이 거의 없었는데, 아직도 그 이유를 잘 모르겠다.

여자 집사님 이야기를 하다가 잠시 옆길로 빠졌었다. 세 분 중에 신 집사님은 나이가 연소했지만 교회를 위해 많은 일을 했다. 그녀는 화가이자 프로 골퍼였는데, 나는 처음부터 그 집사님과 잘 통했다. 그녀는 머리도 비상했을 뿐 아니라, 능력 있는 여성이었고 마음이 넓고 스케일이 큰 집사였다. 각종 교회 행사 때마다 집을 오픈했는데, 많은 교인들을 집으로 불러 융숭하게 대접하곤 했다. 마찬가지로 때때로 몇몇 외로운 분들을 불러내어, 호의를 베풀었던 나의 선배 방 집사님과 더불어, 부족하기 그지없었던 사모인 나를 알게 모르게 감싸고 도와주었던 걸 기억한다.

반면, K의 방자(Brassy)한 태도는 처음부터 달랐다. 어느 날, 어떤 교인(이름은 기억나지 않는다)에게서 전화를 받았다. 교회로 당장 나오라는 전화였다. 교회로 나갔더니, 다짜고짜 "어느 농장에 가면 파를 공짜로 얻을 수 있다"고 말하며 따라오라고 했다. 파가 심겨진 장소로 도착하자마자 K가, 나에게 차 트렁크를 열라고 했다. 나는 이해가 되지 않아 잠시 그녀의 얼굴을 쳐다보았다. 그러자 그녀는 갑자기 자기 지갑을 열더니, 쿠폰북에서 한 장을 뜯어 내 손에 쥐여 주며 말했다. "나중에 이 쿠폰으로 세차해요!" 그러고 나더니, 그녀와 다른 여자가 나의 깨끗한 트렁크 안으로 밭에서 뽑아낸 파들을 줄기째 마구 던져 넣기 시작했다. 순식간에 파와 붉은 흙이 차 트렁크를 가득 메웠다. 다른 여자들이 빙 둘러선 채 그 상황을 아무렇지 않게 바라보고 있었다.

나는 화가 났다기보다 굴욕감을 느꼈다. 왜 미리 농장에 간다고 알려주지 않았을까? 목사 사모라고 해서 아무 때나 언제든지 이런 일을 당연하게 받아들여야 하는 걸까? 나는 죽을 힘을 다해 그날 입을 다문 채 참으며, 차를 몰아 교회로 달려가 흙투성이 파뭉치들을 교회 주방에 내려놓았다.

이와 비슷한 일들이 몇 번 더 있었다. 그중 하나를 말하자면, 어느 주일 내가 서 있는 교회의 주방에서 K가 큰 접시들을 싱크 안으로 크게 소리를 내며 던지듯이 집어 넣는 게 아닌가. 접시들이 깨질까 봐 놀랄 정도였지만, 나는 그녀가 새 사모인 내가 설거지를 하도록 압박한다는 걸 알아차렸다 그러나 나는 그런 식으로 설거지를 할 생각이 없었다. "무슨 기분 안 좋은 일 있었어요? 교회 접시 다 깨지겠어요!" 나는 대수롭지 않은 듯이 말한 후, 부엌에서 나와 버렸다.

어떤 권사님은 이런 말도 했다. "이전에 어떤 사모님은 예배 끝나기 전에 설거지를 다 끝내 놓곤 하셨어요. 그래서 손이 항상 퉁퉁 부어 계셨어요."

"정말로요?" 내가 대답했다. "그 사모님은 설거지의 소명을 가지셨나 보네요. 전 그렇지가 못해서… 제 말이 비꼬는 것처럼 들릴지 모르겠지만, 저를 다른 사모님들과 비교하지 말아 주세요. 저도 여러분들을 다른 집사님들과 비교하지 않으니까요." 나는 마음속에 있는 말을 솔직하게 말했다.

이런 일들이 몇 번 있은 뒤, 나에 대한 소문이 교회 여자들 사이에서 산불처럼 퍼져 나갔다. 나는 그러한 소문들이 번지고 있는 걸 알고 있었지만, 그들의 기대가 옳지 않다고 생각했다. 나는 교회에 설거지를 하러 온 것이 아니었다. 천만에! 우리는 사람들 비위를 맞추려고 뒤늦게 목회를 선택한 게 아니었다. 교회에 온 후 얼마 되지 않았을 때, K가 내게 들으라는 듯이 몇몇 교인들 앞에서 이렇게 말했다.

"목사들은 그냥 지나가는 사람들이에요. 왔다가 가는 거죠!"

그때 그 말이 내 마음을 찔렀던 걸 기억한다. 당시엔 아무 말도 안 했었지만, 그후 언젠가 내가 K에게 이렇게 말했다. "집사님 말이 맞아요! 목사들은 지나가는 존재이지요. 집사님 말처럼, 우리도 떠날 때라고 생각되면 미련 없이 떠날 겁니다." 그렇게 나는 적지 않은 불협화음을 견뎌 내며 사모 역할을 계속했다.

위임식 이후, 사역을 제대로 하고 있는지도 모르는 상태로, 강 목사는 나름대로 목회에 몰두했지만, 교인들은 여전히 냉담했다. 23년이란 기간 동안, 7명의 목사가 다녀갔으니, 교회가 제대로 성장할 기회도 없었을 터이고, 게다가 바로 우리가 오기 이전의 목사님이 교인 몇 명과 함께, 멀지 않은 지역에 새 교회를 세운 상태였다.

그럼에도 불구하고, 강목사는 온 힘(All In)을 다해 매달렸다. 그는 하나님께서 특별한 목적을 가지고 자신을 그 교회로 보내셨다고 확신했고, 그중 핵심은 교회의 치유와 회복이라고 믿었다.

나는 내 역할이 무엇인지도 모른 채 그저 그를 따라갔다. 몇몇 교인들이 내게 예배 시간에 아이들 방에서 애기들을 맡아 달라고 했다. "죄송하지만, 저도 예배를 참여해야 될 뿐더러, 아이 돌보는 건 제 일이 아닙니다." 또 어떤 사람은 내게 예배당 맨 뒤쪽 중간 자리에 앉으라고 자리까지 정해 주었다. 그 자리에 앉아서 누가 교회에 안 왔는지 확인하고 주보를 보내라고 말했다. 나는 또 대답했다. "하하, 앉는 자리까지 신경 써 주셔서 고맙네요. 그런데 저는 몇 줄 앞, 오른쪽에 앉고 싶은데…."

서로 맞춰 가며 정착하는 과정에서 우리들은 피차 적지 않게 삐걱대며 조정을 해 나갔다.

"매주 주일 날, 제가 커피와 옥수수차를 준비할게요." 아마도 그들은 나를 포기했고, 나는 내가 할 수 있는 일을 찾아 했다.

75

무지개 캠프

매년 6월, 올바니 장로교회는 입양아 부모 협회와 협력하여 무지개 캠프를 열었다. 이 캠프는 약 10년 동안 매년 계속해 왔다고 한다. 강목사의 취임식이 5월 18일이었으니, 무지개 캠프는 제일 먼저 다가온 큰 행사였다.

이 캠프는 소아과 의사인 우리 교회의 이 장로님이 맡아 진행했다. 미국 전역에서 약 300명의 입양 학생들이 참석했고, 캠프는 약 일주일간 계속되었다.

이후 몇 년 동안, 서울 숙명여자대학교 김상률 교수님의 인솔하에 매년 6월 약 20여 명의 숙명여대 학생들이 참석해서 캠프를 활성화했었는데, 이 숙명여대의 봉사활동은 우리가 은퇴한 이후에도 계속되고 있다고 들었다. 그리고 우리 교회 여자 성도들이 캠프하는 동안 음식을 준비하며 봉사했다.

나는 아직도 한 미국 부모의 말이 생각난다. 몇몇 한국인들이 아이들을 입양해 준 데 대해 고맙다고 인사했을 때, 그 부모는 이렇게 말했다. "저는 매일 제 삶에 이 아이가 있다는 사실을 하나님께 감사하고 있습니다."

그 말은 우리들의 시각이 얼마나 일방적이었는지를 깨닫게 해 주었다. 우리는 늘 그 아이들을 구원받은 고아 아이들로 보았지만, 그 양부모들은 이미 그 아이들을 자기의 친 자녀들로 받아들이고 있었다는 사실이다. 그 후로 나는 그 아이들을 입양아라고 보지 않고, 그분들의 아이로 보게 되었다. 해마다 있었던 이 6월의 무지개 캠프 주간은 올바니 교회에서 우리가 목회할 때 누렸던 가장 귀한 추억 중 하나이다.

김상률 교수의 인솔하에 숙명여대의 학생 20여 명이 몇 년 동안 참석하여 무지개 캠프를 더욱 활성화시켰다.

76

나의 오빠

올바니에서 두 번째 해, 어느 날 나는 오빠로부터 전화를 받았다. 그는 그때 살고 있던 무더운 애틀랜타를 피해 한두 달 가량, 숙박과 식사를 제공하는 좋은 휴양지가 있는지 물어 왔다. 나는 마침 곧 우리 휴가가 시작할 예정이니, 온 가족이 우리 집에 와서 지내라고 말했다. 그런데 그는 새언니와 딸 소연이는 이미 아들 성일이가 살고 있는 뉴욕시로 다니러 갔고, 자기 혼자 애틀랜타 집에 남아 있다고 했다. 그렇게 말하는 오빠의 어조가 어딘지 많이 외롭고 기운이 없어 보였다. 그는 우리 집에 와 지내라는 내 말을 묵살하고, 다시 식사까지 제공되는 휴양지가 있으면 알려 달라고 말했다. 나는 올바니 교회 이 장로의 사슴 농장이 생각났다. 우리 교회가 몇 번 그곳에서 수련회를 가진 적이 있었는데, 방이 몇 개 있었다. 하지만 에어비앤비(Bed & Breakfast) 같은 사업을 하는지는 확실치 않았다. 다음에 안 권사(이 장로의 아내)를 만나면 물어봐야겠다고 생각하고 오빠와의 통화가 끝났었다.

그런데, 며칠 뒤, 오빠가 다시 전화를 했는데, 열이 나고 자주 아프다고 했다. 7월 말이었고, 그는 이미 의사도 만나 보았다고 했다. 나는 그가 작년에 췌장관에 스텐트를 삽입한 것을 알고 있었지만, 그는 지난 1년 동안, 스텐트를 삽입한 사실조차 깡그리 잊고, 낚시를 즐기며 정상적인 생활을 해 왔었다.

며칠 뒤, 오빠가 다시 전화를 걸어와 놀라운 소식을 전했다. 그동안 열이 내리지 않아, 여러 검사를 받았는데, 췌장암이 재발했다는 의사의 진단 소식이었다. 나는 췌장에 스텐트를 삽입할 때에도 그것이 췌장암 때문이었던 줄은 상상도 못했었다. 오빠가 췌장암이라는 말을 내게 안 해 주었기 때문이다. 그런데 이번엔 증상이 심했고, 그의 상태가 빠르게 악화된다고 말했다. 오빠의 목소리에서 며칠 전과는 다른 무언가가 느껴졌다. 전화선을 타고 들려오는 그의 담담한 목소리가 뭔가 섬뜩하게 전해왔다. 2주 전 첫 번의 전화에서 느끼지 못했던 체념 같은 것이 낮은 그의 음성에 고스란히 드러났다. 연이어 그는 암과 싸우지 않기로 결정했다고 말했다. 췌장암의 생존율이 얼마나 낮은지 알았기 때문이다.

그는 이미 의사에게 치료를 받지 않겠다고 말했고, 단지 통증이 심해질 때 도와달라고 부탁했다고 했다. 나는 믿을 수가 없었다. 무엇보다 그가 췌장에 스텐트를 삽입했을 때 그것이 "암" 때문이었다는 것을 알았더라면, 충격이 덜 했었을까. 오빠를 원망할 수도 없어, 울부짖고 싶었던 나의 심정이다.

한편 나는 양로원에 계신 엄마에게 오빠의 병, 특히 췌장암이라는 사실을 말하지 못했다. 새언니는 애틀랜타 집 아래층 거실 한 쪽에 병원의 침대를 들여다 놓았다고 했다.

오빠는 은퇴한 지 얼마 되지 않았었고, 그동안 거의 해 보지 못한 해외 여행 등 여러가지 못 해 본 일들을 시작하려던 참이었다. 이제 그의 나이 막 67세가 되었을 뿐인데, 이렇게 치명적인 암에 걸린 것이다. 그가 병을 처음 알았을 때 이렇게 말했다. "은퇴 나이 65세는 너무 늦은 것 같아. 55세 정도였다면, 죽기 전에 무슨 질병이 생기더라도, 잠시 동안은 삶을 즐길 수 있지 않을까…."

곧 우리들, 즉 큰언니와 나와 둘째 언니의 딸 테리가 애틀랜타에 있는 오빠 집으로 방문을 갔다. 언니 찬숙은 보스턴에서, 조카 테리는 샌디에이고에서, 나는 올바니에서 날아갔다. 애틀랜타 집에서 처음 오빠의 얼굴을 보았을 때 나는 내 눈을 믿을 수 없었다. 그는 딴 사람처럼 야위어 있었고, 피부는 팽팽하고 노랗게 변해 있었다. 거실로 들어서는 우리를 보고, 침대에 누워 있던 그가 흑 하며 흐느낌을 삼켰다. 우리는 입을 열어 말을 할 수도 없었고, 그저 서로를 꼭 껴안았다.

그는 종일 거실의 병상에 누운 채 시간을 보냈다. 여전히 다른 가족과 똑같은 음식을 먹고 마셨다. 나는 그의 음식이 훨씬 부드럽고 기름지지 않아야 한다고 생각했지만, 그는 그냥 있는 대로 끼니를 때우는 듯했다. 우리는 오빠의 결혼 생활이 힘들었다는 것을 알았기에, 그의 마지막 날들도 더욱 슬프고 힘들 것임을 짐작할 수 있었다.

내가 올바니로 돌아간 지 며칠도 되지 않아 그가 호스피스로 옮겨졌다는 소식이 들려왔다. 예상보다 훨씬 빠른 시기였다. 그리고 얼마 되지 않은 며칠 후, 호스피스에서 그가 기저귀를 차기 시작했다는 소식이 또 날아왔다. 어느 날, 새언니가 호스피스를 떠나려 할 때 오빠가, "당신은 나쁜 여자야"라고 말하더라고 새언니 본인이 말했다. 왜 그런 말을 했는지는 알 수 없었지만, 나는 가슴이 아팠다. 그녀가 퇴근 교통 체증에 걸리고 싶지 않아, 서둘러 떠나려고 했을 때 오빠가 했었던 말이란다. 그가 죽음을 앞두고 홀로 호스피스 병상에 누워 얼마나 외로웠으면 속히 떠나려는 언니에게 그렇게 말했을까 싶어 가슴이 저렸다. 평생 불 같았던 열정적인 성격에 까다롭고, 예민한 그였기에 그렇게 초라하게 호스피스 병상에 누워 생을 마감해야 하는 오빠의 일생이 너무 슬프고 측은했다. 평생을 그렇게 몸부림치며 힘겹게 살아온 의미가 무엇인가? 결국 호스피스에서 혼자 기저귀를 찬 채 죽음을 맞게 될 인생인 줄 알았었다면….

내가 마지막으로 호스피스로 전화를 걸었을 때, 그는 숨을 가쁘게 몰아쉬고 있었다. 말은 할 수 없었지만, 수천 마일 떨어진 곳에서 그의 막내 여동생 찬옥이가 수화기 너머에 있다는 것을 알고 있을 오빠. 그는 힘겹게 자기가 듣고 있다는 것을 내게 알리려 전화기 속으로 숨을 토해냈다. 오빠와 나는 서로, "안녕"이라는 말조차 나누지 못했다. 나는 목이 잠겨서, 그리고 오빠는 말을 할 기력이 없을 정도로 쇠진해서였다. 그것이 나의 사랑하는 오빠와의 마지막 통화였다.

장례에 참여하기 위해 언니와 나는 다시 애틀랜타로 날아갔다. 힘들었던 것은 오빠가 화장된 뒤, 그의 재가 호수 가장자리에 뿌려졌다는 사실이다. 가톨릭 교인 한 분이 보트를 빌려서 넓은 연못 한가운데에서 오빠의 재를 뿌려 주라고 제안했지만, 그렇게 되지 않았다.

오빠는, 모든 다른 가족들에게는 엄격했을지라도 내게는 언제나 다정한 오빠였다. 그는 1999년에 세상을 떠났고, 2년 뒤 엄마가 돌아가실 때까지 엄마는 오빠의 죽음을 모른 채였다. 엄마는 가끔 오빠에게서 연락이 없는지 물으셨지만, 그가 찾아오지 않고 전화하지 않는 것에 대해 원망을 하지 않으셨다. 평생 죄책감 때문에 아들에게 대접을 받을 자격이 없다고 느끼셨기 때문이었다.

내게는 아버지 같았던, 내 오빠는 그렇게 67세의 나이로 세상을 떠났다. 산과 같았던 나의 오빠가 세상에서 사라졌음에도 불구하고, 목회자 아내로서의 나의 삶은 무슨 큰 벼슬이라도 된 듯 계속되었다.

나의 오빠 김찬영 바이올리니스트

77

장미혜

다음 해 초가을, 교회는 몇몇 교인들이 참여하는 음악회를 준비하느라 분주했다. 성가대 지휘자 조와 교회 피아니스트인 그의 아내 미혜가 음악회를 주도했다. 우리는 모두 미혜의 건강이 좋지 않은 걸 알고 있었지만, 정확한 원인은 아무도 모르고 있었다.

그녀는 음악회 내내 모든 연주자의 반주를 맡았다. 나는 그 긴 음악회가 끝날 때까지 그녀가 어떻게 견딜까 많이 걱정이 됐다. 마침내 음악회가 끝나자, 그녀의 남편 조가 거의 미혜를 업어서 데리고 나가야 했다. 이 음악회는 단순히 음악을 사랑하는 몇몇 교인들을 위한 자리였지만, 특히 미혜가 병이 더 깊어지기 전에 교회에 의미 있는 무언가를 남기고 싶어 시작한 것으로 알고 있었다. 모두가 그 분위기를 감지하고 최선을 다해 음악회를 준비했다.

음악회가 끝나고, 그녀의 몸이 더 심각하게 나빠져서 그녀는 결국 침을 맞으려고 중국 한의사를 찾아갔다. 그런데 그 한의사가 그녀를 보자마자 병원에 가서 유방 조직검사를 받아 보라고 권했다고 한다. 미혜는 당시 한국인 의사가 무료로 돌봐 주고 있었던 걸로 알고 있었다. 그런데 이 한

의사가 미혜를 보는 순간, 더 심각한 병임을 알아보았던 모양이다.

조직검사 결과, 그녀는 말기 유방암 판정이었다. 우리 모두는 충격에 빠졌다. 중국 한의사가 그녀의 유방을 잠깐 보기만 하고 암을 알아보았는데, 정작 본인은 왜 눈치채지 못했을까? 그녀의 유방은 이미 크기가 달랐고, 유두에서는 진물까지 나오고 있었단다.

치료가 시급했지만, 그녀는 학생 가족 신분이어서 의료보험에 제한이 있었다. 다행히도 초기 치료비 3천 달러는 나의 고등학교 선배이신 방 권사(후에 권사가 되심)님이 대신 지불해 주셨다.

진단 당시, 미혜의 아들 오치는 세 살이나 네 살 정도였다. 그 후 그녀의 시어머니가 와서 함께 살며 도왔다. 나는 미혜의 남편 조가, 학업과 아이를 기르며 여의치 못할 때, 미혜를 새러토가(Saratoga) 메디컬 병원으로 항암치료를 받도록 데리고 가곤 했다. 그렇게 숱이 많았던 그녀의 검은 머리가 다 빠지고, 너무도 연약해져서 어떻게 그 힘든 치료를 견뎌 낼까 싶게 미혜는 하루가 다르게 나빠졌다. 암 치료를 위한 약물은 그녀의 왼쪽 가슴에 삽입된 포트 장치를 통해 주입되었다.

그녀는 내게 그 힘든 상황에서도 단 한 번도 불평하지 않았다. 치료가 끝난 뒤 가끔 돌아오다가, 스트립몰 안에 있는 작은 다이너(Diner)에 들러 차와 페이스트리(Pastry)를 함께 먹었던 기억이 난다. 그녀가 제대로 먹었는지는 기억에 없지만, 병원이 아닌 곳에서 시간을 보내는 것을 많이 즐거워했던 걸 기억한다. 지금도 후회되는 것은, 왜 그녀를 병원만이 아니라 더 자주 사람들과 어울릴 수 있는 곳으로 데리고 갈 생각을 못했을까 하는 점이다.

그녀의 암과의 싸움은 5년 가까이 이어졌다. 조는 학생보험으로 그녀가 치료를 받을 수 있게 하려고 일부러 박사 학위 취득 과정을 최대한 늦추고 있었다. 그녀의 상태가 나빠지면서, 머리엔 터번을 써야 했고 그녀의 치아까지 흔들리기 시작하면서, 대부분 시간을 집 침대에 누워 지내야 했다. 그런 상태에 이른 그녀의 옆에서 함께 지내는 것은 쉽지 않았다. 따라서 그녀 스스로가 감당해야 했을 그 외로움을 상상조차 할 수 없었다.

어느 날, 그녀의 남편 조가 전화를 걸어와 미혜가 나를 만나고 싶어 한다고 했다. 나는 무거운 마음으로 그녀의 집을 찾아갔다. 그녀는 그날도 머리에 터번을 두른 채 침대에 누워 있었다.

"침대에 누워 있어서 미안해요." 그녀가 내가 옆에 앉자 말했다.

"무슨 그런 말을. 편히 누워 있어요." 우리가 주고받았다.

그 무렵, 나이 드신 권사님 한 분이 한국에서 새로운 임상 치료법으로 말기 암 환자가 완치된 사례를 읽은 적이 있다며 미혜에게 그 얘기를 전했던 모양이다.

"사모님, 그 권사님 말씀처럼 한국에 가서 치료를 받아 볼까 하는데, 어떻게 생각하세요?" 그날 그녀가 나를 불렀던 이유였다.

"12시간 넘게 비행기를 탈 수 있겠어요?"

"수면제를 먹고 자면서 가려고요. 무모한 건 알지만, 하도 절박한 상황이라… 오치 때문에!"

나는 그녀의 심정을 이해했다. 어떤 희망이라도 붙잡고 싶었던 것이다. 하지만 그 권사님의 무책임한 말은 아직 의학적으로 검증도 되지 않은 말로 떠돌고 있던 치료였기에 더욱 난감했다. 그날 우리의 대화가 어떻게 이어졌는지는 정확히 기억엔 없지만, 나의 태도에서 반대의 기류를 느꼈던지 그녀는 체념한 듯 눈을 감았다. 내가 아파트를 나서자 남편 조가 뒤따라 나오며 물었다.

"미혜가 뭐라고 해요? 정말 한국에 가고 싶다고 해요?"

"나는 선뜻 권할 수가 없었어요." 나의 대답을 들은, 그의 눈빛에서 안도감을 보았다.

곧 미혜는 입원을 해야 했다. 그녀의 아버지가 한국에서 날아오셨지만 어머니는 오시지 않았다. 나중에 알게 된 사실은, 미혜의 결혼 전 심각한 가족 간의 갈등이 있었다고 한다. 미혜의 부모는 처음부터 이 결혼을 반대했다. 조의 아버지는 군인 출신이었지만 고위 장교는 아니었고, 그들은 한국 서남부 호남 출신이었다. 반면, 미혜의 아버지는 북한 출신으로 매우 강한 성격의 소유자였다. 그는 자신이 호남 사람들보다 우월하다고 생각했었는지, 미혜와 조가 연애할 당시 조를 심하게 모욕했던 과거가 있었다. 결국 부모의 반대를 무릅쓰고 결혼은 했지만, 혼인 후에도 조는 장인에게서 받았던 깊은 상처에서 헤어나지 못하고, 때때로 미혜에게까지 적대적으로 대해 온 적도 있다는 이야기를 본인에게서 듣기도 했다. 겉보기에는 둘 다 똑똑하고 잘 어울리는 명석한 부부였지만, 아무도 모르는 깊은 상처가 두 사람 사이에 숨어 있었던 것이다. 그는 버팔로 뉴욕주립대학교에서 사회학 박사 과정을 밟고 있었고, 그녀는 재능 있는 피아니스트였다.

우리가 병문안을 갔을 때, 병실 안 미혜의 침대 곁에는 그녀의 아버지가 앉아 있었다. 그는 체격이 큰 노인이었다. 한편 남편 조는 멀찍이 떨어진 반대쪽 복도 끝에 앉아 노트북을 열어 놓은 채 일을 하며, 우리에게 손짓으로 병실 쪽을 가리켰다. 미혜는 아버지가 곁에 있는 것이 편치 않아 보였다. 우리도 가족 사이의 사연을 알고 있었으므로 편치가 않았다.

결혼 이후, 미혜는 친정과 단절된 채 살아왔다. 아버지가 조와의 결혼이 마음에 안 들어, 딸을 가족에서 내친(Disowned) 상태였다.

그러다가 지금 결국 죽음을 앞둔 딸을 보기 위해 마지막으로 찾아온 것이다. 그럼에도 어머니는 끝내 오지 않았다. 미혜의 아버지는 그렇게 짧은 방문을 끝낸 후, 사위인 조와 화해도 하지 않은 채 한국으로 돌아갔다.

마침내, 미혜가 세상을 떠났다. 나이 겨우 서른아홉, 아들 오치는 여덟 살, 초등학교 2학년이었다. 우리의 교회는 그녀의 아픈 투병 생활이 남겨준 상처로 그늘 져 있었다. 필사적인 5년 동안의 투병을 마치고, 그녀가 세상을 떠났을 때, 우리 모두는 삶의 일부가 함께 떨어져 나간 듯했다. 마지막 순간까지 죽음을 받아들이지 못했던 그녀의 안타까운 죽음을 우리들도 받아들이기가 쉽지 않았다. 장례식 때도, 묘지에 안장될 순간에도 우리는 모두 슬픔에서 헤어나지 못했었다.

당시 교회와 한인 커뮤니티가 함께 몇 년 전에 구입한 묘지가 있었다. 그 묘지는 뉴욕주 콜로니(Colonie)에 있는 올바니 묘지(Albany Rural Cemetery)였다. 1844년 10월 7일에 세워진 이 묘지는 올바니 시 외곽에 위치해 있으며, 미국에서 가장 아름답고 목가적인 묘지 가운데 하나로 알려져 있다. 400에이커가 넘는 부지에 공원 같은 풍경을 갖추었고, 장례

절차를 품위 있게 치러주는 곳이었다. 묘지는 항상 깨끗하게 시에서 관리되었다. 그리고 이미 그 교회에 속한 묘지에 한 개의 묘가 있었는데, 그것은 일 년 전인 3월에 세상을 떠나신 내 어머니의 묘지였다.

78

나의 어머니의 죽음

우리가 1997년 봄에 올바니 부임지로 떠날 때, 어머니는 아직도 몇 년째 버팔로의 시스터스(Sister's) 병원에 속한 요양병동에 계셨다. 올바니에서 버팔로까지는 약 300마일, 운전으로 5시간이 걸리는 거리였다. 그래서 우리는 올바니에 있는 요양원을 찾아보았고 실제로 한 곳을 찾았다. 어렵게 한 요양원에 자리를 구했는데, 어머니가 마지막 순간에 버팔로에서 떠나오는 것을 거부하셨다. 버팔로 시스터스 요양원 직원들과 정이 들어서, 다시 또 새로운 사람들과 만나며 알아가야 하는 과정이 너무 버겁다고 하셨다.

그러나, 올바니에 정착한 후, 나는 예전처럼 어머니를 자주 찾아뵐 수 없었다. 버팔로에 갈 때마다 5시간 운전해서 가면, 기껏해야 2시간 머무른 후 다시 5시간을 운전해 올바니로 돌아와야 했다.

그러던 어느 봄 토요일 아침, 시스터스 요양원에서 전화가 걸려 왔다. 어머니의 호흡이 정상이 아니니 가능한 빨리 오라는 전화 통지였다. 다행히 서울에서 방문 중이시던 황 목사님께, 급하게 주일 설교를 부탁드리고, 우리는 이른 아침 곧바로 버팔로로 출발했다. 버팔로 시스터스 병원 요양원 복도에서 어머니의 주치의사이신, 닥터 백을 만났다.

"지금까지는 정상이었는데, 어제부터 갑자기 호흡이 가빠졌습니다."

그는 어머니가 계신 방으로 우리를 안내했다. 믿을 수 없는 광경이었다. 어머니는 침대에 누워 계셨다. 아담과 다른 보조원이 양옆에 선채 지키고 있었는데, 어머니의 얼굴은 열기로 붉게 충혈되어 있었고, 호흡은 거칠고 목에서 쉰듯한 소리를 내고 있었다. 어머니가 가장 좋아하던 물리치료사 아담이 말했다.

"따님이 오셨어요. 보이세요?"

내가 침대 가까이로 다가갔다. 어머니가 눈을 가늘게 뜨고 나를 올려다 보셨다. 그러나 나를 알아보지 못하는 듯했다. 나를 알아보려고 집중하는 탓인지 엄마의 눈은 두 개의 날카로운 빛 줄기처럼 나를 향해 쏟아져 왔는데, 그 시선은 전혀 엄마 같지가 않았고 오싹할 정도였다. 어떻게 이럴 수가! 정말 믿기지가 않았다. 지난 번 방문했을 때에도 예사로웠던 엄마였기 때문이다. 엄마가 나를 알아보았는지조차 분명치 않았다.

너무 슬프고 가슴이 아팠다. 어떻게 이런 일이 일어날 수 있단 말인가. 닥터 백도 안타까워하시며 우리를 방 밖 복도로 데리고 나와 말했다.

"따님을 알아보지 못하셔서 안됐지만, 이런 일은 종종 있습니다. 이제는 집에 돌아가셔서 기다리셔야 합니다. 언제 마지막이 될지 아무도 예상할 수가 없어요"

우리는, 언제 운명하실지도 모르는 어머니를 그렇게 혼자 남겨두고 올 수밖에 없는 상황이 믿을 수 없고 괴로웠다. 저렇게 엄마가 영영 세상을 떠난다는 게 너무 불쌍했다. 나는 마침내 달리는 차 안에서 흐느끼기 시작했다. 어느 한 순간, 이 세상을 떠날 수 있다는 것을 알고 있었지만 이렇게 보내게 될 줄은 상상도 못한 일이었다. 하필이면 우리가 다른 도시로 떠난 이후에….

나는 아직도 그날 어머니를 그런 상태로 남겨 둔 채, 올바니로 돌아오던 날을 잊지 못한다. 3월이었는데 창밖으로는 눈보라가 몰아치기 시작했고, 그날따라 쌓이기 시작한 눈으로 미끄럽고 위험하기 그지없었던 험한 날씨였다.

사흘 후, 닥터 백으로부터 전화가 걸려왔다. 어머니가 운명하셨다는 소식이었다. 어머니의 길고 힘들었던 삶이 그렇게 허무하게 끝났다. 자식들과 떨어져, 이국의 요양원에서 홀로 마지막 숨을 거두신 나의 불쌍한 어머니! 게다가 어머니는 2년 전 큰아들이 먼저 세상을 떠난 것도 모르고, 서운해하시며 돌아가셨을 것이다. 끔찍이 사랑했던 아들과의 애증이 뒤엉킨 삶을 평생 살아온 나의 불쌍한 어머니! 우리들이 요양원에 누워 계시던 엄마에게, 오빠의 죽음을 끝내 알리지 않은 것이 잘한 일일까? 아직도 자문하곤 한다. 혹시라도 알았다면, 사랑하던 아들에게 안겨 주었던 평생에 걸친 미안한 마음을 풀지 못하고 보낸 아들의 죽음 때문에 더욱 고통스러운 마지막이 되셨을까.

2001년 3월, 버팔로 특유의 혹독한 3월의 일기 속에서 장례식이 치러졌다. 당시에는 우리 가족 중 아무도 버팔로에 살고 있지 않았다. 장례는 버팔로 한인교회에서 치러졌다. 큰누나의 가족, 형수와 조카 성과, 소연, 그리고 동생 찬순의 가족, 죽은 둘째 언니의 자녀 테리와 연석이가 시카고와 애틀랜타, 시라큐스, 그리고 뉴저지 등지에서 모두 날아왔다.

장례식 후, 우리는 어머니를 화장하기로 결정했다. 나는 화장(Cremation)을 원하지 않았지만, 날씨 관계로 결국 화장을 할 수밖에 없었다. 장례 예식이 끝나고, 친척들이 다 각각 집으로 돌아간 후, 어머니의 유골은 내가 사는 올바니로 모시고 왔다.

나의 큰언니와, 그의 아들 윤관, 그리고 내 동생 찬순과 남편

하지만 3월의 혹독한 날씨 때문에 땅이 꽁꽁 얼어 우리는, 9일이나 더 기다려 어머니의 재를 묘지에 묻었다. 그렇게 어머니는 올바니 교외에 있는 묘지(Rural Cemetery)의 한인교회 부지에 제 1번으로 안치되셨다. 그리고 그 옆에는 우리 교회의 피아니스트 미혜가 두 번째로 묻혔다.

어머니는 향년 89세로 돌아가셨지만, 미혜는 겨우 39세였다. 어머니의 묘를 찾을 때마다 미혜의 묘도 함께 찾게 되는데, 두 무덤은 늘 나에게 잊을 수 없는 슬픔으로 남아있다.

79

나의 남동생

내 동생 찬순이를 생각하면, 어린 시절에 나보다는 더 보살핌을 받고 자랐을까 궁금할 때가 있다. 그는 늘 엄마의 등에 업혀 있던 피난길의 아기로 내 기억에 남아 있기 때문이다. 포대기에 싸여 엄마 등에 업힌 모습이 누구보다도 안전하게 보호를 받는 것 같았다.

포대기라는 단어를 떠올리니, 내가 찬순이를 업고 병원 쪽으로 뛰어가던 그림 같은 장면이 떠오른다. 북한 전쟁 초기, 공습이 있을 때마다 다른 형제들은 다 어디 갔는지 늘 내가 찬순이를 업고 공습을 피해 뛰곤 했던 기억이다. 언덕 위 병원에서 엄마가 무슨 일을 했는지는 알 수 없지만, 나는 찬순이보다 겨우 두 살이 많았으니, 아이가 아이를 업고 뛰어가던 꼴이었다.

이남에 내려와, 찬순이는 학교 시절 대부분을 우리들과 함께 지냈다. 중앙중학교 입학시험을 보던 때의 일이 아직도 아쉽게 생각난다. 누가 나와 함께 그의 시험장에 따라 가곤 했었는지 정확히 생각이 안 난다. 하지만 찬순이는 결국 중앙중학교에 합격하지 못했다. 시험을 잘 치르고 있었기에 불합격 소식을 듣고 우리들이 모두 놀랐었다. 나중에 알게 된 사실인데, 이 교실 저 교실 입학시험을 치르며, 그가 한 시험 과목을 빠뜨리고 안 치렀다는 사실이 뒤늦게 나타났다.

그때 내가 무척 안쓰러워했었다. 어른이 시험장에 함께 따라 갔어도 그런 실수가 일어났었을까 싶어서였다. 그 사건은 어린 찬순이에게 작지 않은 상처가 되었을 것이 분명했지만, 내 동생 찬순에게서 무엇에 관해서도 불평을 하거나 원망하는 것을 단 한번도 들은 기억이 없다.

그는 우리와 함께 자랐는데, 누구보다도 따뜻하고 배려심이 깊은 어른으로 자랐다. 좋은 남편, 좋은 아버지, 착한 동생, 그리고 따뜻한 삼촌이 되었다. 그의 두 딸은 각각 치과 의사와 임상 간호사(Nurse Practitioner)로 성장했다. 무엇보다도 그들에겐 똘똘하고 사랑스러운 손주 앤디와 다이애나가 삶의 기쁨을 주고 있다. 그리고 그는 유일하게 살아 있는, 나의 소중한 남동생이다.

80

9·11 사태

어느 날 아침, 뉴욕에 살고 있는 세연에게서 전화가 걸려왔다. 그 애는 인사도 하지 않고 급히 말했다.

"엄마, 빨리 TV 켜 봐요!"

그래서 내가 남편에게 신호를 했고, 그가 TV를 켰다. TV에선 믿을 수 없는 장면이 벌어지고 있었다. 바로 뉴욕 세계무역센터 폭발 사건이었다. 우리는 그렇게 텔레비전 화면을 통해, 잊을 수 없는 그 9·11일 폭발 사건을 목격했다. 그때는 2001년 지금으로부터 24년 전의 천인 공노할 폭발 사건이다. 그때 알카에다가 일으킨 4건의 동시 자살 테러로, 2,977명이 사망했다. 뉴욕 세계무역센터에서만 2,753명이 목숨을 잃었는데, 그중 343명은 소방관이라고 한다. 워싱턴 D.C. 인근 펜타곤에서는 184명, 펜실베이니아 주 섕크스빌(Shjankville) 외곽에서는 40명이 사망했다.

당시 나의 조카 성일이는(내 오빠의 외아들), 그 유명한 세계무역센터

쌍둥이 빌딩(Twin Tower Building)의 80층 한 오피스에서 일하고 있었다. 그런데 그 사건은 그가 바로 며칠 전에 그 회사에 사직을 하고 난 후에 일어난 일인 것을 나중에 알았다. 그 조카는 방랑벽이 심해서, 걸핏하면 갑자기 직장을 때려치우고, 오지로 배낭여행을 떠나가곤 했었다. 그 때도 "탈진(Burnout) 상태에 이르러서, 좀 멀리 다녀와야겠다"고 말하며 훌쩍 에콰도르로 떠났다고 했다.

그는 2001년 9월 9일, 이틀 전 여행을 마치고 뉴욕으로 돌아왔었는데, 불과 이틀 뒤인 9·11 테러가 일어난 것이다. 나중에 알게 된 사실은, 그의 회사 동료 다섯 명이 그 폭발에서 살아남지 못했다는 사실이다. 이 끔찍한 재난을 접하고 나서, 나의 새언니(성일의 엄마)가 그 지긋지긋해하던 아들의 방랑벽을 그렇게 감사했다던 말을 들었다.

성일은 그 후, 2006년에 몽골까지 달려가 울트라 마라톤에 참가했다. 그리고 귀국했다가 2007년에 다시 직장을 그만두고 몽골로 되돌아갔다. 그는 몽골과 중국을 오가며 지내다가, 나중엔 중국에서 5년 가까이 더 머물다 돌아왔다.

"돈이 떨어져서 다시 뉴욕으로 돌아와서 신입사원처럼 새로 직장을 시작해야 했어요." 돌아와 그가 하하 웃으며 했던 말이다.

내 오빠의 아들 성일이는, 아직도 독신인체, 지금은 90을 바라보는 새언니를 모시고 뉴욕에서 살고 있다. 연로한 어머니 때문에 여행도 못하고 지내고 있었는데, 근래 들어 새 언니의 치매가 악화되어, 최근에 메모리 요양 센터로 모셨다는 소식이다. 9·11 테러 이야기가 잠깐 또 조카 성일에게로 빗겨 갔다.

9·11 사건 이후 우리는 기분이 그랬다. 미국 시민권 소지자였고, 아랍인이 아님에도 불구하고, 뭔가 이전과 다르게 신경이 쓰였다. 많은 미국인들이 차에 작은 성조기를 달고 다녔고, 이웃집 잔디밭마다 큰 깃발부터 작은 깃발까지 성조기가 꽂혀 있었다. 우리 한인 교회 근처 주유소에도 마치 평화의 상징처럼 성조기들이 휘날리기 시작했다. 당시 많은 주유소들이 파키스탄 사람들에 의해 운영되고 있던 때였다.

아직도 기억하는 일은 우리 올바니 장로교회의 최고 연장자였던 김권사님의 하신 일이다. 그 권사님이 자기 집에서 큰 성조기를 가져와 손수 교회 정문에 정문 안 유리에 붙였었던 사건이다. 지나가는 모든 주민들과 차들이 안 보고는 지나칠 수 없는 앞 정문이었는데, 그 권사님의 남편은 미국인이었다.

81

새 교인 가족

어느 주일, 교회에 새로운 가족이 나타났다. 고등학생인 딸과 중학생 아들, 그리고 그들의 엄마 박, 이렇게 세 명이었다. 그녀는 남편이 한국에서 직장을 갖고 있다고 했다. 어느 날, 그녀가 심방을 원해 우리가 그녀의 아파트로 찾아갔다.

우리가 도착하자, 그녀가 반갑게 맞아 주었다. 그러나 곧 이상한 점을 발견했다. 방 네 벽 중간쯤에 이상한 그림이며 장식들을 돌아가며 걸어 놓았는데, 그것들이 자신을 괴롭히는 악한 기운을 막기 위한 것이라고 말했다. 겉으로는 단정하고 예의 바르고 똑똑해 보이는, 그녀가 하는 말들이 초점이 안 맞아, 그분의 집에 심방을 와서 발을 들여놓은 지 얼마 되지 않아, 우리 가슴이 무겁게 내려 앉았다.

한마디로, 곧 그 가정으로 인해 예의 '어려운 목회'가 시작되었던 것 같다. 그녀는 자주 우리 집으로 전화를 해서, 누군가 아파트 보일러를 폭발시키려 한다거나, 위층 사람들이 몇 시간씩 천장을 무엇인가로 내려친다고 호소했다. 우리는 아파트 관리인에게 이야기해 보라고 권했지만, 곧 그것으로는 해결되지 않으리라는 걸 알았다.

뉴욕시에서 목회자 재교육을 받을 때 만난 한 목회자의 말이 떠올랐다. 정신적으로 문제가 있는 성도가 교회에 있으면, 감정적·정신적으로 목회자를 소진시키고, 시간이 지나면 교회 전체를 무너뜨릴 수 있다고 하던 말이었다.

다행히 북쪽 새러토가(Saratoga) 좀 먼 지역에 사시는 정신과 의사 닥터 킴이라는 분이 그녀를 보고 싶다고 했다. 그는 우리 교회 성도도 아니었지만, 박 씨 이야기를 듣고 안타까워하며 관심을 보였다. 닥터 킴은 새러토가 카운티에 진료소를 두고 있었고, 그분의 지시대로 우리가 그분의 진료실로 그 분을 데려가기로 했다. 처음에는 강목사와 함께 매주 갔고, 나중에는 바쁜 남편 대신 내가 운전해 데려가곤 했다. 이상하게도 그녀는 항상 내 옆자리가 아닌 뒷자리에 앉기를 원했다.

딸이 정신적으로 문제가 있는 걸 아시고 도와주러 오셨는지, 당시 그녀의 어머니가 한국에서 오셔서 함께 지내고 계셨다. 그리고 그 어머니는 내가 딸에게 운전을 해 주려 갈 때마다 김치나 고추장을 담아서 주시곤 했다. 나는 그런 걸 받는데 익숙하지가 않아서, 몹시 불편했다. 특히 고추장은 몇 년을 먹어도 못 먹을 만큼 엄청나게 큰 유리병에 담아 주셨다. 손바닥만 한 찹쌀 고추장 한 병을 사도 몇 개월을 넉넉히 쓰던 나였다.

“참 사모님, 고추장 맛보셨어요?” 어느 날, 박씨가 달리는 차 뒷좌석에서 내게 물었다. 새로토가의 닥터 킴 진료소로 운전해 가던 중이었다.

“아직이요. 그런데 어머니께 번거롭게 그런 거 만들지 말라고 전해 주세요. 감사하지만요.” 내가 대답하자, “그 고추장 드셔도 돼요. 독약 같은 거 안 넣었으니!”라는 놀라운 대답이 날아왔다. 그 대답에 나는 등골이 오싹했던 걸 기억한다.

닥터 킴은 크지 않은 목소리로 부드럽게 진료를 했지만 단호하고 엄격하게 그녀를 다뤘다. 나는 그의 치료가 그녀에게 도움이 되기를 바랐다. 그녀도 닥터 킴의 처방을 충실히 따르는 듯했고, 처방약을 먹어서인지 시간이 지나면서 점점 차분해지는 듯했다. 말도 줄었고 공격적이던 태도도 다소 부드러워지는 것 같았다. 아파트 이웃들에 대한 끝없는 불평도 많이 줄었다. 따라서 진료소로 가는 횟수도 점차 줄어들게 되면서, 무엇보다 그녀의 삶이 많이 차분하고 평온해진 것 같았다.

그러다가 몇 달 후, 번개처럼 일이 터졌다. 박 씨로부터 다급한 전화가 걸려와서, "지금 당장 와 달라"고 했다. 자신이 아이들에게서 강제로 떼어질 거라고 했다. 늦가을, 날씨가 쌀쌀해지던 10월 경이었던 같다. 우리가 도착했을 때, 경찰관 몇 명과 아파트 직원들이 이미 와 있었다. 그들은 그녀를 카운티 정신병동으로 데려가 아이들을 돌볼 자격이 있는지 평가하겠다고 했다. 나중에 알고 보니, 좀 안정이 되자 그녀가, 제멋대로 닥터 김의 처방 약을 끊어 버렸던 것이다.

순간 나는 내 어머니가 떠올랐다. 엄마가 정신이 불안정해졌을 때, 나는 매일 아침 몰 상점으로 가는 길에, 어머니에게 들러, 약을 챙겨 주곤 했다. 그런데 하루는 내가 물을 드리려고 등을 돌린 순간, 엄마가 혀 밑에서 약을 뱉어 내는 게 아닌가! 내 앞에서 약을 입 안 혀 밑에 넣었다가, 내가 안 볼 때 약을 뱉어 내곤 했던 것이다. 어머니와의 그런 경험이 있어서, 박씨를 믿었던 것이 큰 실수 같았다. 정신질환 환자들이 약을 먹지 않으려 해서, 줄을 세워 간호사 앞에서 약을 먹이고 삼키게 한다는 말을 들은 적이 있다.

우리는 순진하게 박 씨가 안정되었다고 생각했었다. 그녀의 어머니도 안심하고 한국으로 돌아갔을 정도였다. 하지만 그녀는 다시 천장을 몽둥이로 쳐 올리며 도리어 위층 세입자들을 고발했고, 너무 힘들게 해서 결국 아파트 관리실이 경찰을 불렀던 것이다.

문제는 아이들이었다. 성인 보호자가 없으면, 아이들은 바로 위탁 가정(Foster Home)으로 보내질 수밖에 없다고 했다. 그 아이들을 위탁소로 보내지 않으려면, 성인이 그들과 함께 자야 한다고 했다.

그래서 하는 수 없이 내가 밤마다 그 집에서 그 아이들과 함께 자기로 했다. 아무것도 없는 바닥에서 아이들과 함께 자기 시작했다. 그 중학생 아들과 고등학생 딸은 거의 말이 없었다. 총명한 아이들이었지만, 아빠가 한국으로 나가기 전부터 시작된, 비정상적인 환경 속에서 십 대를 거쳐 가면서 그 애들까지도 신경성 환자가 되어 버린 것 같았다. 다행히 일주일 뒤, 마침내 아버지가 한국에서 들어왔고 박 씨도 병동에서 풀려났다. 그러나 놀라운 사실은 그 아버지의 유일한 형제, 곧 아이들의 작은 아버지도 평생을 정신병원에서 지낸다는 이야기를 듣게 된 일이었다.

그 이후에도 혹독한 정월에 강제 퇴거의 사건이 또 있었다. 나는 어쩌다가 한 가족의 삶이 그렇게 나락으로 떨어졌는지 참으로 안타깝고 이해할 수가 없었다. 누구의 잘못인지 묻고 싶었다. 정신이 온전치 못한 아내에게, 십 대의 두 자녀를 맡기고, 직업을 핑계 삼아 한국으로 혼자 나가 버린 아버지란 인간이 제일 괘씸했다. 물론 제 삼자인 내가 그들의 사정을 이해할 수도, 다른 삶으로 변화시킬 수도 없는 일인 건 알고 있었지만. 여하튼, 그 불행한 가정이 거쳐 가야 했던, 그 시기는 올바니 교회 생활 중 우리에게도 가장 힘든 시간 중 하나였던 것 같다.

82

세진의 대학 졸업

세진이가 마침내 미시간 대학교를 졸업하게 되었다. 기다리던 휴가를 떠나듯, 가끔 우리가 앤아버 미시간으로 차를 몰고 오고 갔던 행복했던 시간들이 추억 속으로 사라지게 된 것이다.

세연이와 세진이를 만나러 가곤 했을 때, 우리는 미시간 앤아버 캠퍼스 타운을 산책하는 특별한 즐거움이 많았었다. 갈 때마다 꼭 들르곤 했던, '커피 브레이크'라는 이름의 식당은 빼놓을 수 없는 추억 속의 작은 한인 식당이다.

미시간 대학교를 졸업한 후, 세진이는 쉬지 않고 곧장 샌프란시스코로 달려가 일을 시작했었다. 아메리코프스(Americorps)와 비슷한 교육 분야의 단체인 '학교 혁신 파트너스(Partners in School Innovation)'에서 2년 동안 많지 않은 급여를 받으며 일했다는 사실을 한참 후에야 알았다. 지금도 나는 그곳이 구체적으로 무슨 일을 하는 곳인지 정확히 모르지만, 한번도 방황하지 않고 꾸준하게 교육 분야에만 헌신해 온 그의 선택을 응원하고 존경한다.

세진이의 졸업식 앤아버 미시간 교정에서

그 후 세진이는 뱅크 스트리트 칼리지(Bank Street College)에서 교육학 석사 학위를 받았고, 뉴욕시의 한 중학교에서 가르쳤다. 뱅크 스트리트는 교사와 교육 리더를 양성하는 데 초점을 둔 대학원이라고 했다. 세진이가 뱅크 스트리트에 지원한다고 했을 때, 우리 가족 안에 에피소드 하나가 있다. 우리는 이 대학원을 들어 본 적도 없었고, 어떻게 받아들여야 할지 몰라 당황했던 것 같다. 그때 그는 동시에 컬럼비아 대학원에도 합격했었다. 그때, 세연이가 세진이에게 컬럼비아를 택하면 1만 달러를 주겠다고 했던 것이 기억난다. 뱅크 스트리트 같은 무명 교대보다 컬럼비아 대학원이 앞으로 훨씬 더 유리할 것이라는 이유였다. 그녀는 통계적으로 많은 젊은 교사들, 특히 남성 교사들이 4-5년 안에 교직을 그만둔다고 말했다. 그런 경우, 어떤 진로로 나아가든 컬럼비아 학위가 더 도움이 될 것이라는 주장이었다. 그러나 세진이는 누나의 제안을 거절하고 뱅크 스트리트를 선택했다.

나는 뉴욕 맨해튼 북쪽의 중학교 아이들을 가르치는 일이 쉽지 않다는 것을 알고 있었다. 그러나 그것은 그의 선택이었고, 그는 단 한 번도 불평하지 않았다. 우리는 그의 결정을 존중했고, 좋은 마음과 기도로 그를 응원했다.

그러다가 몇 해 후, 예일 MBA에 합격했을 때, 그의 높은 GMAT 점수는 우리 가족 모두를, 아마도 본인까지도 놀라게 했던 것 같다. 비영리단체에서 5~6년 정도 일한 뒤였는데, 우리 모두는 이제는 비영리를 그만두고 다른 길을 찾기를 제안했었다. 그러나 나는 그날, 그가 나에게 했던 말을 지금도 잊을 수 없다. 그의 단호한 말이 나를 부끄럽게 만들었던 걸 기억한다.

“엄마, 다시는 내게 비영리분야를 떠나라고 말하지 마세요, 이해하시겠어요? 나는 절대로 그 길을 바꾸지 않을 거예요. 그것이 내가 하고 싶은 일이라는 걸 기억하세요.”

그 말에 우리는 더 이상 아무 말도 할 수 없었다. 그 무렵, 우리는 그가 죠단(설희)이라는 여자를 만나고 있다는 것을 알게 되었다. 그녀는 맨해튼의 한 미술관에서 일하고 있었고, 매사추세츠의 윌리엄스 칼리지 대학원에서 미술사를 전공했으며, UC 버클리에서 학부를 마쳤다고 했다. 그녀의 아버지는 USC 교수였고, 어머니는 피아노를 전공했다. 나는 그저 두 사람이 만난다고만 생각했고, 아직 심각하게 생각을 할 단계가 아니라고 생각했다.

그래도 내 마음속에는 이런 의문이 있었다. '과연 그 부모님이 우리 아들을 받아 줄까? 변호사도, 의사도, 엔지니어도 아닌, 단지 중학교 교사인 세진이를?' 하지만 둘은 함께 뉴욕시에서 일하고 있었고, 점점 가까워지고 있었다.

83

사랑스러운 죠단, 세진의 여자

마침내 우리가 뉴욕시로 비즈니스 차 내려 갔을 때, 죠단과 만날 기회가 생겼다. 죠단은 첫눈에도 매우 밝은 성품에 영리하고 귀여운 인상의 예쁜 아가씨였다.

죠단은 처음부터 아주 오픈했고 담대하게 남편과 이야기를 나누었다. 나는 그녀의 활발함이 마음에 들었다. 대부분의 소극적인 동양 여자와 달리 생기 발랄했고 조용한 성격의 세진이와 아주 잘 어울리는 한쌍 같았다. 이 회고록은 2008년에서 끝낸 내용이지만, 그 이후 세진이와 죠단에게 어떤 일이 있었는지 조금은 기록하고 싶다.

그들은 2008년, 우리가 은퇴한 그해에 결혼했고, 두 아들 건우(Lucas)와 선우(Ethan), 두 아들이 있다. 세진이는 현재 캘리포니아 산호세에서 네 개의 차터 스쿨(Charter School)의 COO(최고운영책임자)로 일하고 있다. 죠단은 노숙인을 위한 주택을 짓는 회사에서 일을 한다. 그녀는 수년 동안 딜로이트에서(Deloitte) 컨설턴트로 근무했지만, 사직하고 이 비영리 분야의 일을 선택했다. 그리고 교회에서도 활발히 활동하고 있다.

세진이는 3년 전, 마흔네 살의 나이에 PCUSA 소속 헤이워드(Hayward) 제일장로교회에서 장로로 임직되었다. 그는 강 씨 가문의 3대째 장로가 되었고, 이것은 우리 부부에게 무엇보다도 큰 기쁨과 축복이었다.

세진의 예일 MBA 졸업식에서. 죠단은 이미 2년 전에 같은 예일의 MBA 학위를 땄었다. 죠단과 세진은 각각 두개의 대학원을 졸업하느라 아직도 School loan을 갚고 있다고 한다.

84

목회학 박사 학위

2000년 드디어 남편이, 맥코믹 신학대학원(McCormick Theological Seminary)에서 목회학 박사(D.Min) 과정을 시작했다. 그후 4년 동안 매해 여름과 겨울에 일주일씩 D.Min 코스를 위해 시카고를 오가며 공부를 했고, 2004년 5월에 드디어 학위를 받았다.

우리 가족, 세연이와 세진이 그리고 사위 스캇까지, 모두 남편의 졸업식에 참석했었는데, 주최 측에서 예상치 않았던 깜짝 놀랄 소식을 발표했다. 공식 졸업식 전에 있었던 졸업생과 가족들을 위한 만찬 자리였다. 그 자리에서, 졸업생 중 두명의 최우수 헌터(Hunter Prize) 논문 상 수여자의 이름을 호명했는데, 그 두 명 중 한 명의 이름이 강충욱, 남편이었다.

2000년, 멕코믹 신학대학원에서 D.Min 학위를 받으며…

85

세연의 웨딩 데이

나는 세연과 스캇의 연애 과정, 즉 어떻게 만났으며 어떻게 그들의 사귐이 계속되었는지, 설명할 정도로 잘 알지 못한다. 세연은 17살에 대학으로 떠났고 20세에 졸업한 후, 일 년 동안 우리 옷 상점에서 나를 도우며 일을 하고 샌프란시스코로 떠났었다. 그때 영 집을 떠났던 셈이다. 그후 대학원에 진학했고 계속 혼자 독립해서 직장 생활을 해 왔었다. 우리는 세연이가 만나고 있는 스캇이란 청년이 독실한 크리스천이라는 사실 외에는 잘 알지 못했고, 처음에는 두 사람의 관계가 어느 정도로 진지한지도 몰랐다.

그러던 어느 날, 스캇이 샌프란시스코에서 뉴욕 주, 멀고 먼 올바니 교회로 갑작스레 나타나 우리를 깜짝 놀라게 했다. 그는 눈 부신 꽃다발 한 아름을 안고 와서 우리에게 세연과의 결혼을 허락해 달라고 말했다. 정말로 예상치 않았던 구혼의 제스처였고, 호감이 가는 예의 바르고 잘생긴 신사였다.

세연의 웨딩 데이(At Half Moon Bay in California)

세진 Sang, "나의 갈 길 다 가도록…All the Ways My Savior Leads Me"
강 씨 집안의 찬송가

세연네 부부는 결혼 후 첫 3년 동안 직장 때문에 따로 떨어져 살았다. 세연은 뉴욕에서, 스캇은 샌프란시스코에서 살며 견우직녀처럼 만나며 지냈다. 스캇은 존스턴(Johnston) 가문의 장남으로, 두 명의 사랑스러운 여동생 샐리와 케이트가 있다.

언제 그들이 함께 살기 시작했는지도 잘 모른다. 여하튼 3년이 지난 즈음, 세연이 임신 소식을 전해 왔다! 2007년이었는데, 9월 말쯤 아기가 태어날 예정이라고 했다. 그래서 나는 그때가 되면 한 달 정도 그녀를 돌보러 갈 계획을 세웠다.

우리는 이미 2006년부터 은퇴를 생각해 오고 있었는데, 교회는 아직 강목사를 떠나보낼 준비가 되어 있지 않았던 모양이다. 강목사가 올바니 교회에서 사역한 지도 어느덧 10년이 되어 가고 있었다. 처음부터 남편은 한 교회에서 7년에서 10년 정도 섬기는 것이 이상적이라고 말해 왔다. 그의 마음은 선교에 있었지만, 올바니 교회에서는 그 꿈이 이루어지지 않았다. 마침내 그는 올바니 교회가 아직 선교의 준비가 되어 있지 않았고, 선교는 억지로 이루어질 수 있는 일이 아님을 받아들이고 있었던 것 같다.

그 즈음, 그는 교회가 어느 정도 안정이 되었고, 자신이 할 일은 다 했다고 생각하고 있었다. 그리고 그는 올바니 교회의 진정한 황금기는 아직 오지 않았다(Yet to come)고 말했다.

86

샌프란시스코

9월이 되자, 나는 세연을 보러 샌프란시스코로 날아갔다. 캘리포니아의 공기는 달랐다. 강렬한 햇빛과 습기 없는 맑은 공기가 피부에 싱그럽게 느껴졌다. 샌프란시스코는 화창하고 아름다운 도시였다. 세연이가 살고 있는 콘도 빌딩은 베이 브릿지(Bay bridge)가 가까이 바라보이는, 샌프란시스코 베이 지역에 있었다.

세연의 출산 예정일이 가까워졌고 아기의 방도 이미 준비돼 있었다. 나는 세연과 스캇이 결혼 초기에 아이도 낳지 않고, 반려동물도 기르지 않겠다고 동의했다던 것이 생각났다. 하지만 나는 그때 그 말을 젊은 부부의 한 때의 대화로 여기고 심각하게 듣지 않았었다. 그런데, 옆에서 지켜본 세연의 일과는 너무도 고되어 보였다. 매일 새벽 일찍 일어나 허둥지둥 샤워를 하고, 아침도 안 먹은 채, 새벽 4시 10분경 집을 나서곤 했다. 그때 모건 스탠리에서 일하고 있었는데, 그녀의 하루는 동부 시간 7시 30분(서부 시간: 오전 4시 30분)에 맞추어 일이 시작된다고 했다. 무려 7년 동안 이런 스케줄로 일하고 있었는데, 아기가 태어나면 어떻게 이 생활을 이어 갈 수 있을지 상상이 되지 않았다.

출산이 가까워 오면서, 그녀는 그렇게 이른 새벽부터 와 줄 수 있는 내니(보모)를 찾고 있었는데, 게다가 만다린 중국어를 할 수 있는 사람을 원한다고 했다. 나중에 알게 된 것이지만, 이 언어문제는 사위 스캇의 아이디어였다. 그는 중국어가 장래에 중요한 자산이 될 거라고 생각했던 것 같다.

드디어, 세연은 보모를 한 사람 구했지만, 문제는 그 여인이 너무 멀리 살고 있다는 점이었다. 그녀의 집에서 세연의 콘도까지 오려면, 전철(Bart Train)로 거의 두 시간이 걸리는 거리였다. 아침 6시부터 시작해도, 새벽 4시에 전철을 타야 한단다. 얼마나 혹독한 상황인가! 보모와 세연, 두 사람 모두에게 말이다. 그 보모는 새벽 4시에 전철을 타야 했고, 세연은 4시 10분에 콘도 빌딩 앞에서 기다리는 택시(매일 오기로 지정된)를 타러 내려가야 했다.

87

이안 존스턴

세연이의 첫 아이가 태어났다. 우리 가정에 새로 태어난 첫 2세 아기다. 그 아이는 2007년 9월 27일, 두 배의 축복을 받은 듯, 자기 부모의 결혼 기념일과 같은 날에 태어났다.

이안이는 통통한 볼과 조용히 응시하는 눈빛을 가진 순한 아이였다. 까다롭지 않고 별로 울지도 않았던 귀여운 첫 손자였다. 갓난 아이를 낳고 시간이 얼마나 빨리 지나갔던지! 내가 그녀와 함께 있는 동안 세연의 출산 휴가는 이미 끝나가고 있었다. 세연은 새벽 두세 시쯤 일어나 이안에게 젖을 먹인 후 샤워를 하고, 콘도를 나서곤 했다.

세연의 아침 일과는 정말 눈코 뜰 새 없이 바빴다. 수유시간이 늦어져, 물방울이 떨어지는 젖은 머리로 택시 기사가 기다리는 콘도 현관으로 뛰쳐나가는 모습을 보기도 했다. 그렇게 세연이가 떠나면, 내가 이안이를 아기 침대에 눕히고 오전 6시까지 아기 방에서, 내니 리쟌이 도착할 때까지, 다시 함께 잠을 잤다.

리쟌은 만다린 중국어를 쓰는 50대 독신 여자였다. 그녀는 상하이의 부유한 사업가의 둘째 딸이었다는데, 무엇 때문인지 어려서부터 아버지에게 홀대를 받으며 거의 버려진 듯 살아온 불우한 여자였다. 아버지는 다른 자매들과 달리 그녀를 대학에도 보내 주지 않았다. 그녀는 언니와 달리 볼품없는 외모였고, 그래서인지 아버지는 사람들에게 가족을 소개할 때 늘 리잔을 제외하곤 했단다. 어머니가 세상을 떠난 후 아버지가 재혼하자, 아버지는 리잔뿐만 아니라, 그녀의 언니를 비롯해 가족 전체를 등한시했다고 한다.

그래서 리잔과 함께, 대학을 졸업한 언니도 중국을 떠나 미국으로 왔다고 했다. 당시 중년에 이른 두 자매가 함께 살고 있었다. 언니 역시 독신이었고 미국에서 이렇다할 직업이 없었다. 리잔처럼 그의 언니가 세연의 콘도 근처에서 보모 자리를 찾으려고, 인터뷰차 리잔과 함께 세연네 집으로 온 적이 있었다. 그때, 그 언니를 처음 만났는데, 나는 그들이 친자매라는 사실이 믿기지 않았다. 언니는 훌쩍 큰 키에 인물이 수려하고 지적인 여성이었다. 그 후, 나는 리잔이 더 안됐고, 짠하게 느껴졌다. 어떻게 한 형제가 그렇게 다르게 태어났을까 싶었고, 그녀의 어린 시절이 얼마나 힘들었을지 상상할 수 있을 것 같았다. 아마도 엄마가 달랐을까. 순간, 종종 언니와 비교되며 자라야 했던 나의 어린 시절이 생각났다.

나는 30일이 지난 후 올바니로 돌아가야 했고, 세연과 첫 손자를 보모, 리잔에게 맡겨야 한다는 사실이 너무 안됐고 불안했다. 그녀는 집순이(Homebody?) 타입이었다. 다른 보모들과 달리 콘도 맞은편에 있는 훌륭한 공원 놀이터로 나가기를 싫어했다. 내가 아이를 데리고 밖에 나가자고 제안했지만 그녀는 집안에 그냥 있는 게 더 좋다고 했다. 이안이 아직은 애기라 괜찮았지만, 좀 더 커지면 밖에 나가 다른 아이들과 어울려야 하는데… 생각했지만, 나는 미리 세연을 걱정시키고 싶지 않아 혼자 마음에 담아 두어야 했다. 게다가 종종 늦게 도착하는 경우도 있었지만 내가 있었기 때문에 당시엔 문제가 되지 않았다. 그러나 내가 올바니로 돌아가고 난 후엔 달라질 상황이 아닌가. 여러모로 신경이 쓰이는 리잔이었다. 내가 떠나고 나서, 그때 세연이가 아침시간을 어떻게 감당했는지, 상상이 안 됐다.

올바니로 돌아온 후 나는 거의 매일 새벽 3시에 저절로 눈이 떠졌다. 그때마다 세연의 아침 일과가 영화처럼 머릿속을 가득 채우곤 했다. 아기를 깨워 젖을 먹이고, 다시 눕힌 뒤에 허급지급 샤워를 한 후, 빌딩 앞에서 기다리고 있는 택시를 타러 현관으로 달려 나가는 세연의 모습 말이다.

우리는 1년 뒤 은퇴를 한 후엔, 샌프란시스코로 이주할 계획이었지만, 그 1년은 내게는 물론, 세연에게도 가장 긴 365일이었을 것 같다. 어떻게 그녀가 그 혹독한 새벽 근무와 갓난아기를 동시에 감당했는지 지금도 의문이다. 리쟌이 과연 이안을 잘 돌봤을까? 내가 한 달 동안 머물렀을 때 그녀는 대부분 휴대전화를 붙들고, 자기 언니의 직장과 저렴한 아파트를 알아보는 일에 정신을 놓고 지냈었다. 아기는 아직 갓난아기라 대부분 잠만 잤으니 다행이었다. 하지만 세연이가 어떻게 그 시간을 견뎌 냈는지 얼마나 힘들었을지, 돌이켜 보면 아직도 짠했던 시절이다.

88

은퇴

2008년 2월 24일, 드디어 우리의 은퇴 날이다. 그날은 남편 강목사의 '명예은퇴'를 축하해 주는 잔치 같은 날이었다.

교회 본당은 많은 사람들로 가득 찼다. 우리 교인들뿐만 아니라 올바니 교민들과, 버팔로에서 온 친척과 친구들 그리고 PC(USA)의 올바니 노회 직원들까지 그의 은퇴를 축하해 주려고 모두 달려와 참석해 주었던 잔치

같은 날이었다.

세연과 스캇은 갓 태어난 손자 이안이를 안고, 먼 캘리포니아에서, 아들 세진이와 그의 걸 프렌드 죠단은 뉴욕시에서 각각 날아와 우리의 은퇴를 축하해 주었다. 그 '명예은퇴' 세리머니는, 나와 강목사에겐 더더욱 감격적인 자리였다. 준비도 제대로 안 된 상태에서, 졸지에 시작되었던 목회였었기에, 더욱 더 열한 해 동안의 목회가 축복으로 느껴졌다. 지나간 날들을 되돌아보며, 강목사의 목회는 접어 두고라도, 젊은 성도들이 대부분이었던 교회에서 내가 좀 더 따뜻하고 능력 있는 사모였더라면 하는 아쉬움이 절실하게 느껴졌다. 당시 교인들은 어린 자녀 한두 명을 둔 유학생 부부들이 많았다.

은퇴식에서 한 어린 소년이 강목사와 포옹을 하는 장면

특히 1998년, 목회 2년 차였던 해에 IMF 위기가 닥쳤던 걸 기억한다.

그때, 몇몇 유학생 가정들은 학업을 중단하고 한국으로 돌아가야만 했다. IMF 때문에 그들의 돈 가치가 절반으로 떨어졌었기 때문에 도저히 그 돈으로 미국에서의 생활을 지탱할 수가 없었기 때문이었다. 그렇게 갑작스럽게 공부를 접고 떠나는 젊은 가족들을 보며, 얼마나 황당하고 마음이 아팠었는지 아직도 생생한 기억들이다. 남아서 공부를 계속하는 이들도, 그 몇 년 얼마나 힘들게 버티며 살고 있었는지 우리는 잘 알고 있었다.

89

올바니여, 안녕

드디어 은퇴를 했다. 그러나, 우리는 곧바로 올바니를 떠날 수가 없었다. 집이 아직 팔리지 않았기 때문이다. 그럼에도 불구하고, 우리는 3개월이 좀 못 미치는, 5월 15일을 D-데이로 정하고, 집이 팔리든 안 팔리든 올바니를 떠날 날짜를 미리 결정했다.

당장 그다음 주일부터, 우리는 올바니 한인 장로교회에서 걸음을 멈췄다. 대신, 레이덤에 있는 우리 집 근처 스페로부시 로드(Sparrowbush Road)에 있는 미국 교회를 방문했다. 그리고 단번에 우리는 한인 교회와 판이한, 즐겁고 활기찬 찬양과 예배에 매료되었던 걸 기억한다.

설교와 음악이 예배 전체에 걸쳐 조화를 이루며 진행되었고, 예배 분위기는 축제 같았다. 모든 이들이 미소를 지으며 예배에 임했고, 어떤 이들은 강단 앞에서 춤까지 추며 찬양했다. 나는 처음엔 놀라서, 혹시 우리가 사이비 같은 이단 교회에 잘못 발을 디딘 건 아닌가 내심 당황했다.

하지만 곧 깨달았다. 그 미국 교회는 엄숙하고 딱딱한 우리 한국 교회와 예배 방식이 다를 뿐이라는 것을. 나는 늘 한국 교인들의 굳은 표정과 웃음 없는 얼굴이 좀 그랬다. 우리가 결혼 초에 대학교에서 알며 지냈던 흑인 친구의 교회에 방문한 적이 있었다. 그때, 온 교인들이 울긋불긋 화려한 의상에 모자까지 쓰고 예배 중, "예스, 지저스!" "You Said it!" 화답하면서, 덩실덩실 춤을 추며 드리던 열광적인 색다른 예배를 경험한 적이 있었다.

설교자의 입장에서도, 활짝 열린 얼굴 즉 반응하는 성도들을 마주보며 말씀을 선포한다면 얼마나 더 힘이 나고 기쁠까? 어쨌든 길지는 않았지만, 그 동네 근처교회에서 감동적인 예배를 누렸던 걸 감사하게 생각한다.

곧, 우리는 중고판매 리스트(Craigslist)를 통해 대부분의 가구와 집안 집기들을 놀랍게 거의 다 팔았다. 심지어 침대들과 식탁과 찬장 세트 같은 큰 가구들까지 차를 몰고 와서 다들 실어갔다.

우리는 세연네가 살고 있는 샌프란시스코로 갈 예정이었다. 게다가 그곳엔, 세연네뿐만 아니라, 우리 모두가 존경하고 사랑하는 남편의 큰형, 강상욱 박사님이 샌프란시스코 근교 도시에 살고 계셨다. 다시 말해, 우리가 완전히 동부의 외지인(Total Stranger)으로, 낯설고 생소한 서부로 옮겨 가는 것은 아니었다.

나는, 지난해 9월 이안의 출산으로 세연을 방문했을 때, 세연과 함께 은퇴 후 우리가 정착할 곳을 찾아보았었다. 세연의 콘도 근처 엠바카데로(Embarcadero)에 있는 몇몇 콘도들을 둘러보았으나, 결국 우리는 세연의 새벽 출근 시간을 고려해 그녀와 같은 건물에 살기로 결정했었다.

그때 우리는 세연 가족이 이미 살고 있던 같은 콘도 건물의 4층, #414호가 매물로 나와 있는 것을 보아 두었는데, 그 유닛은 아늑했고, 조용한 2번가를 마주하고 있었다. 세연은 곧, 내가 올바니로 돌아올 즈음에 그 유닛을 구입했다고 했다.

나는 그때, 침실 세트와 식탁 세트 같은 가구도 몇 개 구입했었기 때문에, 샌프란시스코 콘도는 우리가 이사 올 때 이미 기본적인 생활을 시작할 수 있게 준비가 다 된 상태였다.

90

대륙횡단

정말 놀랍게도 우리는 계획했던 대로 5월 15일 오후에 레이덤, 올바니를 떠났다. 집이 안 팔려도 떠나려던 D-day였는데, 살 때도 쉽게 샀던 우리 집이 꿈처럼 쉽게 팔렸다. 한 젊은 부부였는데, 그 아내가 몇 년 동안 오가며 그렇게 탐을 냈었다고 말했다. 마침내 오래전부터 꿈꿔 온 우리의 대륙 횡단 드라이브가 이루어지려는 참이었다. 우리는 뉴욕주 레이덤에서 샌프란시스코의 새 집까지 직접 운전을 해서 가기로 결정했다. 교회의 몇몇 분이 이 계획을 듣고, 우리의 나이와 장거리 드라이브의 위험을 두고 염려를 했다. 하지만 우리는 우리의 계획을 실천하기로 했다. 하루 평균 300마일 정도씩만 운전하며 무리하지 않기로. 결국 우리의 대륙 횡단은, 9박 10일에 걸려 성공했다. 총 주행 거리는 2,919마일.

대륙을 달리며 얼마나 미국이란 나라가 광활한 땅인지 놀라움을 금할 수 없었다. 우리는 달리고 달리고 또 달리며, 미국이란 나라를 처음으로 다시 알게 되는 것 같았다. 지금까지도 그 여행은 우리의 생애 중 가장 보람된 경험 중 하나다! 그때, 그 열흘 동안의 여행을 기록으로 적어 두지 않았던 것이 두고두고 후회가 된다.

여행하면서 묵었던 호텔들이 놀라울 정도로 저렴했던 걸 기억한다. 나중에야 알았는데, 5월은 아직 학기 말이 끝나지 않은 비수기, 즉 여름 휴가철이 시작되는 성수기 이전이었던 이유였다.

5월의 눈부신 화창한 일기마저, 우리의 여행을 함께 즐기는 듯했고, 주(States)마다의 차이는 상상 이상이었다. 우리는 연신 "아!" "오!" 감탄을 계속하며 대륙횡단을 즐겼다. 우리는 운전을 계속하다가 배가 고프면 식당에 들러 식사를 했고, 너무 지치기 전에 호텔이나 모텔에 묵으며 잠을 자곤 했다.

지금도 기억나는 건, 붉고 메마른 황무지, '배드랜즈(Badlands) 국립공원'에 이르렀을 때였다. 끝없이 펼쳐진 황량한 대지는 살아 있는 모든 생체의 호흡을 빨아들이듯 뻘건 흙빛으로 괴괴하게 고여 있었다.

우리는 무엇에 홀린 듯 한동안 그 광활한 시뻘건 대지 속에 숨을 죽인 채 잠잠히 서 있었던 것 같다. 그러다가 얼마나 시간이 지났는지, 갑자기 그 괴괴한 광야를 벗어나야겠다는 생각으로, 신선한 공기를 찾아, 도망치듯 배드랜드(Badlands) 황야에서 황황히 벗어났었다.

그리고 또 달리고 달려, 마침내 사우스다코타에(South Dakota) 있는 러시모어 산 국립기념관에 도착했다. 러시모어 산 국립공원은 사우스다코타의 블랙힐스(Black Hills) 지역에 있는 러시모어 산에 새겨진 거대한 조각이다. 구츠슨 보글럼(Gutzon Borglum)과 그의 아들 링컨의 지휘하에, 1941년에 완성되었다는 이 거대한 조각은 높이가 약 60피트에 달했다.

화강암에 새겨진 거대한 조각들은 미국의 네 대통령, 조지 워싱턴, 토머스 제퍼슨, 아브라함 링컨, 테오도르 루스벨트(Theodore Roosevelt)의 얼굴들이었다.

사우스다코타의 마운트 러시모어 국립공원

우리가 그곳에 도착했을 때, 국립공원은 놀라울 만큼 텅텅 빈 채 관광객들이 눈에 띄지 않았다. 역시 아직 여름 휴가철이 아니었기 때문이라고 했다. 거대한 바위에 조각된 미국 대통령들의 얼굴이 높은 산 위에 우뚝 서 있는 장면은 참으로 인상적이었지만, 우리는 곧 옐로스톤(Yellowstone)을 향해 운전을 계속하기로 했다.

그런데 명물인 옐로스톤 국립공원에 가까워지면서 급격하게 날씨가 변하기 시작했다. 갑자기 주먹만 한 눈송이들이 차창 밖으로 흩날리는 게 아닌가! 처음에는 가볍게 차창 밖을 두드리더니, 올드 페이스풀 간헐천(Old Faithful Geyser)과 엄지 간헐천(Thumb Geyser)을 둘러볼 때쯤에는 눈 발이 거칠어지기 시작했고, 곧 눈보라(Snow Storm)을 맞게 될 거라는 안내 방송이 들려왔다.

그리고 실제로 폭풍이 점점 거세게 몰아치기 시작했다. 달리는 차 앞으로 거세게 휘몰아쳐 오는 눈 폭풍 속을 더 이상 마주보며 달려갈 수가 힘들 정도로 눈 깜짝할 사이에 몰아온 폭풍이었다. 악명 높은 버팔로의 폭풍에 익숙했었지만, 새로운 인생의 장으로 옮겨가고 있는 그 시점에 눈과 싸울 기분은 전혀 아니었다.

옐로스톤(국립공원의) 올드 페이스 풀(Old faithful) 숙소 앞에서…

그래서 우리는 옐로스톤 국립공원 탐방을 포기하기로 했다. 우리가 공원에서 나가는 출구 매표소에 이르자, 매표소의 직원이 웃으며, “이 티켓

($25.00)은 1년 안에 다시 사용할 수 있으니 꼭 다시 방문하세요!"라고 말했다.

"아, 물론이죠. 감사합니다."라고 우리가 웃으며 작별을 고했다. 하지만 우리는 끝내, 아직까지 "옐로스톤 국립공원"을 방문할 기회를 갖지 못했다.

그 같은 해 여름, 7월 달에 버팔로에서 친구 한 분이, 우리와 꼭 같은 대륙횡단을 했다고 했다. 그런데 그는 성수기라서 호텔과 여관 모두 다 비싼 가격을 내고 왔단다. 우리는 성수기, 비수기에 대한 아무런 상식도 없이, 미리 선택했었던 날짜에 떠났던 것인데, 거의 반값의 할인 대륙횡단을 했던 셈이다.

대륙횡단을 하면서, 세연과 통화를 했는데, 내가 9월 방문 때 주문했었던 가구들이 이미 우리 콘도로 다 배송이 되었다고 한다. 우리를 위해 세연이가 구입한 우리의 보금자리가 도착하는 즉시 들어가 살 수 있도록 다 준비가 되어 있다는 소식이다.

세연의 콘도는 8층이었고, 우리의 유닛은 4층에 있었다. 얼마나 큰 축복인지! 동부와는 비교도 안 되게 비싼 서부, 샌프란시스코에서 집 걱정 없이 새로운 은퇴 생활을 시작할 수 있었으니 말이다.

91

눈부신 캘리포니아, 베이 브릿지

2008년 5월 25일, 마침내 캘리포니아에 도착했다. 드디어 우리의 차가 아름다운 베이 브릿지(Bay bridge) 위로 올라섰다. 목적지는 샌프란시스코 자이언츠 야구장이 있는 AT&T 파크(현재의 오라클 파크)! 그 야구장 바로 건너편, 샌프란시스코 킹 스트리트 88번지의 '타워'에서 우리의 새로운 삶이 시작될 예정이다.

시간은 막 오후 5시를 넘기고 있었다. 마침내 우리의 소박한 자동차 캠리가 베이 브릿지 위를 가볍게 달려가고 있다. 나는 싱그러운 태평양 바람을 음미하고 싶어 깊게 심호흡을 했다. 달려가는 우리 앞으로 은빛 베이 브릿지가 찬란한 캘리포니아의 석양을 배경으로, 우리를 환영하는 듯 눈 앞으로 눈부시게 다가왔다.

순간 나는, 오늘까지 인도해 주신 주님의 사랑에 감격하며, 두 개의 다리를 비교해 보지 않을 수 없었다. 하나는 지금 내가 건너고 있는, 찬란한 샌프란시스코의 베이 브릿지였고, 또 다른 다리는 한국전쟁 당시 내가 어린 두 발로 걸어서 건넜던, 평양의 잊을 수 없는 부서진 '대동강' 다리이다.

은빛으로 빛나는 아름다운 베이 브릿지

후기

나에게 말할 수 없는 기쁨을 주는 다섯 손주들의 이름과, 'Nana'인 내가 어떻게 그들을 바라보는지를 글로 남기고 싶습니다. 딸 세연과 사위 스캇에게는 세 명의 자녀, 즉 두 아들과 딸 하나가 있습니다.

2025년, 현재의 근황입니다.
Ian(18), Taryn(16), Lachlan(14).

1. Ian: 우리 집안의 첫째 손주입니다. 이 아이의 강점은 끈기와 포커스입니다. 외부의 비판이나 압력에 흔들리지 않습니다. 좋은 의미에서 순수하며, 남의 기준에 맞추려고 에너지를 낭비하지 않습니다. 야구를 5살부터 시작했고, 현재 투수로 활약하며 야구를 권장하는 대학 진학을 원하고 있습니다. 저학년 야구 팀의 엄파이어(Umpire) 경험도 있고, 중학생 풋볼팀 코치도 했습니다. 4살부터 스키를 시작한 열렬한 스키어이며, 매일 한 시간씩 운동으로 몸을 단련하는 철저한 성격입니다. 현재 야구 올 아카데믹 게임 그룹에 뽑혀 희망에 차 있는 6척이 넘는 장신으로, 내년이면 대학으로 떠납니다.

2. Taryn: 우리 집안의 유일한 손녀 딸입니다. 아주 성숙하고, 목표가 뚜렷하며, 동기 부여가 강한 고등학교 11학년생입니다. 독서를 굉장히 좋아하고, 배구와 소프트볼을 했고, 겨울 시즌엔 농구부에서 활약하고 있습니다. 금년엔 풋볼의 쿼터 백으로 두각을 나타내기 시작했고, 활달(Spunky)한 성품으로 선생이나 친구들 사이에서도 인기가 대단합니다. 오랫동안 기타 레슨을 받아 오고 있으며, Taylor Swift의 노래를 즐겨 듣습니다. 오빠에 뒤질세라 지난 봄 면허증을 타서 차를 몰고 등교를 하고 있으며, 내후년에는 이 아이도 대학으로 떠납니다.

3. Lachlan: 가장 바쁜 중학생입니다. 깨어 있는 시간의 3 분의 1만 집에 있고, 나머지 3 분의 2는 친구 집이나 다른 곳에 있는 듯한 셋째입니다. 제가 그의 미들네임(Middle name)을 'Social'이라고 부를 정도로, 너무 친구가 많아 걱정 아닌 걱정도 합니다. 농구와 풋볼팀에서 활약하며 합창단에서 공연도 했습니다. 재즈 피아노와 클래식 피아노 레슨을 꾸준히 받고 있으며, 학교 오케스트라를 위해 첼로도 칩니다.

아들 세진이와 며느리 죠단에게는 두 아들이 있습니다.
Lucas(13), Ethan(11).

4. Lucas: 우리 강씨의 첫 친손자입니다. 자신감이 대단하고 집중력이 강합니다. 기억력이 출중해서 한 번 들으면, 그대로 머릿속에 쌓인다는 8학년 아이입니다. 여러 종류의 루빅스 큐브(Rubik's Cube)를 몇 분 만에 맞춰 내곤 해서 우리들을 놀라게 하는 브레인입니다. 공부가 너무 수월해

서 도전을 못 느끼는 듯 보여 걱정이 되는 아이입니다. 주짓수(Jiu Jitsu) 경기에서 수상도 하였고, 학교 육상팀에서 빠른 주자로 뛰고 있습니다. 농구도 잘하고, 합창단에서 노래도 부르고, 피아노도 칩니다.

5. Ethan: 우리 가족의 막내입니다. 열한 살이 되었지만 아직도 집안의 아기처럼 대하게 되어 걱정입니다. 영리하고 표현력이 풍부하며, 감수성도 예민합니다. 나중에 무엇이 될지 예측하기 어려울 정도로 많은 재능을 지닌 아이입니다. 그림도 잘 그리고 글도 잘 쓰며, 예술적인 감각이 깊습니다. 농구도 하고, 피아노도 칩니다. 요즘은 첼로도 시작했답니다. 주짓수도 잘해서 형과 함께 상을 타기도 했지만, 자기는 주짓수를 그다지 좋아하지는 않는다고 제게 살짝 귀띔을 했던, 생각만 해도 미소를 짓게 하는 막내입니다.

Ian, Lachlan, Taryn, Ethan, and Lucas in 2018.

에필로그

이 회고록을 끝내면서 마음이 복잡합니다. 다시 되돌려 새로 고쳐 쓰고 싶은 이야기들이 너무 많습니다. 하지만 아무리 간절히 원한다 해도, 이미 살아온 삶을 다시 되돌려 살 수 있는 사람이 과연 있을까요?

만약 그것이 가능하다면, 나는 더 나은 아내, 더 좋은 엄마, 더 사랑스러운 딸, 더 따뜻한 이모, 더 친근감이 가는 형제자매, 그리고 더 사랑이 많은 할머니가 되고 싶습니다. 또한 다른 많은 이들에게도 더 바람직한 친구가 될 수 있기를 소원합니다.

다시 나의 긴 삶을 돌아봅니다. 수많은 모서리와 가파른 벼랑에 부딪치며, 전쟁 중 북한에서 남한으로 그리고 미국 땅 샌프란시스코까지 굴러온 공(Ball) 같은 삶. 나름대로 충실하게 살아온 나의 기적 같은 삶을 감사합니다.

감히 나 자신을 도전하며 모세의 삶을 생각해 보았습니다. 120년간의 힘든 황야에서의 여정 끝, 그가 드디어 느보산(Mount Nebo), 비스가(Pisgah) 산 꼭대기에 올랐을 때의 모습입니다. 그는 멀리 약속의 땅을 바라볼 수 있었지만, 하나님은 그가 그 '가나안' 땅으로 들어가는 것을 허락하지 않으셨습니다.

그의 삶이 여호와 하나님의 손 안에 있었던 것처럼, 저의 삶도 온전히 하나님의 손안에 달려 있음을 깨닫습니다.

"내 평생에 선하심과 인자하심이 반드시 나를 따르리니, 내가 여호와의 집에 영원히 거하리로다.(Surely goodness and mercy shall follow me all the days of my life, and I shall dwell in the house of the Lord forever.)"(시편 23:6)

감사의 글(Acknowledgment)

처음, 이 회고록을 영어로 쓰는 데는 적지 않은 용기와 에너지가 필요했습니다. 그러나, 언젠가 저의 자녀들과 손주들 그리고 또 그의 자녀들에 이르기까지 기회가 오면, 그들의 어머니의 어머니, 곧 나나(할머니)가 자신들과 얼마나 다른 삶을 어떻게 살아왔는지 직접 읽게 하고 싶었습니다.

그리고 이번엔, 한글이 더 편한 가까운 친지들을 위해서 다시 한글로 번역을 시도했습니다. 솔직히 쉽지 않은 작업이었음을 고백합니다.

처음에 영어로 원고를 마쳤을 때, 원고 교정을 스스로 해 준 당시 열네 살(현재 16세) 손녀 Taryn Johnston에게 고맙게 생각합니다. 그녀는 소중한 학업과 친구들과의 시간을 접어 두고, 제 원고의 문법이며, 스펠링, 콤마 등 여러 가지를 교정해 주었습니다.

그 후엔, 두 아들을 돌보며 직장생활을 하던, 저의 사랑하는 며느리, Jordan Kim이 두 번째 교정(내용의 반복된 점과 시기상의 순서 등)을 지적해 주었던 고마움을 잊지 못합니다.

마지막으로, 저의 목소리를 잃지 않으면서 제 메모아를 함께 검토하고 다듬어 준 Jennifer Lee를 만난 것은 큰 행운이었습니다. 그녀는 자신도 소설을 출간하는 과정에 있었음에도 불구하고 저를 도와주었습니다.

회고록을 완성하고 다시 읽을 때마다 때때로 실망하며 낙심될 때가 많았습니다. 하지만 그때마다 남편과 아들 세진(Chris)이가 응원을 해 주었고, 이 메모아가 후손들에게 남겨질 귀한 유산(Legacy)이 될 것이라고 용기를 주어, 끝낼 수 있었음을 고백합니다.

끝으로 저를 꾸준히 격려하고 믿어 준 친구들과 가족들에게 깊은 감사를 드립니다.

베이 브릿지까지 튕겨 온
나의 라이프

초판 1쇄 발행 2026년 1월 15일

지은이 김찬옥
펴낸이 이기봉
편집 좋은땅 편집팀
펴낸곳 도서출판 좋은땅
주소 서울특별시 마포구 양화로12길 26 지월드빌딩 (서교동 395-7)
전화 02)374-8616~7
팩스 02)374-8614
이메일 gworldbook@naver.com
홈페이지 www.g-world.co.kr

ISBN 979-11-388-5250-0 (03810)